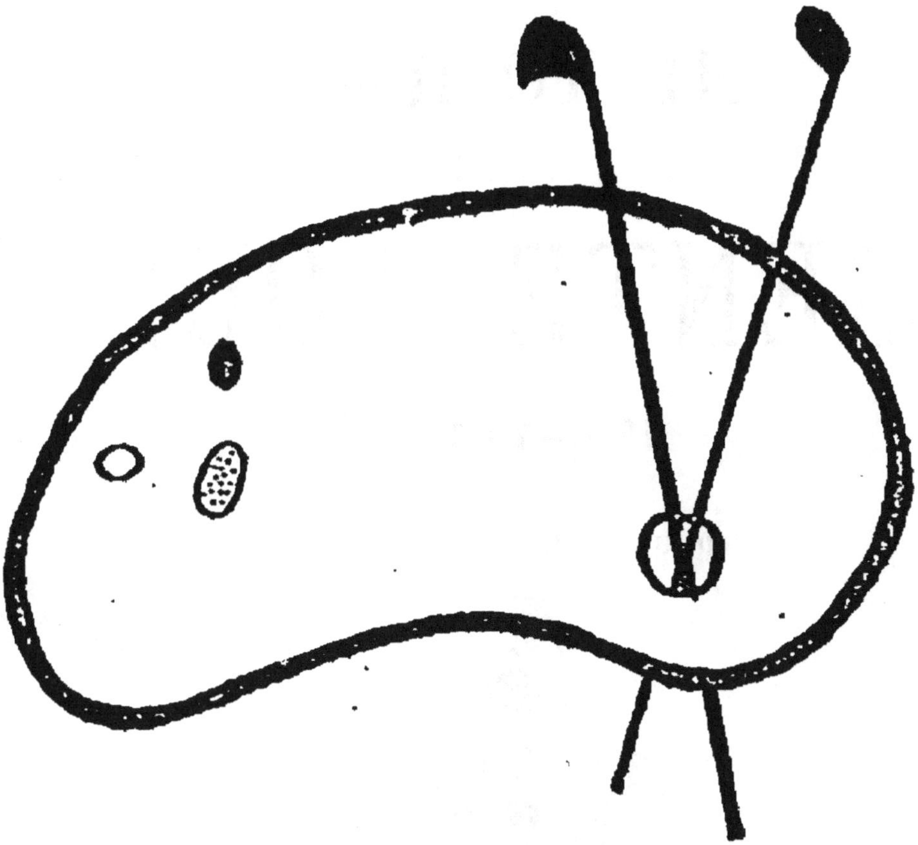

DEBUT D'UNE SERIE DE DOCUMENTS
EN COULEUR

SUTTER-LAUMANN

HISTOIRE
D'UN
TRENTE SOUS

1870-1871

DEUXIÈME ÉDITION

PARIS
NOUVELLE LIBRAIRIE PARISIENNE
ALBERT SAVINE, ÉDITEUR
12, rue des Pyramides, 12

MÊME LIBRAIRIE

Envoi franco contre mandat ou timbres-poste

GEORGES ABONNEAU
Cadet, de la Rousselle, 2ᵉ édition. 3 50
PAUL ADAM
En décor, 2ᵉ édition............... 3 50
G.-ALBERT AURIER
Vieux, 2ᵉ édition.................. 3 50
***
L'Armée française et son Budget en 1890, 2ᵉ édition........... 3 50
J. BARBEY D'AUREVILLY
Polémiques d'hier, 2ᵉ édition..... 3 50
Dernières polémiques, 2ᵉ édition. 3 50
Les 40 médaillons de l'Académie. 2 »
EL. BARRETT BROWNING
Aurora Leigh, trad. franç., 1ʳᵉ édit. 3 50
RAOUL BERGOT
L'Algérie telle qu'elle est, 2ᵉ édit. 3 50
GEORGE BONNAMOUR
Fanny Bora, 2ᵉ édition............ 3 50
FRANÇOIS BOURNAND
Le Clergé sous la 3ᵉ République. 3 50
Les Sœurs des hôpitaux, 2ᵉ édit. 3 50
La Terreur à Paris, 2ᵉ édition... 3 50
CHARLES BUET
J. Barbey d'Aurevilly, sa vie et son œuvre, 2ᵉ édition.......... 3 50
AUGUSTE CALLET
Les Origines de la 3ᵉ République. 3 50
Dʳ A. CORRE
Nos Créoles, 2ᵉ édition........... 3 50
GEORGES DARIEN
Bas les Cœurs! 1870-1871, 2ᵉ édit. 3 50
Biribi, discipline militaire, 5ᵉ édit. 3 50
CHARLES DELACOUR
L'Armée française (1870-1890), 2ᵉ éd 3 50
LÉON DELBOS
Les 2 Rivales (Angleterre et France). 3 50
ABEL D'ORS
La Femme aux nymphéas, 2ᵉ édit. 3 50
Baron DU CASSE
Souvenirs d'un aide-de-camp du roi Jérôme, 2ᵉ édition.......... 3 50
FIDUS (Journal de)
Paris assiégé, 1870, 2ᵉ édition... 3 50
Capitulation, Commune 1871 (2ᵉ).. 3 50
L'Essai loyal (1871-75) 2ᵉ édit.... 3 50
Le Prince Impérial, 2ᵉ édition. ... 3 50
AUGUSTE GAUD
Caboche-de-Fer, 2ᵉ édition...... 3 50
GUY-VALVOR
Sadi, 2ᵉ édition................... 3 50
A. HAMON et GEORGES BACHOT
L'Agonie d'une Société, 2ᵉ édition. 3 50
G. LAFARGUE-DECAZES
ISRAEL.—S. E. le Citoyen Vénal, 2ᵉ éd. 3 50
PASCAL LAUROY
Metz et le joug prussien, 2ᵉ édition 3 50
JACQUES LE LORRAIN
Le Rousset, 2ᵉ édition............ 3 50
NICOLAS LENAU
Poèmes et Poésies, 2ᵉ édition.... 3 50
HENRI LE VERDIER
Un Modèle vivant, 2ᵉ édition..... 3 50
FRÉDÉRIC LOLIÉE
Les Immoraux, 2ᵉ édition......... 3 50
JEAN LOMBARD
L'Agonie (Rome IIIᵉ siècle), 2ᵉ édition 3 50
Byzance (VIIIᵉ siècle), 2ᵉ édition.. 3 50

MARCEL LUGUET
Élève-Martyr, 2ᵉ édition........... 3 50
En guise d'amant, 2ᵉ édit......... 3 50
JOSEPH MAIRE
Les Topasines, 2ᵉ édition......... 4
MARC MARIO et LOUIS LAUNAY
Vidocq, le roi des voleurs, 3ᵉ édit. 3 50
Vidocq, le roi des amoureux, 2ᵉ édit. 3 50
Vidocq, le roi des policiers, 2ᵉ éd... 3 50
CHRISTOPHE MARLOWE
Théâtre, 2ᵉ éditio , 2 vol......... 7
Couronné par l'Académie française
J.-H. MENOS
Lettres de Benjamin Constant, 2ᵉ éd. 5
ERNEST MERSON
Confidences d'un Journaliste, 2ᵉ éd. 3 50
Confessions d'un Journaliste..... 3 50
GASTON MERY
L'École où l'on s'amuse, 2ᵉ édition 3 50
PAUL MOUGEOLLE
Le règne des vieux, 2ᵉ édition.... 3 50
FÉLIX NARJOUX
Francesco Crispi, 2ᵉ édition...... 3 50
L. NEMOURS GODRÉ
Les Cyniques, 2ᵉ édition.......... 3 50
O'Connell, 1ʳᵉ édition............. 3 50
J. PÈNE-SIEFERT
Flottes Rivales, 2ᵉ édition........ 3 50
Marine en danger, 3ᵉ édition..... 3 50
A.-F. PISEMSKY
Théâtre, 2ᵉ édition................ 3 50
PAUL PONSOLLE
Le Tombeau des Milliards : Panama, 3ᵉ mille.................... 3 50
HONORÉ PONTOIS
Les odeurs de Tunis, 5ᵉ édition... 3 50
ARTHUR POUGIN
L'Opéra-Comique pendant la Révolution, 2ᵉ édition............. 3 50
THOMAS DE QUINCEY
Confessions d'un Mangeur d'opium. 3 50
FÉLIX RABBE
Les maîtresses authentiques de Lord Byron, 2ᵉ édition........ 3 50
Shelley, sa vie et ses œuvres, 2ᵉ édit. 4
REMY DE GOURMONT
Sixtine, 2ᵉ édition................. 3 50
AUGUSTE ROHLING
Le Juif selon le Talmud, 2ᵉ édition 3 50
ELZEAR ROUGIER
Naufrage d'Amour, 2ᵉ édition..... 3 50
VLADIMIR SOLOVIEV
La Russie & l'Église universelle. 3 50
Marquise de TAISEY-CHATENOY
A la Cour de Napoléon III, 3ᵉ édit. 3 50
LÉO TAXIL
La Ménagerie politique, illust., 3ᵉ éd. 3 50
LÉO TAXIL et PAUL VERDUN
Les Assassinats Maçonniques, 4ᵉ éd. 3 50
***
La Triple alliance de demain, 2ᵉ éd. 3 50
CHARLES VINCENT
La Faim, 2ᵉ édition................ 3 50
FERNAND XAU et Mᵉ ALEXANDRE
La Question des Huissiers, 2ᵉ éd 3 50
Monseigneur ZALESKI
Ceylan et les Indes, 2ᵉ édition... 3 50

Paris — Imp. de G. BALITOUT et Cⁱᵉ, 7 rue Baillif.

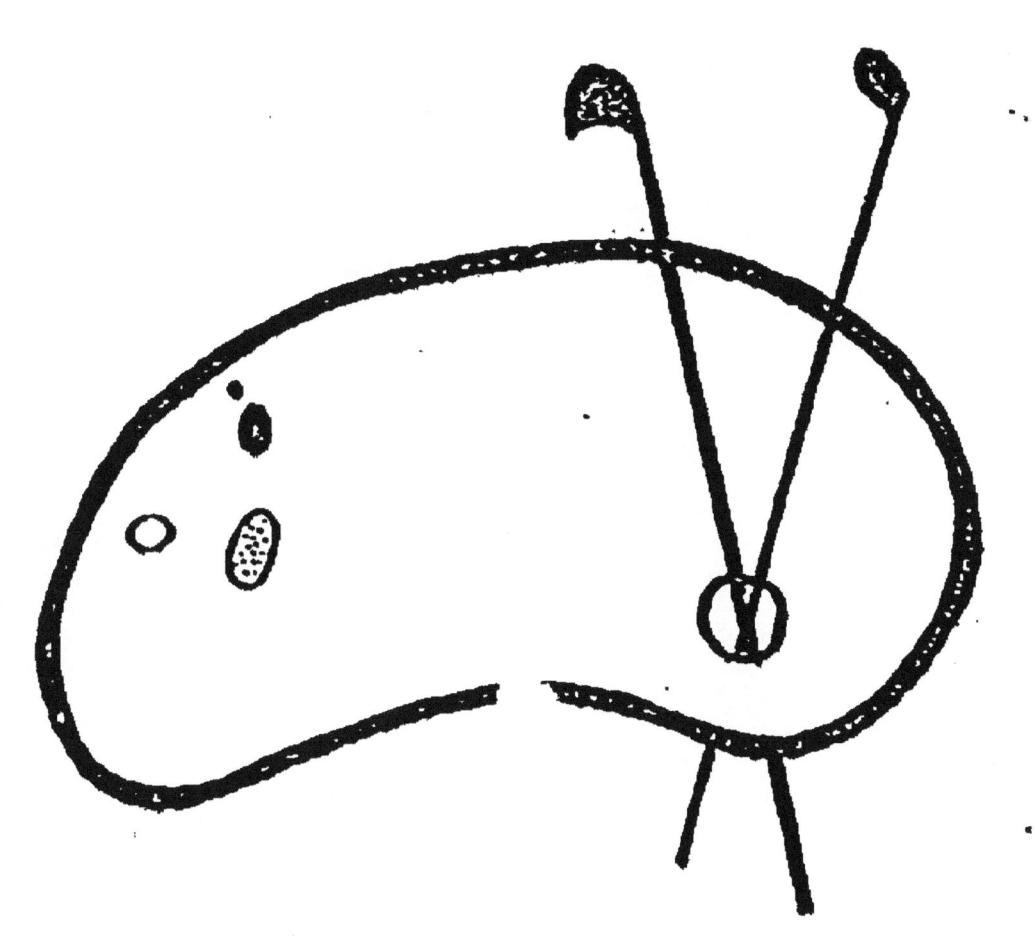

FIN D'UNE SERIE DE DOCUMENTS EN COULEUR

HISTOIRE D'UN TRENTE SOUS
(1870 1871)

OUVRAGES DU MÊME AUTEUR

Les Meurt-de-Faim, poésies.

Par les Routes, poésies.

Au Val d'Andorre, les Ecrehou.

Pour paraître prochainement :

Bonheur perdu, roman.

Imprimerie du Progrès.— CH. LÉPICE, rue du Bois, Asnières

SUTTER-LAUMANN

HISTOIRE
D'UN
TRENTE SOUS

(1870-1871)

PARIS
NOUVELLE LIBRAIRIE PARISIENNE
ALBERT SAVINE, ÉDITEUR
12, RUE DES PYRAMIDES, 12

1891

Tous droits réservés

A MON PÈRE

AVANT-RÉCIT

Ceci n'est pas l'histoire d'il y a vingt ans, mais l'histoire de l'un des plus humbles acteurs du sombre drame : celle d'un *Trente sous*, comme on appelait alors un garde national.

Tous les événements des deux sièges de Paris ne sont donc pas relatés dans ce livre, qui n'est composé que de souvenirs personnels.

Sincère et impartial autant que possible, d'ailleurs sobre d'appréciations, il sera peut-être lu avec quelque curiosité par les chercheurs d'anecdotes qu'intéressent les menus faits, les détails peu importants en eux-mêmes, mais qui, rassemblés, constituent un tout caractéristique et probant. Et c'est pour lui donner une allure de franchise plus grande, un ton d'intimité plus complet qu'il a été écrit sous cette forme simple — naïve si l'on veut — de l'autobiographie, et non pour procurer à l'auteur la vaine satisfaction de dire : « J'étais là ; telle chose m'advint ».

S.-L.

AVANT LE BLOCUS

HISTOIRE
D'UN
TRENTE SOUS
(1870-1871)

CHAPITRE PREMIER
Le printemps de 1870.— Une soirée au Pecq
« La Marseillaise »

Ce printemps est resté dans ma mémoire comme un des plus beaux, des plus charmants qu'il m'ait été donné de connaître. Il avait été précoce. Dès le mois d'avril, les arbres étaient complètement reverdis, les roses de juin étaient écloses. Mes parents habitaient le Pecq, au pied de la terrasse de Saint-Germain, et notre maison, blanche, avec les volets verts classiques, assise au bord de la Seine, sur le chemin de halage, était agrémentée d'un grand et profond jardin qui escaladait la colline, alors couverte de vignes et d'arbres fruitiers.

J'avais un peu plus de dix-huit ans, et après une adolescence fort accidentée, j'étais allé me refaire au foyer de la famille, en attendant une quelconque position sociale. C'était peut-être l'agréable existence que je menais qui me faisait paraître le printemps si charmant, car je passais mes journées sur ou dans l'eau, quand je n'allais pas vagabonder dans la forêt voisine. Bon nageur, je me plaisais à émerveiller les lavandières de la rive par mes prouesses nautiques. Parmi ces déesses du battoir, j'avais remarqué une petite blondinette que je comparais poétiquement à une ondine. Elle habitait la maison proche de la nôtre, et les deux jardins n'étaient séparés que par un treillage en lattes où s'enroulaient des haricots d'Espagne et des capucines. Quand nous nous rencontrions, elle me souriait doucement et, timide, je saluais avec gravité, très gauche. Parfois, le soir, son travail achevé, elle chantait d'une jolie voix de soprano quelque romance sentimentale dont les paroles, qui m'arrivaient distinctement dans le grand silence de la nuit, perdaient de leur banalité et délicieusement me troublaient comme un aveu. Je chantais à mon tour et, souvent, nos voix se mariaient. Mes parents connaissaient les siens, nous étions sympathiques l'un à l'autre : jamais nous ne nous sommes parlé.

J'ai oublié le nom de la gracieuse lavandière qui m'avait séduit; j'ai oublié jusqu'aux traits de son visage, mais non pas la vive impression qu'elle faisait sur moi, bien que j'eusse à Paris des amours vieilles de plusieurs années, des amours enfantines.

C'est pour elles, c'est pour ces amours que, fréquemment, j'abandonnais les bois et le fleuve pour me rendre à Paris, à pied, l'hospitalité paternelle n'allant pas jusqu'à me payer le chemin de fer. Mais c'était aussi pour l'amitié. J'avais à Montmartre, où nous avions longtemps demeuré, quelques bons camarades, et notamment deux amis bien chers. L'un était élève à l'école des Beaux-Arts, atelier du peintre Jérôme, et se nommait Alcide D. L'autre, qui exerçait tour à tour des professions invraisemblables, mais qui, pour l'instant, était métreur-vérificateur, s'appelait Auguste L. Ces deux jeunes gens, un peu plus âgés que moi, avaient eu sur mon caractère une très grande influence. Le premier était le chef incontesté d'une bande de rapins, d'écrivains en herbe, d'étudiants pauvres, de gaillards aux situations indécises qui s'étaient groupés autour de lui et auxquels il donnait gratis des leçons d'académie, dans un misérable grenier, pompeusement décoré par lui et par nous du nom « d'atelier ». Mélancolique, un peu musicien, un peu poëte, enthousiaste d'art et de littérature, quoiqu'il eut une instruction fort incomplète, d'opinions politiques très accentuées, socialiste même, car il avait beaucoup souffert de misère, adroit à tous les exercices du corps et doué d'une incroyable force musculaire, batailleur en diable, on l'aimait et on le craignait. Le second était le type parfait du Parisien blagueur et sceptique. D'une rare intelligence, s'assimilant toutes choses avec une admirable facilité, rusé comme un diplomate, il était de complexion faible; aussi ne tirait-il l'autorité qu'il avait sur nous que de la vigueur de son esprit plein de ressources. C'était un beau garçon de taille moyenne, maigre, très brun, avec un front large et bombé, un nez droit et mince, des yeux à fleur de tête, grands, noirs et vifs, des lèvres aiguisées, pâles, sur un menton pointu; une admirable chevelure d'un noir-bleu. Il avait bien des fois partagé un morceau de pain avec moi, et nous étions dévoués l'un à l'autre.

L'année d'avant, en 1869, notre bande — l'un de ceux qui la composaient et l'un de ses rares survivants, après avoir été acteur, est devenu un explorateur distingué — avait participé aux troubles dans la rue, et quand j'allais la retrouver, à Montmartre, nous faisions de la politique, comme des vétérans, tout prêts à marcher contre l'Empire, au premier signal de nos anciens. La jeunesse d'alors était autrement turbulente que celle d'aujourd'hui, malgré le régime impérial. Au quartier latin c'était comme une sorte de Renaissance. Dans les faubourgs, les jeunes s'agitaient sourdement. Nous, pour nous faire la main, nous préludions aux luttes civiles attendues, par des pugilats violents, dans tous les mauvais lieux de Montmartre: à la *Boule-Noire* comme à la *Reine-Blanche*, bals publics aujourd'hui disparus, et aussi au *Moulin de la Galette,* à présent si paisible, où l'on s'assommait à coups de tabourets et à coups de bouteilles, quand les couteaux ne se mettaient pas de la partie.

C'est dans ces milieux que j'allais me « retremper » amolli par l'existence heureuse que je menais à la campagne. Mais lorsque je rentrais au Pecq, après deux ou trois jours d'absence, j'oubliais bientôt, dans le calme profond de cette villégiature, les discussions passionnées des petites réunions tenues dans les arrières-boutiques des marchands de vin, où on lisait en cachette *Napoléon le Petit,* où l'on déclamait les *Iambes* et les *Châtiments.*

Un de nos voisins avait mis à notre disposition un lourd canot de pêche — un bachot — et quand j'étais las de me baigner ou de me vautrer dans l'herbe, la tête à l'ombre et le ventre au soleil, quand je n'étais pas non plus en veine d'excursions pédestres dans la campagne environnante et dans les forêts de Saint-Germain et de Marly, je remontais la Seine ou je la descendais, ramant pendant des heures. Souvent, je revenais à la nuit noire, en compagnie de mon chien, un bull-terrier, qui s'appelait Tabot, du nom d'un lavoir-fontaine de Jouy-en-Josas, où nous avions demeuré les deux étés précédents. Mes longues promenades sur l'eau et mes tardifs retours éveillaient les craintes de mes parents. Elles n'étaient pas exemptes de danger, ces promenades, car, deux ou trois fois, par un temps de brume, la nuit, j'avais failli être coupé en deux par un remorqueur.

Ainsi s'était passé le printemps, dans un *far niente* qui me plaisait étrangement. C'était avec effroi que je songeais à l'hiver, époque à laquelle il faudrait revenir à Paris et cesser cette douce existence qui ne pouvait toujours durer.

Un soir de juillet, en revenant d'une course sur l'eau qui avait duré toute la journée, je m'entendis appeler de la rive du Pecq. Je reconnus la voix de mon père et, aussi distinctement que me le permirent l'épaisseur de la nuit et ma vue un peu faible, je vis qu'il était accompagné d'un homme, lequel devait parler avec véhémence, tant il gesticulait.

— Me voilà! répondis-je, j'aborde dans deux minutes!

— Viens vite! C'est Alcide, il y a du nouveau, reprit mon père.

— C'est toi, mon vieux? demandai-je.

Nous nous appelions « mon vieux » à dix-huit ans!

— Oui, c'est moi! dépêche!

Quelle chance! Il y avait plus de huit jours que je n'étais allé à Paris, étant un peu brouillé avec mes amours, et depuis un mois je n'avais pas vu Alcide, qui venait de faire un petit voyage en Picardie. Depuis des années, quand mes parents habitaient la campagne, il avait l'habitude de passer deux ou trois jours, quelquefois plus, à la maison. Mais que pouvait-il avoir à m'apprendre qui motivât l'émotion dont il me paraissait animé, lui si calme d'ordinaire? J'appuyai sur les avirons et, deux minutes après, j'étais à côté de mon père et de mon ami.

Je n'eus pas le temps d'ouvrir la bouche pour poser une question. De sa voix grave et douce, Alcide me disait :

— La guerre est déclarée.

Je restai muet, tant ma surprise fut forte. Je ne lisais aucun journal, j'avais quelque peu oublié les rumeurs belliqueuses dont Paris était plein, les cris de : « A Berlin! à Berlin! », poussés non pas seulement par les voyous, les fameuses blouses blanches des dernières émeutes, mais aussi, il faut bien dire la vérité, par une foule de bourgeois aux figures placides, transformés en chauvins féroces.

Nous rentrâmes à la maison, sans échanger une parole, mais je répétais tout bas, machinalement, ce mot d'une si terrible signification : la guerre!

Nous nous mîmes à table. Là, les langues se dérouillèrent et la conversation ne roula que sur l'événement redoutable. Nous supputions les forces militaires de la France et de l'Allemagne, nous calculions les chances de victoire et, quoique peu experts, nous les trouvions minimes. La défaite de l'Autriche et des États confédérés, en 1866, nous donnait une assez juste appréciation de la puissance prussienne ou plutôt allemande. Alcide déclarait la partie perdue d'avance; mais, en sa qualité de révolutionnaire ultra, il s'en réjouissait à la pensée que l'Empire s'écroulerait, à la première bataille perdue. Et il n'était pas loin d'affirmer que les Allemands devaient être reçus par nous en libérateurs. Républicain par sentiment plus que par logique, j'étais bien près de partager les idées de mon ami; mais ça me vexait un peu de penser que nous devrions la République au triomphe des armées ennemies. D'origine alsacienne — mes deux grands-pères étaient, l'un de Colmar, l'autre de Mulhouse — j'avais été élevé dans l'aversion, poussée jusqu'au ridicule, des hommes de la rive droite du Rhin. J'avais de plus une admiration sans bornes, toute juvénile, pour la Révolution française et pour ses grands généraux : il me semblait donc monstrueusement impossible, si l'Empire était renversé à temps, que la France, devenue républicaine, put être battue par les descendants des vaincus de Jemmapes, de Valmy et d'Iéna.

Mon père, qui avait vu les alliés à Bièvres, son village natal, et dont l'enfance avait été bercée avec les récits des prouesses accomplies par les paysans tueurs de Cosaques; mon père, qui avait servi pendant sept ans dans la cavalerie, se refusait à croire que nous pussions être réduits. Il nous racontait des épisodes des combats livrés sous Paris, en 1814 et 1815, notamment aux environs de Versailles, dans la grande plaine de Velizy, épisodes qui n'ont pas été relevés par l'histoire et qu'il tenait, lui, de témoins oculaires.

— On fera la levée en masse, disait-il ; chaque ville, chaque bourgade, le moindre hameau sera un foyer de résistance ; derrière chaque buisson, chaque arbre, il y aura un paysan embusqué, chassant à l'affût, non le lièvre, mais le Prussien. Puis, enfin, nous avons de bonnes troupes qui ont fait leurs preuves en Italie, en Algérie, au Mexique, et si la France le veut bien, — au cas où l'ennemi, après de premiers succès, aurait envahi notre territoire, — pas un Allemand ne repassera la frontière ! Si les alliés ont pris deux fois Paris, en 1814 et 1815, c'est que nous étions épuisés par une guerre qui avait duré un quart de siècle ; c'est que le peuple n'était pas armé. Mais Paris est fortifié, à présent ; et même, ne le fut-il pas, est-ce que l'ennemi se risquerait à y entrer ? En juin 1848, nous n'étions pas beaucoup derrière les barricades. Nous avons tenu cinq jours. Que serait-ce donc si l'on avait affaire à des étrangers ! Tout Paris serait debout !

Nous écoutions bouche bée cette chaude parole qui nous galvanisait, et la jeunesse, prompte à l'espérance, chantait dans notre cœur : « La France sera victorieuse ! »

— Cependant, dit Alcide, et l'empereur ?

— L'empereur !... reprit mon père, l'empereur ?... Mais ne voyez-vous pas que son règne est fini ! Au premier choc des armes, il sera par terre.

— Tout ça, s'écria ma mère, tout ça, c'est triste. Que de malheureux !... Quelle canaillerie !... Que deviendrons-nous !...

— Ce que nous pourrons, repartit mon père. La guerre est une abomination, c'est une chose odieuse, une barbarie atroce ; mais qu'est-ce que tu veux, il faut l'accepter.

Nous nous étions levés de table, sur ces derniers mots, et nous avions gagné une fenêtre, dans l'embrasure de laquelle nous nous tenions groupés, regardant sans voir la campagne enténébrée, tout à nos pensées. La fenêtre donnait sur le fleuve, en amont. Des vergers et encore des vergers s'étendaient, en lignes un peu confuses, du côté de Marly et, dans cette direction, à travers les grands arbres des bois et des parcs, on voyait briller çà et là un point lumineux. La nuit était admirable, le calme profond, presque solennel ; le ciel était semé d'étoiles. Au milieu de cette béatitude de la nature, je songeais, par une bizarre contradiction, aux innombrables bataillons qui se massaient des deux côtés de la frontière. Il me semblait entendre un vague bruit d'armes et de chevaux, la rumeur assourdie d'une foule en marche dans le lointain...

— On ne chante donc pas, ce soir ? demanda mon jeune frère, gamin de sept ou huit ans.

Quand Alcide venait à la maison, nous improvisions de ces concerts intimes, chers aux petites gens qui aiment le chant et la musique et qui ne vont pas dans les théâtres lyriques dont les places sont d'un prix trop élevé, concerts d'une naïveté qui peut faire sourire, mais qui nous charmaient. Mon père, malgré son âge — il avait alors cinquante-huit ans — chantait d'une façon ravissante de vieilles romances et chansons du temps passé. Alcide avait une voix très agréable et je ne me servais pas trop mal de la mienne, puisque j'avais pu, en des heures de détresse, être choriste dans un théâtre d'opérette.

— Je n'ai pas apporté ma guitare, dit mon ami. Du reste, ce n'est pas le moment de chanter.

— C'est vrai, répliqua maman, la situation n'est pas si gaie.

— Bah! fit un voisin qui était entré depuis quelques minutes, vieux pêcheur endurci, fournissant de friture tous les restaurants du bord de l'eau, depuis le Pecq jusqu'à Croissy; bah! les gens de 93 se battaient bien, et j'ai entendu dire qu'ils se battaient en chantant la *Marseillaise*.....

Cette phrase était à peine envolée des lèvres du bonhomme que, tous trois, par un accord tacite, nous entonnions le chant guerrier :

« Allons, enfants de la Patrie,
« Le jour de gloire est arrivé!...

Nous chantions en sourdine, d'abord, puis

bientôt à pleine voix, avec un enthousiasme délirant. Les vibrations des notes se prolongeaient dans la campagne endormie et nous revenaient, répercutées par les échos de la terrasse de Saint-Germain, comme si une masse de peuple avait repris après nous le formidable chant. Et quand nous eûmes lancé la magique invocation,

« Amour sacré de la Patrie!... »

et que tout, hommes et choses, retomba dans le silence, silence majestueux et doux d'une nuit d'été, nous nous regardâmes : nous avions tous des larmes dans les yeux.

CHAPITRE II

Paris et les premières nouvelles des défaites. — Les faux bruits sur les boulevards. — Vive la République! — Tirage au sort, mauvais numéro.

Mes souvenirs sont moins vifs à partir de la déclaration de guerre jusqu'au 4 septembre. Je partageais toujours mon temps entre mes vagabondages sur la Seine et dans les bois, et mes courtes visites à Paris. Je me rappelle pourtant très nettement la funeste impression que firent sur moi les premières nouvelles de nos échecs.

Au commencement d'août, Alcide était venu nous voir et, le lendemain matin de ce jour, je partis à pied avec lui. Tant que nous fûmes sur la route, nous ne pensâmes guère aux événements. La campagne, encore belle, suffisait à entretenir notre causerie. Les fortifications franchies, à la porte de Neuilly, rien ne décelait un état anormal. Ce n'est que dans le haut des Champs-Élysées que nous vîmes les premières affiches annonçant les désastres. C'était, je crois, de la bataille de Wissembourg qu'il s'agissait. On lisait cette phrase, grosse de signification, qui donnait lieu à mille commentaires et qu'on devait, depuis, voir si souvent reproduite :

« *L'armée campe sur ses positions.* »

Ou bien celle-ci encore :

« *L'armée bat en retraite en bon ordre.* »

Je me rappellerai toujours la stupeur peinte sur tous les visages, la tristesse et l'inquiétude qui régnaient dans la ville.

Le soir, Alcide, Auguste, moi et quelques autres camarades, nous descendîmes sur les boulevards. Une foule compacte circulait en criant :

— Des armes! des armes!

Les kiosques étaient assiégés et comme les journaux étaient enlevés en un tour de main, des messieurs, grimpés sur les bancs ou sur les chaises des cafés, faisaient à voix haute la lecture des nouvelles, sous la lueur tremblottante des reverbères. A tout instant, les bruits les plus étranges naissaient et se propageaient avec une inconcevable rapidité. La chaussée, elle aussi, était encombrée, et les voitures circulaient lentement, au pas. Parfois c'était un régiment qui se rendait à la gare de l'Est ou à la gare du Nord, que la foule acclamait de retentissants vivats. Je me souviens, notamment, d'avoir vu défiler, un de ces soirs-là, le bataillon des francs-tireurs de la presse parisienne. Tout battant neuf de la tête aux pieds, ces soldats improvisés marchaient allègres et saluaient de la main, au cri de : « Vive la France ! » On citait les noms de journalistes connus et aimés du public, qu'on reconnaissait au passage. Alors, toutes les craintes semblaient s'évanouir : il était impossible que ces hardis jeunes gens, si enthousiastes, pussent être vaincus. Une immense confiance revenait dans le cœur de la foule bruyante et houleuse ; et si l'on ne criait plus : « A Berlin ! », comme aux premiers jours de juillet, on criait : « A bas la Prusse ! »

Mais l'effarement, l'inquiétude reprenaient vite le dessus. Les racontars les plus effrayants circulaient de nouveau, démentis dix minutes après par le récit d'une prétendue victoire : « L'armée prussienne était anéantie ; le prince Frédéric-Charles était fait prisonnier ; Bismarck avait proposé un armistice. Puis c'était le duché de Bade envahi par un corps d'armée et les Allemands pris à revers ». Mais bientôt d'autres affiches blanches, placardées aux portes des mairies, — rue Drouot on s'étouffait, tant la foule était serrée, en dépit du « circulez, messieurs ! » des sergents de ville — affiches annonçant quelque nouvelle reculade. Et la clameur formidable recommençait :

— Des armes ! des armes !

Du haut des faubourgs descendaient de tumultueuses manifestations d'ouvriers qui, bras dessus, bras dessous, rythmaient leur marche sur la *Marseillaise* ou le *Chant du Dé-*

part. D'où de fréquentes collisions avec les agents. Des hurlements furieux éclataient :

— A bas l'Empire ! Vive la République !

Des charges de sergents de ville, l'épée et le casse-tête au poing, comme l'année précédente, balayaient les trottoirs. C'était alors un affolement général. Les bourgeois fuyaient, éperdus ; les dalles étaient jonchées de cannes, de parapluies, de chapeaux haute-forme. Deux ou trois fois, mes camarades et moi, au moment où la bousculade se prononçait, nous nous étions tenus par la main, faisant la chaîne, de façon à barrer toute la largeur du trottoir, afin d'arrêter les fuyards, tant nous désirions une conflagration sérieuse. Quand les cavaliers de la garde municipale chargeaient au petit trot pour nettoyer la chaussée, nous arrêtions les fiacres, nous lancions à toute volée, dans les jambes des chevaux, pour les faire culbuter, les chaises en fer des cafés et des loueuses. Mais ces scènes étaient moins fréquentes en 70 qu'en 69. Ce qui avait lieu le plus souvent, c'était l'arrestation d'un citoyen isolé qui venait de manifester trop hautement son opinion dans les groupes. A plusieurs reprises, notamment dans le passage de l'Opéra, nous délivrâmes des individus, jeunes ou vieux, bourgeois ou hommes du peuple, que des agents de la police secrète emmenaient. Comme nous étions une douzaine de garçons solides, n'ayant pas peur des coups et aussi résolus à en recevoir qu'à en donner, quand nous apercevions des mouchards en train d'opérer, nous les entourions brusquement, en hurlant comme des possédés et, de gré ou de force, les mouchards, qui craignaient de voir accourir la foule, lâchaient le prisonnier.

C'était très amusant. Nous nous vengions ainsi quelque peu des bourrades reçues en mai dernier, au moment du plébiscite, époque à laquelle j'avais été battu et arrêté pour un discours, prononcé dans une réunion publique, salle de la Révolution, boulevard Clichy, ancien bal de barrière.

Un de ces soirs-là — il était près d'une heure du matin — notre petite bande regagnait ses quartiers, lorsque dans la rue Chauchat, qui n'était pas plus gaie alors qu'aujourd'hui, j'aperçus deux ombres qui dessinaient dans la nuit de singulières arabesques. L'une essayait évidemment d'entraîner l'autre, qui résistait. Celle-ci avait de plus des attitudes suppliantes, et j'entendais confusément des fragments de dialogue qui me faisaient dresser l'oreille :

— Lâchez-moi, monsieur, je vous en prie...
— Allons, allons, suivez-moi !
— Mais je n'ai rien fait !
— Pas de réflexions... dépêchons...

Je m'approchai et je vis un petit vieux monsieur d'apparence chétive et d'aspect timide, qui était aux prises avec un gigantesque personnage d'une quarantaine d'années, de louche mine.

— Qu'y a-t-il donc? demandai-je.

— Sauvez-moi, monsieur! je suis un honnête homme, me cria, d'une voix défaillante, le petit vieillot.

L'autre le rudoya plus fort et si brutalement, même, que le bonhomme tomba sur les genoux. D'une seule main, le suspect personnage le remit debout.

— Pourquoi emmenez-vous monsieur ? lui dis-je.

— Qu'est-ce que ça vous f...? sale voyou !

— Je veux le savoir, parce que c'est mon droit.

— Ton droit...!

— Mais oui...

— Ah! c'est comme ça...!

Et avant que j'eusse eu le temps de me garer, la lourde patte du policier s'abattait sur mon épaule :

— Allons, au bloc aussi, toi!

Bien que de haute taille, doué d'une grande vigueur et possédant déjà quelques arts d'agrément fort appréciés dans les faubourgs, je jugeai de suite que cet individu était pour moi un trop « gros morceau ». Il était clair que je pouvais résister bellement. Mais je comprenais fort bien qu'étant de meilleure prise que le vieux bourgeois qui tremblait de peur, le policier lâcherait celui-ci pour me garder plus étroitement, tandis que son prisonnier numéro un filerait rapide, sans se soucier de moi. Alcide et Auguste ne devaient pas être loin; ils marchaient en arrière, quelques minutes auparavant, et je les avais vus s'arrêter pour rouler et allumer une cigarette, j'avais donc l'espoir de les voir arriver assez vite. Comme le vieux se faisait toujours traîner, cela me faisait gagner du temps ; mais je trouvais que mes camarades tardaient bien et j'étais pris d'une vive inquiétude.

Soudain, l'agent saisit la tête du vieux entre son bras gauche, le tenant ainsi serré contre son énorme torse :

— Allons, hop ! tes mains ! me dit-il.

— Pourquoi faire ?

Au fond, je savais bien à quoi m'en tenir. Il voulait me mettre les menottes, mesure qu'il n'avait pas jugée nécessaire pour le bonhomme faible et craintif. Mais je cherchais toujours des atermoiements.

— Tes mains ! voyons !... fit-il de plus en plus menaçant.

Mais je venais de distinguer, dans la pénombre, deux points de feu qui venaient vers nous. C'était la double étincelle des cigarettes de mes amis, dont je reconnaissais la silhouette dégingandée. Et au lieu de tendre mes mains, je me baissai brusquement pour m'arracher à la patte qui me tenait. Mon paletot était mûr, un morceau d'étoffe resta dans ladite patte, j'étais libre. Envoyant alors un furieux coup de talon dans la poitrine du mouchard qui chancela :

— Alcide ! Alcide ! à moi ! me mis-je à crier,

2.

tout en accompagnant mon appel d'une boxe française savante et rapide.

Lâchant le vieux qui, tout étourdi de la rude pression qu'il venait de subir, s'affaissa dans le ruisseau, le policier me sauta dessus. Il brandissait un casse-tête et je me crus perdu ; mais il n'eut pas le temps de l'abaisser : je le vis pirouetter comme une toupie, faire encore quelques pas, s'écraser sur le pavé, se relever aussi prestement et prendre la fuite en jurant.

C'était Alcide qui lui avait appliqué un terrible coup de poing derrière la nuque. Le couteau que l'autre ami tenait ouvert, et qui allait entrer dans le jeu, avait été inutile.

— Oh !... un couteau ! dis-je à Auguste.

— Pardon, répliqua-t-il, n'avait-il pas un casse-tête, lui ?

— Il a raison, dit Alcide ; mais les poings suffisaient.

Et nous relevâmes le vieux bourgeois, encore tout étourdi de la secousse, en l'engageant à se sauver au plus vite, comme nous, car le mouchard pouvait revenir avec du renfort.

— Qu'aviez-vous fait, pour que ce « roussin » vous arrêtât ?

— Comme tout le monde, monsieur ; j'ai demandé des armes, répondit le vieil homme.

Nous ne pûmes nous empêcher de rire aux éclats, tant la réclamation de ce paisible citadin tout ratatiné, jurait avec son attitude antibelliqueuse au possible.

— Et puis, ajouta-t-il, j'ai aussi crié : Vive la République !

. . . .

Les jours qui suivirent se ressemblèrent tant pour moi qu'il ne m'en est resté aucun souvenir précis. Août s'écoula sans incident particulier. De temps à autre, je venais passer quelques heures à Paris, tant auprès de la demoiselle pour qui j'avais la patience de cueillir, le long de la route, des bouquets de fleurs des champs, qu'auprès de mes camarades. Mais le nombre de ceux-ci était fort diminué. Quelques-uns s'étaient engagés, d'autres étaient partis on ne savait où. Il ne me resta bientôt plus que mes deux chers amis, Alcide D. et Auguste S. Du reste, le temps des amusettes était passé. Nous partagions, sans trop en avoir conscience, l'espèce d'hébétude qui pesait sur la population, surprise par tant de catastrophes inouïes. Nous ne nous voyions plus beaucoup, même, — chacun ayant ses préoccupations, ses peines, ses anxiétés.

Un soir, rue Durantin, en sortant de chez Alcide, je rencontrai Auguste. Il m'apprit qu'il partait pour Cherbourg le lendemain, s'étant engagé pour cinq ans au 1ᵉʳ régiment d'infanterie de marine.

Il me sollicita, me pria de l'imiter et d'aller bientôt le rejoindre. Nous aurions alors la chance de partir ensemble pour la même colonie. Mais j'étais peu enclin à quitter Paris. J'avais dans la tête un grain de folie amoureuse et, pour rien au monde, je ne me serais décidé à perdre de vue la butte Montmartre. C'était bien assez déjà de demeurer au Pecq ! Puis la marine ne me tentait que médiocrement. Je ne me doutais pas que le hasard me conduirait quelques mois après à Cherbourg et que je ferais partie de ce régiment où allait mon camarade, mais alors qu'il serait, lui, dans quelque canton perdu de la Cochinchine.

Cependant, par faiblesse amicale, je lui promis que je songerais à son offre et que j'irais le retrouver à bref délai. Et le cœur un peu gros, nous nous séparâmes après nous être embrassés.

. . . .

Je ne me souviens plus de la date exacte, mais, un matin d'août, je vis tous les murs du Pecq tapissés d'affiches administratives, par lesquelles les jeunes gens des classes 1870 et 1871 étaient « invités » à se rendre au chef-lieu de canton, Saint-Germain, pour se faire inscrire sur les listes de tirage au sort. Une idée bizarre me passa par l'esprit. Je m'ennuyais, j'étais perplexe sur la conduite que j'avais à tenir, et pensant ainsi décider de mon avenir incertain, un peu honteux aussi de mon inaction, alors que toute la jeunesse était sous les armes, je me décidai à aller me faire inscrire sur ces listes, quoique je n'appartinsse pas aux classes appelées. Je me présentai au bureau de recrutement le jour suivant. On ne me demanda aucun papier, aucune preuve d'identité, soit que je fusse connu, depuis le temps que j'habitais le Pecq, soit à cause du trouble actuel ; du moins il ne me souvient pas que mon inscription ait souffert quelque difficulté.

Quatre ou cinq jours après, je tirais au sort, sans aucune émotion, il est vrai, car bon numéro ou non, tout le monde partait. Ce n'était qu'une simple formalité. Ayant plongé la main dans le sac, je remis l'étui que j'en retirai au président du bureau, un monsieur quelconque qui semblait diriger les opérations d'une tombola, tant il était d'aspect indifférent et débonnaire.

— Soixante-et-onze ! proclama-t-il.

J'étais soldat pour cinq ans ; le numéro était mauvais, puisque nous étions environ quatre cents inscrits.

En route, je rencontrai mon père qui, peu soucieux des résultats du tirage, sachant bien que je serais soldat quand même, se promenait avec maman, sur la berge.

— Eh bien ?...

Je lui dis le chiffre. Il me donna une pièce de cent sous, pour aller boire avec les conscrits, si le cœur m'en disait. Mais je partis immédiatement pour Paris, afin d'aller annoncer la nouvelle à la « chère », pensant l'émouvoir beaucoup. Elle me reçut avec cette suprême sérénité de la femme qui n'aime point, et après avoir parlotté une heure sur les événements avec son père et son frère, je revins tout d'une traite au Pecq.

Le lendemain, j'étais au conseil de revision, nu comme un ver, selon l'usage. Je passai sous la toise.

— Un mètre sept cent quatre-vingts, prononça le gendarme.

Le médecin m'examina de la tête aux pieds, méticuleusement.

— Bon pour le service !

Je ramassai mes vêtements, très satisfait du certificat de bonne santé qui venait de m'être octroyé gratuitement.

CHAPITRE III

*La nuit du 3 Septembre. — Sur le pont de la Concorde :
« L'empereur est prisonnier! » — Le 4 Septembre. — Au
Palais-Bourbon. La République est proclamée.*

Le soir d'un jour de septembre que les nouvelles et les bruits avaient été plus lugubres que de coutume, j'étais descendu sur les boulevards. L'animation n'y était pas anormale. Sans savoir pourquoi, j'allai jusqu'à la place de la Concorde. Une foule immense la couvrait, comme aux fêtes du 15 août. De l'autre côté de la Seine, on voyait briller dans la nuit les casques et les sabres de la cavalerie de la garde municipale. L'extrémité du pont était barrée par une masse de sergents de ville qui se tenaient immobiles et silencieux. Le populaire était bruyant et formait un vif contraste avec les troupes. Dans les groupes, le mot « trahison » était fréquemment prononcé. L'effarement était peint sur tous les visages, quoique nombre d'individus affectassent, dans leurs discours, une grande confiance.

Le pont était encombré. Les curieux ou les

manifestants avaient une forte tendance à envahir la place du Palais-Bourbon. Mais la noire muraille des agents était infranchissable. Des gens allaient et venaient, affairés. Des rumeurs de plus en plus sinistres se répandaient avec la rapidité de la foudre. On ne savait ni où ni comment elles étaient nées. La plupart étaient inventées par des individus voulant paraître bien informés et désireux d'étonner. J'écoutais, sans me mêler aux discussions, qui étaient d'une sottise navrante, sûr aussi que rien de précis n'était connu.

Soudain, j'entendis des cris plus furieux retentir non loin de moi, — j'étais alors sur le pont — puis je vis une effroyable bousculade au milieu de laquelle je fus entraîné, malgré mes efforts. Je faillis avoir les reins brisés sur le parapet, tant j'étais pressé par la cohue. Deux hommes, accablés de coups, injuriés avec fureur, se débattaient entre les mains d'énergumènes qui hurlaient :

— A l'eau ! à l'eau ! Ce sont des Prussiens ! à l'eau !

Et les deux malheureux, étranglés par la peur, répétaient sans cesse, machinalement :

— C'est affiché ! c'est affiché !

En un instant, toute cette foule savait de quoi il s'agissait : l'armée française avait capitulé, l'empereur était prisonnier. Où ? On l'ignorait. Et c'était un délire, une rage terrible!

» Ce n'est pas vrai », disaient les uns. « Ces

misérables en ont menti ! », disaient les autres.
« Jamais une armée française de quatre-vingt mille hommes n'a capitulé. »

— A l'eau ! à l'eau !

Le hasard amena le tourbillon humain à deux pas de moi. Les deux colporteurs de la triste nouvelle ne résistaient plus. A court de souffle, éreintés, les vêtements en lambeaux, ils semblaient inertes. Enlevés à bout de bras, ils allaient être lancés dans le vide, mais un monsieur, décoré de la Légion d'honneur, se jeta au devant des exécuteurs, suppliant pour que l'on conduisit ces hommes au poste, afin qu'ils pussent être interrogés. Entraînés par l'exemple, quelques personnes, dont j'étais, s'interposèrent. Une lutte s'engagea, et l'on nous traitait déjà d'espions et de Prussiens ; on manifestait l'intention évidente de nous faire subir le même supplice — la noyade — qu'aux deux imprudents que nous cherchions à sauver, lorsque un officier de garde nationale, fendant la presse à grand'peine malgré sa haute taille, parvint jusqu'au groupe, en criant d'une voix tonnante :

— C'est vrai ! l'empereur est prisonnier... à Sedan.. je viens de lire les affiches à la Mairie de la rue d'Anjou...

Ce fut une stupeur énorme. Plus de cris, plus de discussions. On n'entendait que la sourde rumeur qui s'élève d'une foule qui piétine sur place. Pendant un temps difficile à préciser, quelques minutes, quelques secondes peut-être, un calme effrayant plana sur le pont et ses alentours. Puis ce fut une explosion formidable. Les propositions les plus étranges volaient de groupe en groupe. La « Déchéance » était le mot le plus souvent répété. Nombre de gens partaient pour le centre de Paris, d'autres en arrivaient. La terrible nouvelle était à présent confirmée. Le désespoir était profond ; mais des accès de confiance se manifestaient de suite, sans transition, sans qu'on sut pourquoi. On attribuait le désastre à une surprise. La République allait être proclamée, et alors on verrait se renouveler les prodiges de 92 !

J'étais comme en état de rêve. Que fis-je, durant cette nuit? Ma mémoire est pleine de lacunes. Je me souviens seulement qu'après être allé sur les boulevards, je me retrouvai place de la Concorde, assis sur le bord d'un trottoir, attendant le jour ; que le soleil était déjà haut quand la place, qui avait été désertée presque, à partir de deux heures du matin, fut de nouveau envahie par des masses compactes.

Les gardes municipaux de pied et de cheval avaient passé le pont et s'étaient alignés en bataille, au fond de la place, barrant la Seine. De fortes escouades de sergents de ville étaient groupées en avant. A une heure que je ne pourrais préciser, mais ce devait être bien avant midi, des gardes nationaux en armes débouchèrent par la rue Royale. Ils s'avancèrent vers le cordon de troupes qui gardaient la tête du pont. Les cavaliers municipaux mirent le sabre au clair; les fantassins firent un mouvement comme pour se préparer à armer leurs fusils; les sergents de ville se serrèrent, attendant, pour charger, les ordres de leurs officiers et des commissaires de police ceints de l'écharpe tricolore. Ce que voyant, les gardes nationaux mirent résolument la baïonnette au canon. Une collision était imminente. Mais soit que la troupe fut démoralisée, indécise, soit qu'elle eut compris l'inutilité de la résistance, puisque ces gardes nationaux qui s'avançaient vers elle, menaçants, ne devaient être qu'une avant-garde et que Paris était derrière, elle n'engagea pas le combat. Les fantassins firent demi-tour et se retirèrent par le cours la Reine, tandis que les cavaliers franchissaient le pont.

Ce fut une clameur triomphale. Mais tous les cris retentissants dont elle était formée ne lui donnaient aucun caractère net. Que voulait cette foule, quel était son but? Voilà ce que nul n'aurait pu dire, en dépit de ce qui a été écrit plus tard. Dans cette matinée d'un jour historique, si quelques esprits déterminés avaient un plan bien tracé, des désirs parfaitement définis, la majorité de la population agissait sans trop se rendre compte de ce qu'elle faisait, presque d'instinct, sentant qu'il « fallait faire quelque chose » — tant les évènements imprévus la troublaient et l'empêchaient de réfléchir assez pour prendre une décision.

Je m'approchai du parapet du quai, et je vis, de l'autre côté de l'eau, la cavalerie qui reprenait position autour du Corps législatif. La place des Invalides était déserte. La rive gauche paraissait encore endormie.

Fatigué d'avoir passé la nuit, ayant très faim, je regagnai Montmartre pour aller déjeuner chez des amis de mon père qui m'avaient invité de la veille, sans quoi je serais peut-être resté, pour voir, me contentant de quelques petits pains. Les gens chez qui je déjeunai étaient de bons petits rentiers qui perdaient la tête dans ces bourrasques politiques. Ils représentaient assez fidèlement l'esprit de la petite bourgeoisie. Tout en détestant l'Empire, cause de tant de maux, ils craignaient la République, synonyme pour eux de révolution. Ils voyaient déjà le partage des biens, le Grand-Livre brûlé, la guillotine en permanence. Et je me fis un cruel et stupide plaisir de surexciter encore la terreur de ces hôtes si bienveillants; aussi me virent-ils partir sans regret.

Ma faim satisfaite, ma curiosité ne l'était pas. J'en étais encore à aimer les manifestations en plein air, leurs grosses et bruyantes émotions. Je redescendis vers deux heures, pour retourner à la place de la Concorde. Les rues que je suivais étaient silencieuses. Ni voitures, ni passants. La vie avait reflué vers le centre de la ville, et ce ne fut que dans l'avenue Tronchet, aux abords de la Madeleine, que je retrouvai l'étonnant mouvement de la matinée. Isolés ou par petits groupes, des hommes, des femmes, des gamins, marchaient tous dans la même direction : — la Seine. Les boutiques étaient fermées. Beaucoup de gens aux fenêtres regardaient, comme en un jour de fête populaire. Au-dessus des têtes de la foule en marche le soleil allumait çà et là un éclair sur le canon d'un fusil, car des hommes étaient armés. On voyait beaucoup de gardes nationaux, des soldats même. La rue Royale était noire de monde. Les arrivants venaient grossir la masse grouillante et hurlante et demandaient rageusement passage. C'était pourtant de toute impossibilité. Beaucoup prenaient alors par la rue Saint-Honoré, afin de pouvoir déboucher dans les Champs-Élysées par les rues adjacentes. C'est ce que je fis. Au bout d'une heure d'efforts inouïs, pendant laquelle je ne remarquai rien, tant j'étais occupé à jouer des coudes et des épaules, me glissant et me faufilant, gagnant du terrain et le reperdant pour le regagner ensuite, je parvins enfin et je ne sais comment, à l'extrémité du pont de la Concorde, non loin de la grille du Palais-Bourbon.

Là, tout en soufflant pour me remettre, car j'étais épuisé, près de défaillir, tant j'avais chaud, je regardai avidement le spectacle que j'avais sous les yeux.

Tout ce que j'avais vu les jours précédents, durant la nuit passée et le matin même, n'était rien auprès de ce que je vis. C'était un Océan agité par un vent d'orage. Océan de têtes d'où montait un grondement continu formé de milliers de cris. Comme des vagues, les premiers rangs de cette foule venaient battre les grilles du monument, de l'autre côté desquelles des messieurs, vieux pour la plupart, haranguaient ceux des manifestants qui pouvaient entendre, et cherchaient à les calmer. C'était des députés. L'un d'eux, très grand, un peu voûté, figure osseuse, cheveux incultes, longs et grisonnants, qui se tordaient en mèches folles au-dessus d'un front proéminent, barbe de bouc qui ruisselait sur la poitrine, se prodiguait désespérément. Il rentrait dans l'intérieur du Palais, ressortait quelques minutes après, et faisait ainsi de continuelles apparitions. On me dit que c'était Jules Favre. Je le reconnus, en effet, pour l'avoir vu une fois ou deux en public.

La foule paraissait bien, alors, savoir ce qu'elle voulait. Dans la violente clameur, aussi violente que celle qui s'élève des flots en un jour de tempête, un cri dominait :

— La République ! la République !

On ne savait rien de ce qui se passait à la Chambre, sinon que la séance était tumultueuse. Autour de moi, les uns disaient que Palikao venait d'être nommé dictateur, la déchéance ayant été prononcée. D'autres affirmaient que Thiers et Gambetta avaient fait proclamer la République. D'autres encore répétaient que l'impératrice était nommée régente et que la paix allait être signée, les Prussiens se déclarant satisfaits si l'empereur abdiquait, et il avait abdiqué.

Comment cela se fit-il, à quel moment ? je ne l'ai jamais su et ne veux pas avoir recours aux documents pour m'en assurer. Mais en tournant la tête, — car je crois que, fatigué d'un spectacle toujours le même, je m'étais distrait en regardant le fleuve couler, majestueux et limpide, entre ses rives de pierre, — je vis la multitude qui escaladait le grand escalier du palais. Chaque marche était envahie par dix fois plus d'individus qu'elle n'en pouvait normalement contenir. C'était un prodige et je crois que nombre de manifestants n'avaient pour point d'appui que les épaules de leurs camarades. Bientôt la salle des séances, les autres salles et les couloirs, tout le Palais dût être plein à regorger, car la formidable poussée resta stationnaire. Le cri de « Vive la République ! » roulait sans discontinuité. Sur ces marches du Palais-Bourbon, il y avait de tout, des hommes en redingote, à chapeau haute forme, et des blousiers en casquette ; des lignards et des gardes nationaux, des municipaux, des zouaves, des francs-tireurs. L'un de ceux-ci, qui me restera dans l'œil tant que je vivrai, brandissait un grand drapeau tricolore. Je le vis, pendant plus d'une heure, grimpé sur le fut d'une colonne, solonnel, presque indifférent à ce qui se passait autour de lui tout à sa tâche. Il dominait et me semblait être l'incarnation du tumulte républicain. Des soldats agitaient leurs képis ou leurs casques au bout de leurs sabres; des civils saluaient avec de grands gestes inspirés. Dans cette inexprimable confusion se produisaient des scènes touchantes. Des gens qui ne se connaissaient pas se serraient la main, s'embrassaient avec des transports de joie. C'était à la fois ridicule et sublime. Et toujours ce cri de : « Vive la République ! » cris auquel se mariaient ceux de : « A bas l'Empire ! Vive Rochefort ! »

Un grand mouvement se produisit. Le franc-tireur au drapeau, suivi d'un groupe compact, était à présent sur le quai. On criait :

— A l'Hôtel de Ville !

Et une masse considérable commença son exode, faisant place à de nouveaux arrivants, aussi enfiévrés, aussi enthousiastes.

Le soleil commençait à décliner. J'étais attendu chez ma petite bien-aimée. Je partis. Mais il me fallut beaucoup de temps encore pour traverser la place de la Concorde et je fus entraîné par un remous jusque devant les Tuileries, rue de Rivoli. Les hôtes de la royale demeure venaient de fuir, disait-on, et c'était une allégresse. Une bande qui passait, bras dessus bras dessous, me saisit et, avec ces amis de rencontre, j'entonnai la *Marseillaise*.

Je n'arrivai qu'à sept heures du soir chez les parents de l'idole, qui m'attendaient pour dîner. J'expliquai mon retard en racontant les événements auxquels j'avais assisté, et tout plein encore de l'ardeur de cette grande journée, avec la fougue de la jeunesse, je fis un tableau coloré des choses que j'avais vues. Je parlais de la prompte revanche républicaine que nos armées allaient prendre, de l'ère de liberté qui s'ouvrait pour la France et, qui sait ! pour le monde. J'avais l'éloquence de la conviction et les braves gens qui m'écoutaient, m'ayant toujours connu un peu froid et taciturne, me regardaient ébahis, avec une nuance d'admiration. Le père de cette famille, un humble petit bourgeois qui avait été persécuté après le Deux-Décembre, partageait ma folie patriotique. Il soulignait mes paroles par des hochements de tête approbateurs et par des gestes furibonds.

Le couvert était dressé. Plusieurs convives avaient été invités. C'était un « extra » pour fêter la proclamation de la République. On m'interrompait fréquemment pour trinquer à la santé de Marianne. Le vin me montait au cerveau. J'allais, j'allais avec un emportement extraordinaire que, depuis, je n'ai jamais retrouvé. J'étais sous le coup d'une triple ivresse : celle du patriotisme, celle du vin, celle de l'amour. Je lançais des phrases sonores et émues, nettes, sans bavures, et bien que j'eusse eu, à l'époque du plébiscite, deux ou trois succès de tribune dont l'un m'avait valu les honneurs d'une arrestation, je m'étonnais moi-même. Soudain, mes regards ayant cherché ceux de la fillette que j'aimais, afin d'y trouver une muette approbation, pleine de douceur pour moi, je la vis, dans un coin sombre de la pièce, qui embrassait à pleine bouche, à la dérobée, une espèce de rustre un peu plus âgé que moi, lequel lui faisait la cour à la dragonne.

Ce fut fini. Mon enthousiasme tomba subitement. Je m'assis et me mis à manger sans plus souffler mot, maussade et décontenancé.

PENDANT LE SIÈGE

CHAPITRE PREMIER

Départ du Pecq. — La campagne désertée. — Les premiers jours du blocus.— Combat de Châtillon. — Un blessé. — La récolte des pommes de terre. — Un pont coupé.

Quelques jours après le *Quatre Septembre*, mes parents quittaient le Pecq. Imitant ceux des Parisiens qui avaient habité la campagne durant l'été, ils s'empressaient de rentrer, non parce que la saison était trop avancée,—le temps était splendide et présageait un merveilleux automne, — mais parce que les nouvelles augmentaient de gravité. Les Prussiens s'avançaient sur Paris, qui allait être assiégé, et l'on croyait trouver un sûr abri dans la ville, dont les forts et l'enceinte inspiraient la confiance. Il paraissait impossible que la capitale pût être sérieusement investie. Sous ses murs, pensait-on, les Allemands trouveraient leur tombeau. Mais à tout prendre, et quoiqu'il dût arriver, on préférait rentrer dans Paris que rester dans la zône de la petite banlieue, exposé à tous les hasards de la guerre : canonnade des assiégés et des assiégeants, réquisitions; sans compter le risque de mourir de faim dans un pays abandonné, désert.

C'est à la gare du Vésinet que nous nous étions rendus pour prendre le train. Il y avait foule. Nous dûmes attendre, comme bien des gens, car de Saint-Germain les trains descendaient bondés. On se bousculait. Chaque place était enlevée d'assaut, et je ne sais même pas si l'on prenait des billets. Enfin, par chance, nous pûmes grimper sur l'impériale. Toutes les catégories de voyageurs étaient représentées : bourgeois cossus, artisans, ouvriers, cultivateurs des environs, soldats, prêtres... En face de moi se trouvait un jeune homme d'une vingtaine d'années, revêtu d'un costume de franc-tireur : casquette américaine, vareuse et pantalon bleu foncé, bottes en cuir fauve. La vareuse était fortement galonnée et, sur l'épaule gauche, retombait un flot d'aiguillettes, comme en portent les aspirants de marine. J'enviais fort ce jeune homme et j'éprouvais pour lui un véritable respect, tant il avait l'air crâne. Il n'avait pas d'armes, mais entre ses jambes, sous la banquette, à côté d'un sac de troupier, il avait, chose bizarre, une boîte à violon. On causa. Intrigué, je lui demandai quelle était sa profession. — Cuisinier, me répondit-il. Mon admiration baissa d'un cran. Je me sentis même humilié de mon peu de pénétration, ayant pris un gâte-sauce pour un artiste. On est bêta, quand on est jeune.

Un peu plus loin, un curé à la mine fleurie,

tenait en main son bréviaire ; mais il ne lisait point, intéressé qu'il était par les scènes curieuses qui se passaient sous ses yeux. Plusieurs dames se trouvaient parmi nous, vieilles pour la plupart ; et toutes, sans exception, avaient sur leurs genoux ou près d'elles, y veillant avec un soin jaloux, qui une cage où des oiseaux affolés battaient des ailes et pépiaient avec rage, qui un perroquet sur son perchoir, une autre encore un singe, un chat. Des paysannes, dans de grands paniers, avaient entassé des poules qui gloussaient ; des bourriches étaient bourrées de provisions et surtout de fruits. Il y avait aussi une meute de chiens de tout poil et de toute race. C'était l'arche de Noé. Les paquets de hardes et de linge s'empilaient entre les banquettes et dessous. Des gens avaient emporté de la vaisselle, des batteries de cuisine, des tableaux, des livres, des instruments de musique, des plantes, des arbustes et mille autres choses indescriptibles. Les employés du chemin de fer avaient fermé les yeux sur toutes ces violations des règlements administratifs. Du reste, ils eussent réclamé en vain.

Le spectacle était navrant ; il eut été comique en d'autres circonstances. Et pourtant, tout ce monde n'était pas triste. A part quelques vieilles femmes bien affligées d'un tel désordre et de la rupture de toutes leurs habitudes les plus chères, personne n'avait l'air soucieux. On parlait haut. On riait. On en promettait de belles aux Prussiens! « Pour sûr, ils trouveraient leur mort sous les murs de Paris! » Au fond, beaucoup ne croyaient pas absolument à ce qu'ils affirmaient, mais les uns parlaient ainsi pour se rassurer, par vaillance, et les autres par colère. L'imposante silhouette du Mont-Valérien, dorée par un dernier rayon de soleil couchant, ne pouvait qu'accoître cette foi patriotique. La forteresse, se dressant sur la plaine comme une sentinelle avancée, faisait réellement bonne impression. Enfin tout le monde croyait que si les Prussiens arrivaient sous Paris, comme on l'annonçait, ils seraient bientôt balayés par une armée de secours, celle qu'on formait en province, et l'on pensait en être quitte au bout de quelques semaines, tout au plus. Puis, quoi! Un siège, on n'avait pas encore vu ça!

Le train allait avec une extrême lenteur, tant il était surchargé. Dans la campagne, sur les routes, on ne voyait que voitures de maraîchers et voitures de déménagement, pleines de mobiliers, qui se dirigeaient vers Paris. Il y avait anssi des voitures de maître, coupés, calèches, mail-coachs, qui contenaient de tout hormis des promeneurs heureux.

Cela faisait songer aux grandes émigrations de peuples fuyant devant des envahisseurs.

. . . .

Le soir même nous étions installés à Montmartre, rue Tholozé. Nos meubles étaient arrivés l'avant-veille, dans une carriole de blanchisseur, et j'étais venu en même temps pour les mettre en place. Je n'étais retourné au Pecq que pour échanger un dernier regard avec la jeune et jolie lavandière, mais je n'avais pas eu ce plaisir, et je ne la revis plus jamais.

Je ne retrouvai personne au quartier où j'avais tant eu de camarades. Ils étaient partis, soldats ou mobiles. Alcide D. avait été appelé et servait au 42ᵉ de ligne dont le dépôt était à Agen. Il m'avait écrit des lettres débordantes de lyrisme. La capitale de l'Agénois était pour lui le paradis.

Or, le lendemain de mon retour définitif à Paris, j'appris que le 42ᵉ de ligne venait d'arriver et qu'il était campé au Champ de Mars. Je m'y rendis de suite et après une longue recherche à travers les tentes et les barraquements, je finis par trouver mon ami.

Nous nous promenâmes dans le Champ de Mars, plein de troupes de toutes armes. Le spectacle n'avait rien de réconfortant. C'était un désordre inénarrable. Les régiments qui campaient là étaient de nouvelle formation, composés de recrues et de rappelés, sans cohésion ni esprit militaire. C'était ce qu'on appelait alors des « régiments de marche ». Il y avait aussi des débris du corps d'armée du général Vinoy : lignards, zouaves, turcos, cuirassiers, dragons ; fantassins ayant perdu leur sac, cavaliers sans cheval, tous fatigués par la campagne qu'ils venaient de tenir, les uniformes rapiécés, salis. Et tous ces échappés de Sedan et de Bazeilles avaient bravement fait leur devoir. Ils s'étaient battus comme des héros, et ce n'était pas sans un profond découragement qu'on les comparait aux jeunes soldats qui n'avaient pas encore vu le feu. Si ceux-là avaient été vaincus, comment ceux-ci ne le seraient-ils pas?

Alcide était fort perplexe. Il avait en horreur le métier militaire. Son humanitarisme lui faisait détester la guerre, et il voyait tout en noir. Prédisant la défaite suprême à brève échéance, il voyait la République renversée, l'Empire rétabli par les Allemands victorieux, et la liberté morte. Je ne pouvais le faire sourire qu'en lui parlant de son Agen. Le soir, il s'échappa pour venir à Montmartre et nous dînâmes en famille, avec ses parents et les miens.

Quelques jours après, le soir du 19 septembre, en sortant de chez moi, j'aperçus dans la rue Durantin un soldat que plusieurs citoyens soutenaient pour l'aider à marcher. Je m'approchai. C'était Alcide. Il avait la jambe droite enveloppée de linges ensanglantés. Sa pâleur était extrême. Il ne put me dire que quelques mots pour expliquer sa situation. Le matin, à Châtillon, on s'était battu. Il était en tirailleur quand il avait reçu une balle dans le pied. Il s'était traîné, sur les genoux et les coudes, depuis les bois qui entourent Bagneux, jusqu'aux fortifications. Là, on l'avait hissé dans une tapissière. Mais arrivé au boulevard extérieur, à Montmartre, il avait quitté la voiture pour rentrer seul chez lui, afin de ne pas trop effrayer sa mère. C'était une déroute qui venait d'avoir lieu. Les mobiles bretons et les lignards s'étaient bien conduits mais des zouaves avaient pris la fuite. La redoute de Châtillon était tombée aux mains de l'ennemi.

Alcide n'en pouvait plus. Malgré une volonté de fer, il lui était impossible de mettre un pied devant l'autre. On crut qu'il allait s'évanouir.

— A l'ambulance ! cria quelqu'un.

Mon ami résistait et voulait qu'on le conduisît chez lui ; — il demeurait, quelques maisons plus loin, dans une vaste cité qui a deux entrées, l'une dans le haut de la rue Lepic, l'autre rue Durantin. Mais on lui jura qu'il valait mieux, pour lui, aller à l'ambulance ; et sa mère, qu'on venait de prévenir, étant arrivée pendant ce débat, fut de l'avis de tout le monde.

L'ambulance était située dans une rue voisine. Je pris Alcide sur mon dos et l'emportai. Un imbécile, avec qui je devais avoir plus tard une violente querelle, se mit à ricaner en disant :

— Qu'est-ce que c'est que cette comédie !

Mais la foule le hua.

Pendant trois mois, Alcide resta sur le flanc, il faillit avoir la jambe coupée et il eut plusieurs attaques de tétanos auxquelles il échappa miraculeusement, grâce aux soins dévoués des ambulancières civiles.

Je commençais à m'ennuyer beaucoup. L'inaction me pesait. Presque tous mes amis étaient sous les armes et j'étais quelque peu honteux, grand et fort comme je l'étais déjà, de n'être pas encore soldat. Mais j'étais toujours indécis. Ayant tiré au sort, je ne m'appartenais plus et c'était à l'administration militaire de décider. Or, comme j'appartenais à la Seine-et-Oise et que ce département était envahi, tous les services publics ne devaient plus fonctionner et je pouvais n'être pas appelé. D'autre part, ma faiblesse de cœur me faisait trouver charmante cette flânerie de tous les jours qui me permettait d'aller nigauder autour des jupons de la jolie fillette qui se moquait de moi. Une aventure désagréable me fit comprendre davantage combien ma situation devenait délicate.

L'imbécile qui m'avait interpellé le jour où j'avais porté Alcide à l'ambulance, me rencontrant un matin, m'apostropha grossièrement devant nombre de passants, ce qui fit une petite émeute.

Cet homme, qui était concierge et qui ne dessoulait point, me reprocha de n'être pas soldat, à mon âge, tandis que lui était déjà garde national, bien qu'il eut quarante ans sonnés. J'étais un fainéant, un mauvais patriote, un « sans cœur » qu'on aurait dû fusiller, comme tous mes pareils. Et la foule, stupide et méchante, — comme je l'ai maintes fois constaté depuis, en d'autres circonstances, — faisait chorus. Les visages étaient menaçants, les poings se tendaient vers moi. J'aurais voulu être au diable et je ne savais comment me sortir de la bagarre, car nulle explication n'était possible, lorsqu'une heureuse idée me vint. Mon « engueuleur » avait un fort accent tudesque ; il devait être Alsacien. Je pouvais aisément tirer parti de la sottise humaine.

— Sale Prussien !

Ce mot produisit l'effet attendu. En un clin d'œil, la foule fut retournée comme un gant. On injuria si bien mon agresseur que je crus un moment me voir dans l'obligation de le protéger contre les coups. Il s'enfuit à temps.

Bien qu'on fut loin de prévoir que le siège durerait des mois, les gens se préoccupaient d'amasser des provisions. Ceux qui étaient aisés achetaient, et déjà à des prix très élevés, toute sorte de denrées. Les pauvres s'ingéniaient à s'en procurer à meilleur compte : — pour rien. Nous étions, mes parents et moi, dans cette catégorie.

Un matin, en compagnie d'un voisin, muni d'un grand sac de toile, je partais pour la plaine Saint-Denis où la veille, déjà, le bruit s'en était répandu, quelques malins étaient allés chercher des pommes de terre. Les paysans, affolés par l'approche des Prussiens, s'étaient réfugiés dans Paris avec tout ce qu'ils avaient pu emporter : argent, bijoux, linge ; plus soucieux de sauver leur peau que leurs récoltes, ils avaient laissé les champs avec les choux, les oignons, les pommes de terre, les navets, destinés ainsi à pourrir dans la terre.

En passant la porte Saint-Ouen, je fus stupéfait, tant les alentours étaient changés. Le fossé n'avait plus de solution de continuité, et un pont-levis communiquait d'un bord à l'autre. Les gabelous étaient armés et montaient la garde concurremment avec des soldats. Les jardins qui émaillaient de leurs carrés de fleurs et de légumes les glacis des fortifications, avaient disparu; les treillages avaient été arrachés, les murs renversés, les arbres coupés à ras, et, jusqu'aux limites de la seconde zône, les maisons avaient été démolies. Les cabarets où, le dimanche, venait s'entasser la population ouvrière des quartiers du versant nord de la butte, n'existaient plus. C'était un désert.

Quand nous arrivâmes à Saint-Ouen, au bord de la Seine, nous vîmes une vingtaine d'artilleurs et de soldats du génie qui gardaient la tête du pont et qui nous invitèrent à passer rapidement. D'autres, dans des barques, travaillaient aux piles de ce pont — travail sur la nature duquel je ne cherchai pas à me renseigner, tant le voisin et moi allongions le pas, dans la crainte d'arriver trop tard pour butiner. Notre crainte paraissait justifiée, du reste, car nous croisions sur notre route des individus qui, étant partis dans la nuit, revenaient chargés de sacs volumineux. Quelques-uns, les mieux avisés, traînaient même des charrettes à bras. J'avais eu l'idée de me pourvoir d'un de ces véhicules à quatre sous l'heure, mais je n'en avais pas trouvé un seul, tout ayant été loué. Puis beaucoup de gens avaient pris la même direction que nous et marchaient rondement, ayant peur, eux aussi, de se voir distancer.

Il faisait un temps gris et doux d'arrière-saison. L'île, encore très feuillue et très verte, était estompée d'une brume légère. Les maisonnettes étaient abandonnées. Aucun flâneur ne s'était laissé captiver par le charme de cette automnale matinée. Les prairies, les saulaies n'avaient pas de promeneurs. Les peupliers seuls chantaient sous la brise. En revanche, la vaste plaine offrait un coup d'œil d'une extraordinaire animation. Jamais elle n'avait tant vu de travailleurs réunis. Mais ce n'était pas des paysans que l'on apercevait accroupis, fouillant la terre avec ardeur, car l'on ne voyait pas la traditionnelle blouse bleue sur le dos de ces hommes, pas plus que le mouchoir à carreaux, roulé sur la tête des femmes, en guise de bonnet. C'était bien des citadins qui se livraient à l'âpre besogne. Mais nous arrivions bien tard pour y prendre part. Tout autour de nous les champs étaient retournés, la récolte faite. Des sacs, bondés à crever et dressés debout sur le sol, attendaient les épaules des travailleurs, car le difficile à présent était de transporter le butin. Quelques vieilles femmes, des enfants, munis d'une tringle de fer, d'un morceau de bois, grattaient çà et là, où l'on avait déjà passé, pour trouver des pommes de terre oubliées dans les trous. Mais cette glane paraissait peu productive. Les autres légumes étaient dédaignés.

Le voisin et moi, nous étions tant soit peu désappointés. Avions-nous fait la course pour rien ? Et nous avancions toujours. Mais plus les collines d'Argenteuil se dessinaient nettement à l'horizon, plus les groupes de maraudeurs, — c'était ainsi qu'un paysan, un vrai, que nous avions rencontré, avait appelé tout ce peuple qui disposait de biens ne lui appartenant pas, mais qui eussent été immanquablement perdus pour tout le monde — plus les groupes devenaient compacts. Les coudes se touchaient. La plaine était noire d'individus, et de loin on eut dit une vaste fourmilière. Il n'y avait pas là encore de place pour nous. Enfin, après avoir laissé Gennevilliers de beaucoup en arrière, alors que nous apercevions dans ses moindres détails le moulin d'Orgemont, nous atteignîmes une région où il n'y avait encore que peu de Parisiens et où la récolte ne faisait que commencer.

Nous eûmes bientôt rempli nos sacs d'énormes pommes de terre rondes, dorées, semées de trous et de bosses, appétissantes à voir. Nous n'avions pas de bêche, mais nos mains avaient suffi : les fanes étaient enlevées d'un tour de poignet, et l'excavation fiévreusement fouillée avec les ongles, la terre étant sèche et friable.

La brume avait disparu ; le soleil, à son point

culminant, l'avait dissipée, et la chaleur était
forte. Fatigués de la course et du travail, nous
nous étions assis sur nos sacs, pour nous reposer, en mangeant un morceau de pain et de
fromage. Nous devisions pour savoir comment
nous emporterions notre fardeau avec commodité, et si nous pourrions revenir une seconde
fois, car c'était un crève-cœur pour nous, devant
une telle abondance, de ne rapporter qu'une si
faible provision. Nous allâmes alors dans une
vigne qui était proche, pour arracher des échalas, avec lesquels nous improvisâmes un brancard. Les deux sacs placés dessus, nous partîmes.
Mais outre que la marche était excessivement
pénible à travers le guéret, les terres défoncées,
les champs de betteraves coupés de sillons où
poussaient dru les branchettes vertes de l'asperge en graine, la charge était très pesante et
tirait dur sur les bras. J'avais les mains en sang,
et mon compagnon, serrurier de son métier,
ayant par cela même l'épiderme moins sensible, trouvait la corvée raide. Nous reprimes
chacun notre sac sur l'épaule et sur le dos.
C'était à plier dessous, et toutes les cinq minutes nous nous arrêtions pour souffler quelques
instants et griller une cigarette. Autour de nous
beaucoup de gens étaient aussi mal partagés, et
il y en avait qui se lamentaient parce qu'ils ne
pouvaient porter une charge au-dessus de leurs
forces. D'autres, plus raisonnables, se délestaient
quelque peu et à leur grand regret, préférant

cependant perdre la partie que le tout. Les individus plus faibles, les femmes surtout, s'étaient contentés d'emplir de simples paniers et s'en allaient d'un bon pas, avec la pensée de revenir sans doute. Du reste, la récolte était terminée ou presque, car tout le monde s'en retournait. Nous n'étions plus qu'à un kilomètre et demi, environ, du pont de Saint-Ouen, et hors d'haleine, éreintés, nous étions assis sur le bord d'un fossé, quand tout à coup nous vîmes les maraudeurs les plus éloignés, du côté d'Argenteuil et d'Epinay, s'enfuir à toutes jambes, la plupart jetant bas les sacs de pommes de terre, ou abandonnant la charrette à bras qui ne pouvait aller qu'avec une extrême lenteur sur un terrain accidenté. C'était comme une troupe en déroute.

Un bonhomme qui passait près de nous de toute la vitesse de ses vieilles guibolles, nous jeta ces mots, sans s'arrêter une seconde ni seulement tourner la tête :

— Les Prussiens !

D'autres gens qui fuyaient, nous apprirent qu'on se battait du côté d'Epinay et qu'on entendait distinctement la fusillade.

J'écoutai, sans rien entendre de semblable, et mon compagnon était comme moi. Mais à force de voir les fuyards qui répétaient constamment : « On entend les coups de fusil », je finis par croire que c'était vrai. Le fait était-il exact, y eut-il une escarmouche ce jour-là, du côté d'Argenteuil? Je ne l'ai jamais vérifié. Mais longtemps je l'ai cru, et maintenant, je suis dans le doute.

Nous reprîmes nos sacs et notre course éperdue, butant contre les racines, trébuchant et tombant. Soudain une formidable détonation ébranla l'air, et un nuage de fumée s'éleva dans la direction de Saint-Ouen. Tout interloqués, nous nous arrêtons, mais pour remarcher plus vite que jamais, tant l'inquiétude nous gagne. Bientôt nous voyons venir vers nous des groupes d'hommes, de femmes, d'enfants, dans un sauve-qui-peut général. Tout ce monde crie :

— Le pont de Saint-Ouen vient de sauter !

Je me souviendrai toujours de cette débandade. D'instinct, pour ainsi dire, la foule avait pris la direction de Saint-Denis, et c'était une vraie course au clocher. Les charrettes, les sacs étaient laissés sur place, afin de fuir plus vite. On disait que le pont de Saint-Denis était coupé depuis le matin, que les éclaireurs Prussiens se rapprochaient. Des femmes manifestaient un violent désespoir. Comment repasser sur la rive droite ? Des gens certifiaient que toutes les barques de ce côté de l'eau avaient été ramenées sur l'autre. On ne savait plus par quelle voie on pourrait rentrer chez soi. La panique avait atteint les plus résolus. Mon compagnon et moi commencions à en ressentir les effets. Je délibérai pour savoir si je n'allais pas lâcher mon sac, qui me semblait de plus en plus pesant, et si je n'allais pas mettre à profit mon expérience de nageur, pour repasser la Seine. Mais mon voisin, à qui je communiquai mon idée, se déclara incapable de la mettre à exécution, et j'y renonçai, ne voulant pas le laisser seul.

Et nous allongeâmes le pas. Mais, exténués, ne pouvant aller vite avec notre fardeau, nous étions distancés par les fuyards qui, n'ayant rien ou presque à porter, trottaient « comme des lapins », disait le camarade. Par amour-propre et vaillantise je ne me plaignais pas, mais j'épiais avec anxiété, sur le visage du voisin, des signes de lassitude, espérant qu'il jetterait bas son sac et que je pourrais en faire autant, sans honte. Mais il tenait bon. Le chemin qui restait à parcourir me semblait terriblement long. Plus personne autour de nous — personne. Nous étions les deux derniers dans la plaine.

— Je n'en puis plus, tant pis... murmura mon compagnon.

Et il laissa tomber son sac. Ce ne fut pas sans un profond sentiment de satisfaction que je l'imitai, et nous eûmes bientôt rejoint la cohue qui se ruait sur une route étroite, au bout de laquelle on apercevait les premières maisons de Saint-Denis. Nous traversions parfois, pour abréger, quand la route faisait un coude, des champs cultivés, entr'autres des champs de pommes de terre déjà extraites du sol et amoncelées en tas. Des gens qui étaient venus là avec des sacs les avaient laissés, n'en pouvant plus. Et au fur et à mesure que nous avancions, nous étions comme pris de remords, devant une telle quantité de provisions perdues, alors que nous allions rentrer à la maison les mains vides. De quels quolibets ne serions-nous pas assaillis ?

— Ah, bah ! fis-je furieusement, ce serait trop bête d'être venu pour rien !

— C'est vrai, répondit le voisin.

Tous deux, sans nous être autrement consultés, — nous étions en ce moment sur la route, — nous sautons dans un champ où des sacs, bourrés du précieux comestible, ont été laissés par leurs propriétaires affolés. Nous n'avons que l'embarras du choix et, vraiment, si nous avions pu prévoir toute cette affaire, nous n'aurions pas été si loin le matin. Je m'empare d'un magnifique sac, plein à crever, aussi haut que moi. L'autre en fait autant, et, un peu reposés, nous reprenons notre marche avec une nouvelle ardeur.

Enfin nous atteignîmes le pont. Nous passâmes. Il n'était nullement question de faire sauter quoi que ce fut, pour l'instant, nous affirmèrent les soldats. Beaucoup de maraudeurs, informés comme nous de la situation, retournaient sur leurs pas, sans plus s'inquiéter de ce combat livré du côté d'Argenteuil et qui avait tout d'abord jeté l'alarme. Mon camarade eut alors un trait de génie :

— Laissons nos sacs chez un marchand de vin, me dit-il, et allons en chercher deux autres. Quand ils seront ici, nous trouverons bien le moyen de les emporter, quitte à nous y reprendre en trois ou quatre fois. Ça en vaut bien la peine.

C'est ce que nous fîmes et, le soir, vers minuit, après deux voyages successifs de Montmartre à Saint-Denis, nous avions chacun, dans notre cave, un respectable stock de pommes de terre qui dura, chez nous, jusqu'à la fin de novembre.

CHAPITRE II

Appel des conscrits. — La caserne de La Tour-Maubourg Au 29ᵉ de ligne. — Adieu, caserne! — 32ᵉ bataillon de garde nationale. — Sur les remparts. — Les patrouilles en ville. — Les clubs. — Irritation des Parisiens. — Le 31 octobre. — La disette. — Formation des bataillons de marche. — 32ᵉ, en avant!

Un matin des premiers jours d'octobre, étant descendu pour flâner dans les rues, je vis, placardées sur les murs, de nouvelles affiches du gouvernement, signées Trochu. A cette époque, toute communication officielle était lue avec avidité. Rien ne paraissait insignifiant. Je m'empressai de prendre connaissance de ces affiches. Elles donnaient l'ordre aux jeunes gens ayant récemment tiré au sort à Paris ou en province, d'avoir à se présenter, dans un délai de vingt-quatre heures, devant les autorités militaires.

Le lendemain, je me rendais à la caserne de La Tour-Maubourg, lieu de concentration des garçons habitant les 17ᵉ et 18ᵉ arrondissements. Les conscrits étaient plus nombreux que les soldats, aussi le désordre était-il grand. Je ne me souviens même pas si l'on prit mon nom. Je crois qu'un fourrier fit semblant de l'inscrire sur un calepin de poche, et ce fut tout.

C'était la première fois que je voyais l'intérieur d'une caserne et j'étais médiocrement charmé. Les chambres me paraissaient sales. Les lits avaient été dédoublés, et des paillasses, jetées à terre pour les nouveaux arrivants, traînaient dans la poussière. On nous dit que ceux qui voulaient rester étaient libres, mais que ceux qui désiraient s'en aller chez eux le pouvaient également, jusqu'à nouvel ordre, à condition de venir tous les jours, à midi, pour répondre à l'appel. Je profitai de la permission, mais peu firent comme moi. Quantité de ces jeunes gens, appartenant à de très pauvres familles, étaient enchantés de trouver une nourriture assurée. Quoique mes parents fussent loin d'être riches, je pouvais encore, sans les gêner trop, venir m'asseoir à leur table. Pendant trois ou quatre jours, je me rendis donc à l'appel, me contentant de prendre le pain de munition qui m'était dû. Personne encore n'était habillé ni armé, aussi la discipline s'en ressentait-elle fortement. Chacun allait à sa guise, comme il voulait, les sergents de planton aux portes de la caserne ne sachant pas à qui ils avaient affaire et si c'était un conscrit ou un visiteur qui entrait ou sortait. Faisait qui voulait l'exercice. En réalité, c'était pitoyable, et il ne pouvait en être autrement, tant l'organisation manquait encore. Je demandai un jour, à un officier supérieur, quand nous serions équipés et munis de fusils. « Pas avant une quinzaine, » me répondit-il.

Venir tous les jours à la caserne m'ennuyait horriblement. Je fus trois fois porté manquant à l'appel, et quand je reparus à La Tour-Maubourg une après-midi, un camarade qui avait été placé sous la tutelle du même sergent que moi, m'apprit que celui-ci m'avait demandé à plusieurs reprises. Je crus que c'était une plaisanterie. Mais rien n'était plus vrai. Mon nom avait été régulièrement inscrit sur les registres, et si je n'avais pas encore de numéro matricule. j'étais bel et bien incorporé au 29ᵉ de ligne. Un autre camarade m'assura que j'avais encouru la peine de quinze jours de prison et que j'étais sûr d'aller « au bloc », dès que le sergent m'aurait reconnu.

Je me sentis très mal à l'aise à la pensée des conséquences de ce futur emprisonnement : ma famille inquiète ; plus de visites à la « chère » — car, en dépit des coquetteries et des trahisons de celle-ci, j'étais d'une fidélité imbécile — et l'ennui mortel de la privation de liberté. Mon parti fut vite pris. Je n'avais pas donné mon adresse ; pour retrouver ma piste, il faudrait aller à Saint-Germain, ce qui n'était pas possible, vu les circonstances, et il était certain qu'on ne me rechercherait pas. Je tournai les talons, et je ne revis la caserne de La Tour-Maubourg que des années après.

En tout autre temps, il aurait pu m'en cuire, de cette escapade! Mais j'étais tranquille d'esprit et ma conscience était en règle. La caserne me faisait horreur, et comme, depuis une quinzaine de jours qu'ils étaient appelés, les conscrits n'étaient pas encore armés, il était probable qu'ils n'iraient pas au feu avant longtemps. Je ne trichais donc pas trop avec la « Défense nationale. » Depuis quelques semaines je rêvais de m'enrôler dans quelque compagnie de francs-tireurs ou dans un bataillon de la milice. Là, au moins, tout en étant combattant, je serais libre, ou à peu près. L'occasion se présenta. Mon père, qui avait quelques amis au 32ᵉ bataillon de la garde nationale dont on complétait la formation, me fit enrôler avec lui dans une des nouvelles compagnies, la 7ᵉ. Ce fut avec une joie d'enfant que j'allai chercher mon équipement chez le capitaine, un ancien sous-officier de Crimée et d'Italie, qui avait été élu à l'unanimité non seulement à cause de sa bonne réputation de militaire et d'homme courageux, mais aussi à cause de son influence dans le quartier, où il exerçait la profession de marchand de vin-limonadier.. Mon équipement, tout neuf, se composait d'un pantalon bleu foncé, à bande rouge, d'une tunique de la même couleur, à boutons dorés, d'un képi avec le numéro du bataillon, d'une couverture de laine, d'un ceinturon avec son fourniment, cartouchière et porte-baïonnette, et d'un fusil transformé, dit « à tabatière. » Je m'empressai d'endosser ce brillant uniforme, pour aller déployer mes grâces auprès de « la chère », et je ne le quittai plus qu'au mois de mai de l'année suivante.

Le bataillon, par compagnies, se réunissait un peu partout pour faire l'exercice; en plein air quand il faisait beau. Quand il pleuvait, la 7ᵉ se rendait chez un peintre-décorateur, qui avait un vaste atelier, rue Gareau. On y mettait beaucoup de bonne volonté. Du reste, dans Paris même, les moindres carrefours étaient utilisés, car la circulation était fort amoindrie, et l'on ne voyait que gens apprenant le maniement du fusil : la ville était devenue un vaste camp. Mais l'enseignement différait beaucoup d'une rue à l'autre; à côté d'une compagnie qui s'initiait aux secrets du chassepot, une autre compagnie pratiquait le fusil à tabatière; non loin, une autre encore s'exerçait à la charge en douze temps, étant armée de « pistons ». Les costumes aussi étaient très dissemblables. Comme tous les draps disponibles avaient été réquisitionnés pour confectionner les vêtements des gardes nationaux, toutes les couleurs, toutes les nuances étaient représentées: bleu foncé et bleu clair ; gris cendré et gris fer; vert-bouteille et vert pomme; noir, marron — jamais on ne vit tel papillottement, semblable pittoresque.

Puis, tous les deux ou trois jours, on était de garde, soit aux remparts, soit dans de grands établissements réquisitionnés où l'on avait établi des postes et des réserves. Notre bataillon allait aux fortifications, de la poterne Saint-Ouen à la porte Ornano, ou bien au Château-Rouge. Quand on était de garde en ce dernier endroit, des patrouilles étaient organisées pour battre le quartier dans tous les sens, durant la nuit. Avec plus de zèle que de raison, sous le moindre prétexte, on arrêtait les gens. Je me souviens qu'une nuit, dans la Grande-Rue de la Chapelle, la patrouille dont je faisais partie saisit au passage deux grandes voitures chargées de foin, que nous escortâmes jusqu'à une espèce de ferme située rue de l'Évangile, je crois, d'où elles étaient parties. Je n'ai jamais su exactement pour quel motif cette arrestation fut faite. On disait seulement que les propriétaires de ces voitures voulaient faire sortir le foin pour l'aller vendre aux Prussiens, ce qui était inadmissible. De très bonne heure, la ville s'endormait; les rues étaient sombres, car il n'y avait plus de gaz, et les magasins, mal éclairés au pétrole, fermaient dès la nuit venue. Les habitants se couchaient tôt, éteignaient les lumières. Aussi, dès qu'on en voyait quelqu'une briller tardivement, c'était des commentaires à n'en plus finir. « C'est un signal », disait-on, sans songer à la distance à laquelle se trouvait l'ennemi. Plus d'une perquisition fut opérée ainsi sans motif plausible et, chaque fois, la patrouille qui avait mis en émoi toute la maison, se trouvait en présence d'une bonne femme qui rapiéçait des nippes, à la lueur d'une mauvaise chandelle, d'un monsieur couché qui trompait son insomnie par une lecture, d'un mort qu'on veillait, d'une matrone au chevet d'une femme en mal d'enfant. C'était ridicule. Mais les malheureux dérangés aussi sottement, n'en étaient pas quittes pour une simple visite intempestive : ils devaient subir un interrogatoire conçu souvent dans les termes les plus funambulesques. On voyait partout des espions et l'on mettait la main au collet de gens absolument inoffensifs, qui n'étaient relâchés qu'après avoir été questionnés comme des filous, — heureux quand ils ne recevaient pas quelques bourrades au moment de leur arrestation.

Aux remparts, le service avait une autre allure, plus sérieuse et plus militaire. Les factions étaient montées avec soin, les rondes étaient faites d'une façon méticuleuse, comme ce doit être dans une place de guerre assiégée. Il a beaucoup été reproché aux gardes nationaux les interminables parties de bouchons auxquelles ils se recréaient. Le reproche est niais. Dans le jour, entre les exercices, ces hommes habitués au travail, trompaient comme ils pouvaient l'ennui d'une longue inaction forcée. Mais réellement, ils étaient pleins de bon vouloir. Bien que chacun sut l'ennemi très loin et que de l'autre côté du fossé il y eut, dans la plaine, des redoutes reliées par des tranchées occupées par des troupes régulières, chacun accomplissait sa tâche avec ponctualité. On finissait presque par croire, surtout la nuit, alors qu'on était en faction sur les talus, que l'adversaire était à portée de fusil, tout prêt à donner l'assaut. Je me souviens encore avec quelle anxiété, quand j'étais en sentinelle, je tendais l'oreille, je sondais les profondeurs des ténèbres qui enveloppaient la campagne ; avec quelle joie j'entendais le pas cadencé des hommes qui venaient relever les factionnaires, tant j'avais hâte d'échapper à la responsabilité qui me paraissait si grave, si sérieuse, — bien que je préférasse le plein air, même quand il gelait à pierre fendre, à l'abri puant et rempli de puces qu'offraient les baraquements établis sur le chemin de ronde.

Lorsque je n'étais pas de service, j'allais, dans la journée, rendre visite à « l'aimée », puis à Alcide, toujours sérieusement malade des suites de sa blessure. Le soir, je restais à la maison, commentant avec mon père et quelques voisins les dires des journaux, les problématiques nouvelles, la situation générale. Quelquefois, j'allais au Club de la Reine-Blanche, mais rarement. Ce qui s'y disait de sottises est inénarrable. Des conversations, des discours saugrenus à donner le vertige. Les orateurs étaient des convaincus, un peu fous pour la plupart, ou bien des poseurs, tenant à parader sur une tribune, qui faisaient les propositions les plus renversantes, formulaient des plans de guerre les plus extravagants. Des ingénieurs improvisés offraient de construire des machines épouvantables, des engins si meurtriers que les Allemands seraient contraints de lever le siège, s'ils ne voulaient pas être exterminés jusqu'au dernier homme. Mais il faut dire, pour l'honneur de la vérité, que la proposition la plus raisonnable et la plus courageuse, la « sortie en masse », était celle qui revenait le plus souvent.

La population commençait à manifester une vive irritation. Quelques combats avaient été livrés, et bien qu'on annonçât que les Prussiens avaient eu des pertes considérables, dix fois plus grandes que les nôtres, l'investissement devenait de jour en jour plus complet. On s'était battu sans résultats avantageux à Chevilly et à Thiais où le général Guilhem avait été tué. La tentative sur Chatillon, qui venait d'avoir lieu, n'avait pas abouti. Une attaque des Allemands sur les Hautes-Bruyères avait bien été repoussée; quelques reconnaissances offensives nous avaient rendu la possession d'Issy, d'Arcueil et de Vitry, sur la rive gauche; nous avions repris, sur la rive droite, la Courneuve, Courbevoie, Asnières et la presqu'île de Gennevilliers. Mais ce n'était là que d'insignifiants succès. Le général Ducrot, après tout une journée de bataille, avait dû se replier : Rueil, la Malmaison, la Jonchère, avaient été brillamment enlevés le 21 octobre; mais le 22, au matin, nos troupes avaient évacué ces positions.

Ce qui ajoutait encore à la colère de tous, c'est que le bruit courait que les Allemands avaient fait, incertains de l'issue de la lutte, des préparatifs de départ à Versailles. Une poignée de francs-tireurs de la presse, de gardes nationaux et de mobiles, s'était emparée du Bourget, le 28 octobre ; mais par une incroyable négligence, qui devait se manifester jusqu'à la fin du siège, et qu'on qualifiait de trahison, le village n'ayant pas été pourvu d'artillerie, les Allemands étaient revenus en force, l'avaient repris, faisant prisonniers douze ou quinze cents des nôtres. Déja, depuis plusieurs jours, la *Patrie en danger* de Blanqui et le *Combat* de Félix Pyat, annonçaient la prise de Metz, et le 30 la nouvelle de la capitulation de Bazaine était devenue officielle. On la cachait donc ? « Pourquoi ne faisait-on pas un grand effort pour tenter de débloquer Paris, au lieu d'user la résistance dans de petits engagements d'avant-postes ? » Cela se répétait couramment. La consternation était grande et la colère montait.

Le matin du 31 octobre, presque tous les bataillons de Montmartre avaient été convoqués en armes, sans qu'on sut trop dans quel but. Qu'allait-on faire ? Nul n'en savait rien. On discutait, et c'était tout. Depuis dix heures du matin, je voyais nos officiers aller et venir, délibérer entr'eux. A chaque instant, ils semblaient avoir pris une détermination, qui était aussitôt abandonnée. Ils disputaient, menaçants. Quelques-uns s'en étaient allés, furieux.

Enfin, vers trois heures, les tambours battaient, les clairons sonnaient, nous prenions nos rangs et nous partions. J'appris en route que nous allions à l'Hôtel de Ville. Nous avions nos gibernes pleines de cartouches. Il était question de se battre. Dans les rues parallèles à celles que nous suivions, on apercevait d'autres bataillons qui se dirigeaient, eux aussi, vers le centre. Il pleuvait par ondées, on pataugeait dans la boue. Sur notre parcours, notamment dans le faubourg Saint-Denis, une foule d'hommes et de femmes, aux fenêtres, criaient :

— Vive la Commune !

C'était la première fois que j'entendais ce cri. Quand nous arrivâmes rue de Rivoli, les abords de l'Hôtel étaient tellement encombrés de garde nationale, qu'il était impossible d'avancer. Tout ce dont je me souviens, c'est que j'entendis dire autour de moi que « c'était fait. » Quoi ? Je ne pus en savoir davantage. Sur cette assurance, probablement, notre bataillon, composé en grande partie de boutiquiers, qui n'avaient rien de révolutionnaire, — le 32e existait sous l'Empire, — fit demi-tour et regagna Montmartre. Ce fut le soir que j'appris ce qu'avait été cette journée historique, à laquelle j'avais été mêlé insconsciemment, en très humble comparse. Dans la nuit, des hommes du bataillon que je rencontrai, manifestaient l'intention de redescendre à l'Hôtel de Ville, afin de contribuer à repousser les attaques des réactionnaires et des mobiles bretons, que le gouvernement avait appelés. Quelques-uns descendirent, en effet; mais ce fut d'une manière tout individuelle, le bataillon n'ayant plus été convoqué. Le lendemain, on sut que le mouvement de la veille avait échoué; que Rochefort, écœuré, avait donné sa démission. Deux jours après, le 3 novembre, eut lieu le plébiscite par lequel le gouvernement voulait faire ratifier son pouvoir. Quoique je n'eusse pas l'âge, j'étais électeur, puisque garde national. Je votai contre, avec conviction, car je commençais à trouver, comme la plupart des gens, que la résistance n'était pas ce qu'elle devait être. On sait ce qu'il advint.

Une grande tristesse envahissait Paris. Aux premiers jours du siège, tout d'effervescence et d'enthousiasme, avaient succédé des jours d'angoisse et d'abattement. Les citoyens qui réfléchissaient quelque peu, ne se faisaient plus guère illusion sur l'issue de la terrible aventure; à moins d'un miracle, nous étions perdus. Chez la masse, la tristesse avait surtout pour cause la difficulté de vivre, car elle avait confiance dans la force de Paris. Les distributions de bons de pain et de viande étaient insuffisantes, même avec les trente sous du garde national, pour nourrir une famille. La mortalité était grande; elle frappait surtout les vieillards et les enfants en bas-âge. Avec cela, on entrait dans l'hiver et la question du chauffage venait compliquer celle de la nourriture. Déjà tout ce qui pouvait servir de combustible avait été jeté au feu. Sur le boulevard Clichy, des bancs avaient été descellés et emportés; les tuteurs en treillage des arbustes avaient subi le même sort. Dans la rue du Vieux-Chemin, — à présent rue Ravignan, — ainsi que rue de la Fontaine-du-But, il y avait sur chaque trottoir de magnifiques arbres centenaires. En une nuit, ils furent abattus et enlevés; les racines même furent extirpées du sol et, peu de temps après, on aurait vainement cherché la place où ils se trouvaient. On ramassait des bouts de bois dans les rues : — le moindre morceau qu'on voyait traîner était aussitôt mis en poche, précieusement. Et ce n'était même pas pour se chauffer qu'on grapillait ainsi, mais pour faire cuire les aliments, le charbon étant rare. Dès les premières gelées, des queues interminables se pressaient à la porte des chantiers, comme aussi, à partir du rationnement, à la porte des boulangeries et des boucheries. Mais, à l'honneur de cette population parisienne tant calomniée, tout se passait dans le plus grand ordre. Pour moi, je ne vis jamais aucun tumulte, aucune bagarre. Patiemment, sans broncher, on restait à son rang. Les femmes montraient une énergie, une vaillance extraordinaires et, tout jeune que j'étais, je me sentais profondément ému quand je voyais avec quelle résignation la partie féminine du peuple, depuis les petites filles jusqu'aux vieilles grand'mères, supportait, pendant des heures, les pluies glaciales, les trombes neigeuses, les vents froids, pour attendre quelques grammes de viande de cheval et quelques grammes de pain dont les chiens, en temps ordinaire, ne voudraient pas. Puis, un rien, la plus petite espérance, le moindre succès, une bonne nouvelle, souvent fausse, suffisait à faire jaillir la gaîté de ces âmes endolories.

La bataille de Champigny eut un immense retentissement dans Paris; c'était le premier effort sérieux qui eut été tenté, et vraiment il avait été superbe! Mais quand on apprit que les troupes avaient encore une fois battu en retraite, un sombre découragement s'empara de tous. Le nom de Ducrot, si populaire encore peu de temps auparavant, était tombé en exécration. Personne, même parmi les modérés, ne pouvait lui pardonner les ponts trop courts sur la Marne, ni d'être revenu après sa fameuse proclamation où il ne se laissait d'autre alternative que d'être « mort ou victorieux. » L'on croyait fermement que la trouée eut été faite sans ces ponts trop courts, incident et accident qui avaient pour cause une crue subite de la Marne, a-t-on dit, et qu'on qualifia de trahison.

En admettant qu'on eut pu rompre le cercle de l'ennemi, aurait-on pu aller bien loin, sans cavalerie, sans équipages, sans approvisionnements, avec de jeunes troupes très braves mais sans consistance? Peut-être!

Les réclamations devinrent si vives, la sortie en masse devint si nettement le mot d'ordre de la population, que le gouverneur de Paris songea enfin à tenter un effort, pour donner satisfaction à l'opinion. Déjà, dans les premiers jours qui précédèrent la bataille de Champigny, il avait été décrété que chaque bataillon de garde nationale fournirait quatre compagnies dites « de marche », qui formeraient des régiments destinés à soutenir les opérations de l'armée régulière. Quelques compagnies du 72ᵉ avaient donné à Bondy où elles avaient enlevé des barricades défendues par les Saxons. A Champigny, les bataillons de mobilisés, tenus en réserve, avaient fait bonne contenance. Il était donc question, la promesse en était faite, pour ainsi dire, d'utiliser dans une grande sortie, et d'une façon effective, la milice parisienne.

Mon bataillon avait aussi formé des compagnies de guerre. Voici comment les choses s'étaient passées.

Les officiers avaient reçu l'ordre de prendre les hommes valides, âgés de moins de quarante ans, car dans les rangs, on comptait des vieillards ayant dépassé de beaucoup la soixantaine, et il y en avait d'impropres à tout service, qui avaient été enrôlés par obligeance, à dessein, pour qu'ils pussent toucher les trente sous. Cette différence de solde n'a pas été pour peu dans l'antagonisme qui exista sourdement entre la garde nationale et la troupe. Les officiers n'eurent pas besoin de désigner personne. Tout le monde s'offrait, et il fallut choisir entre tous ces volontaires. Je dus même intriguer et faire valoir ma jeunesse, quoique m'étant présenté de suite pour me faire inscrire sur la liste, et je ne fis partie que de la troisième compagnie. Le nombre d'hommes complété, il fut procédé par élection à la formation des cadres.

C'est alors que je vis éclater, dans toute leur splendeur, la sottise et la présomption humaines. Des employés de bureau, des épiciers, des savetiers, des morveux de dix-sept ou dix-huit ans se mettaient en avant pour obtenir un grade quelconque flattant leur vanité, tandis que des braves gens qui avaient servi et connaissaient le métier militaire, se tenaient à l'écart ou étaient évincés. Il fut nécessaire de lutter ferme pour venir à bout de ces compétitions, mais sans réussir tout à fait. Par bonheur, le capitaine, choisi à la presque unanimité, était le capitaine de mon ancienne compagnie sédentaire, excellent homme, très dévoué, qui avait été soldat pendant quatorze ans et avait quitté le régiment avec le grade d'adjudant. Un braillard de réunion publique combattit son élection, parce que ce bon soldat avait servi dans la garde impériale. J'avais en lui une confiance illimitée, et je vis plus tard qu'il la méritait bien. Le lieutenant avait été sergent-major dans les chasseurs. C'était un jeune homme de vingt-six ou vingt-sept ans, très intelligent et très-actif, lui aussi. Mais les deux sous-lieutenants étaient les premiers venus. L'un d'eux, beau parleur, était un ivrogne fieffé. Les sergents et les caporaux furent élus haut la main, sans discussion. C'étaient des gamins, pour la plupart.

Je verrai toujours la scène. Nous étions réunis dans le grand atelier du peintre-décorateur, rue Gareau. Le capitaine, assis à une table placée dans l'un des coins de la salle, assisté d'un fourrier qui s'était nommé d'office, sous prétexte qu'il était comptable, présidait à l'opération. Chaque candidat venait se mettre devant la table, debout. Il déclinait ses nom et prénoms, donnait son adresse et sa profession, vantait ses qualités souvent absentes, et on votait à mains levées, sans rien demander plus.

Je connaissais, au moins de vue, quelques-uns de ces candidats, et j'étais outré de leur audace. Je ne protestai pas, car ayant formulé de timides objections, l'on m'avait tout de suite proposé pour le caporalat, et je me sentais incapable d'exercer cette modeste fonction, pour laquelle je n'étais nullement préparé. Malgré les excentricités de ma vie passée, en dépit de ma turbulence, de ma vigueur,— enfant, j'avais appris l'escrime, l'équitation et j'étais adroit à tous les exercices du corps,— de mon éducation qui, tout incomplète qu'elle fut, me rendait assurément supérieur au plus grand nombre de mes compagnons, je n'étais pas entreprenant, quand il s'agissait de choses sérieuses. Je ne me voyais pas, mais pas du tout, menant une escouade au feu. Je pensais que j'aurais bien assez à faire de m'y mener moi-même.

Cette élection paracheva l'expérience que j'avais pu acquérir dans les réunions publiques, à savoir qu'avec de l'aplomb et du bagout, l'on peut, dans le domaine de la politique, aspirer à tout ; que la politique est une prétendue science où les plus incontestables médiocres peuvent briller comme des astres de première grandeur et devenir les égaux, sinon les supérieurs, en influence et en réputation, aux hommes les plus justement célèbres. Aussi les officiers de la garde nationale n'eurent-ils d'autre autorité sur leurs subordonnés, que celle qui découle du caractère et de la volonté. Ce n'est pas ainsi que l'on obtient une armée.

Le surlendemain, l'on nous distribuait des effets de campement, plus de superbes capotes bleu-ciel, à boutons dorés, étincelants. La mienne était ample, longue, toute neuve, et ce fut avec un sensible plaisir que je m'en revêtis. Le froid pinçait dur et, comme tous les camarades, je n'avais qu'une couverture de laine brune, au centre de laquelle j'avais percé une fente permettant de passer la tête. La couverture retombait ainsi sur les épaules, comme un poncho mexicain. C'était insuffisant, par plusieurs degrés au-dessous de zéro. La capote était moins pittoresque, certes, que la couverte, mais elle était plus chaude et donnait au garde national un aspect plus militaire.

Nous pensions que nous allions partir de suite pour les avant-postes. Mais il s'écoula encore quelques jours avant qu'il en fut ainsi. Il fallait nous perfectionner dans l'école de compagnie et de bataillon, et vraiment nous en avions besoin : un jour qu'on nous avait conduits à Vincennes pour nous exercer à la cible et aux feux d'ensemble, je pensai être tué, me trouvant au premier rang, par l'homme qui se trouvait derrière moi et qui tenait son fusil avec tant de maladresse, que le bout du canon frôlait mon oreille. A deux reprises, en tirant, il cribla de grains de poudre l'épaule et le collet de ma capote.

Vers le 15 décembre, je tombai malade et dus m'aliter. J'avais de violentes douleurs dans la poitrine, qui me faisaient crier. Le médecin major me traita énergiquement, et, grâce à ma bonne constitution, au bout de trois jours j'étais hors de danger. C'était sans doute un « chaud et froid » que j'avais attrapé. J'étais encore au lit, très fatigué de la secousse que je venais d'éprouver, quand le 20 décembre, à la chute du jour, j'entendis battre le rappel et sonner la marche de mon bataillon. Entre chaque roulement et chaque sonnerie, le tambour et le clairon criaient tour à tour :

— Le 32e bataillon de marche est convoqué en armes, pour ce soir, dix heures ; chaque compagnie se rendra au lieu ordinaire des ses réunions.

Je fus guéri du coup. Enfin! j'allais voir du nouveau! Je sautai à bas du lit, priant ma mère de faire promptement le repas. Je brossai, j'astiquai, je nettoyai mon fusil, je préparai mon sac. Mon père, ancien maréchal des logis de dragons, qui n'avait cependant accepté que le grade de caporal, rentra sur le moment, descendant de garde aux bastions. Il m'aida dans ma besogne, et si bien qu'une demi-heure après j'étais paré.

Nous nous mîmes à table. Le repas était succulent, pour l'époque : un bifteck de cheval, du riz à l'eau, sucré avec de la cassonade, du fromage de Hollande et 250 grammes de pain par personne, mais quel pain! Par bonheur, le vin ne manquait pas, et l'on but ferme, en fumant une pipe, au coin du feu où deux chaises passèrent, car ma mère, ma jeune sœur, et une cousine qui habitait avec nous, n'avaient pu trouver de bois, malgré toutes les peines du monde.

A dix heures précises, j'endossai ma capote, je mis sac au dos, et accompagné de mon père, après avoir embrassé mère, frère, sœur et cousine, je me rendis place de la Mairie.

Bien que le départ de gardes nationaux pour les avant-postes fût un spectacle assez habituel, il y avait foule pour nous voir. Les partants manifestaient une joie très vive : on était las de parader dans les rues ou aux fortifications, et les hommes les plus paisibles ne demandaient pas mieux que de marcher à l'ennemi.

Il était question d'une sortie générale qui aurait lieu le lendemain. L'attaque, disait-on, allait être faite de nouveau sur la Marne. L'armée de Chanzy n'était pas loin, du côté de Fontainebleau, et on allait lui donner la main. L'aspect de la petite place était très mouvementé. Des sédentaires de notre bataillon venaient complimenter leurs camarades des compagnies de guerre. Des pères, des mères venaient embrasser leurs enfants et, tout en ayant des larmes aux yeux, les exhortaient à bien faire leur devoir. Les boutiques des marchands de vins étaient pleines : on trinquait à la victoire, à la délivrance prochaine de Paris. C'était le coup de l'étrier.

Un peu avant minuit, le clairon sonne au ralliement, les rangs se forment. La troisième était alignée sur la place même et en bordure sur le trottoir. Les autres compagnies étaient dans les rues avoisinantes et place Saint-Pierre. Alors le clairon sonne de nouveau pour le « garde à vous! »; notre capitaine fait quelques pas en avant, et, d'une voix tonnante :

— Troisième compagnie!... Portez armes!... Présentez armes !...

Puis, brandissant son sabre :

— Vive la République!

La foule répète ce cri, frénétiquement.

Nous partîmes, escortés des gamins du quartier. Mon père portait mon sac, mon frère portait mon fusil. Au boulevard Ornano, nous fîmes halte. Nos quatre compagnies prirent leur rang de bataille. Elles formaient le premier bataillon du 24ᵉ régiment de marche de la garde nationale, commandé par le citoyen de Flotte. Je ne sais plus quels étaient les autres bataillons qui complétaient le régiment. Peut-être même ne m'en suis-je jamais inquiété. Une demi-heure après, la colonne s'ébranlait. J'embrassai mon frère qui me quittait, trop jeune pour m'accompagner plus loin. Mais mon père resta, m'accablant de bons conseils, toujours les mêmes : « Prends bien garde d'attraper froid. Si tu te bats, quand tu ne seras pas forcé d'avancer, mets-toi à plat ventre et profite de tous les obstacles naturels pour t'abriter..... »

Ce fut tout d'une traite que nous allâmes à la porte de Montreuil. Là, on fit halte. Le moment de la séparation était venu : seuls les enrégimentés pouvaient franchir le pont levis. La halte dura cinq minutes à peine. Mon père me serra dans ses bras et m'embrassa longuement, en me faisant de suprêmes recommandations. Il disparut.....

Les officiers firent serrer les rangs. La porte fut franchie..... Le bataillon s'enfonça dans la nuit, de plus en plus obscure. Une inquiétude délicieuse m'envahit : c'était à présent « l'inconnu. »

CHAPITRE III

Première sortie. — Route de Neuilly-sur-Marne. — « Retirez les bouchons de fusil! — Baptême du feu. — En soutien. — A la viande ! — En déroute.

Quand les premières lueurs du matin éclairèrent la campagne, bien que nous ne fussions pas encore très loin de Paris, je ne savais nullement où nous pouvions être, et personne autour de moi ne le savait.

Nous avions quitté une route et nous nous trouvions en ce moment en pleins champs, sur une pente gazonnée dominant d'assez haut une vaste plaine coupée de bouquets d'arbres et de maisonnettes. Cette plaine était entourée d'un cercle de collines basses, formant amphithéâtre. De légères brumes traînaient par places sur le sol et montaient dans l'air pour se disperser bientôt. Notre régiment, qui était très fort, car chaque bataillon comptait bien un millier d'hommes, s'étendait au loin, sur la gauche, — nous étions la droite en tête et le 32e était le premier bataillon, — un peu en désordre, mal aligné à cause des renflements et des creux qui accidentaient le terrain où il s'était arrêté. Comme chaque bataillon avait un costume de couleur différente, on eût dit autant de régiments. A mesure que le jour devenait plus pur, on apercevait dans la plaine, surtout vers notre gauche, des troupes en marche. Le tableau était pittoresque et me charmait, en dépit des appréhensions que j'avais pour plus tard.

Un sergent, assis sur une pierre, consultait une carte des environs de Paris, que deux hommes tenaient tendue, sous ses yeux. Quelques officiers s'approchent, consultent la carte, eux aussi, et, après discussion, tombent d'accord.

Nous nous trouvons entre le fort de Rosny et la redoute de Fontenay. La colline que nous avons devant nous, dans le nord-est, est le plateau d'Avron. A notre droite, ce sont les coteaux qui dominent Bry-sur-Marne et au pied desquels coule la rivière. A côté, Nogent.

— Mais où allons-nous?

Soudain, les cris de : « En avant! » retentissent, et tous les bataillons dévalent la pente.

En bas, on reforma les rangs, puis la marche continua, toujours à travers champs, jusqu'à ce qu'ayant rencontré une route, nous fîmes « par file à droite ». Nous ne faisions pas beaucoup de chemin, car notre allure était très lente. Le soleil flambait déjà haut, mais encore un peu voilé, que nous allions toujours sans savoir où, les chefs l'ignorant sans doute comme nous. Je n'avais plus aucune notion de l'heure, mais je commençais à être fatigué. Enfin le commandement de « halte ! » se fit entendre de rangs en rangs. Les faisceaux furent formés. Tout le monde semblait être dans l'attente. Mais qu'attendait-on ? Voilà ce que nul n'aurait pu dire. L'endroit où nous étions arrêtés était adossé à un monticule assez élevé, aux pentes verdoyantes, sur lequel je n'avais jeté qu'un regard distrait, tout à la pensée d'un déjeuner qui ne devait jamais venir. Quelques hommes maugréaient contre l'intendance qui aurait bien pu nous faire suivre, pensait-on, par des fourgons de vivres. La plupart de ces soldats improvisés n'avaient rien pris depuis une quinzaine d'heures, et la faim était d'autant plus vive que la nourriture, depuis deux mois, était rien moins que réconfortante.

A quoi pensais-je, au juste, quand les tiraillements d'estomac n'étaient pas trop rudes ? Je ne sais. Mais je fus arraché à mes pensées par une formidable détonation qui me fit sursauter. Tous les gardes qui étaient assis sur l'herbe ou sur les tas de pierres de la route, se trouvèrent d'un bond sur les pieds, tant la surprise avait été forte.

C'était un coup de canon qui venait d'être tiré, au-dessus de notre tête, car le monticule vert que nous avions derrière le dos, c'était le fort de Nogent.

Mon émotion fut très vive, et beaucoup en

éprouvèrent une pareille. Mais le premier moment de stupeur passé, on se mit à rire de l'incident.

— Nous en verrons bien d'autres, tout à l'heure! dit un vieux sergent qui avait fait la guerre d'Italie et celle du Mexique. Vous verrez ça!

Ce coup de canon était-il un signal? Je ne sais. En tous cas, c'était le premier que nous entendions depuis notre sortie de Paris et, quelques minutes après, la colonne se remettait en marche, sur la gauche, abandonnant la route pour reprendre à travers les terres en friche. Au bout d'un certain temps, nous nous trouvâmes à petite distance, cinq ou six cents mètres environ, d'un plateau couronné de petits bois et surélevé, à peu près d'une cinquantaine de mètres, au-dessus de la plaine que nous venions de traverser.

— Halte!... Front! Conversion à droite!

Les commandements se succédaient avec rapidité et les mouvements se faisaient tant bien que mal, mais assez vite, pourtant.

— Les Prussiens sont là-haut! dit quelqu'un.

— C'est une position que le régiment a reçu l'ordre d'enlever, dit un autre.

Les colloques furent interrompus par les sous-officiers qui passaient sur le front de la compagnie, en criant :

— Numérotez-vous!

J'étais le second du premier rang. Le chef de

file, un énorme gaillard, avait la tête de plus que moi. Il était rétameur de son état, et comme sa force était proportionnée à sa taille, il s'était chargé de toute la batterie de cuisine de l'escouade, ce qui l'avait fait surnommer « le chameau ». Il était du reste absolument étrange avec ses épaules épaisses, sa grosse tête ronde, aux cheveux crépus comme ceux d'un nègre, avec sa bonne figure bouffie, luisante de santé. Je ne l'avais jamais si bien remarqué qu'en ce moment, qui nous semblait à tous, dans notre naïveté, le moment solennel. Avec un peu de réflexion, il était facile de comprendre que l'ennemi, en plein jour, ne nous aurait pas laissés arriver ainsi, tranquillement, au pied de l'une de ses positions. N'importe, il suffisait que nous le crussions. Et ce qui pouvait nous faire tenir pour vraie la supposition que l'assaut allait être donné, c'est que les sergents parcouraient les rangs et nous disaient :

— Retirez les bouchons de fusil !

Cet ordre indiquait que c'était fini de rire, aussi tous les visages prirent-ils aussitôt une expression anxieuse, grave.

Je me souvins alors, et très nettement, du tableau de Protais : *Avant l'attaque.* Tous les hommes se préparaient : les uns boutonnaient une guêtre, d'autres resserraient leur ceinturon, examinaient le mécanisme de leur fusil ou faisaient jouer la baïonnette dans le fourreau; d'autres encore assujettissaient les courroies de leur sac. C'était très curieux. Pour moi, j'avais bu un large coup à mon bidon, car je me sentais saisi d'un tremblement nerveux, fort désagréable, quoique je n'eusse cependant pas peur. Je ne pouvais détacher mes regards de la crête du plateau que je m'attendais à voir se couronner de flamme et de fumée...

Un officier à cheval, de Flotte, sans doute, passa au galop devant le front de bataille.

— Par le flanc droit! En avant, marche! cria notre chef de bataillon, un grand homme maigre, d'allure distinguée, mais dont je ne vis jamais le visage, ce jour-là, à cause du capuchon dont il se couvrait la tête. On ne l'aperçut, du reste, que fort rarement, et il me fit l'effet d'un chef de bataillon un peu trop amateur.

Ainsi, nous en avions été pour notre émotion. Le « moment » n'était pas encore venu. Ce n'était qu'un bruit absurde qui avait couru dans les rangs. Le capitaine me dit qu'on s'était trompé de chemin; que le plateau devant lequel nous nous étions arrêtés n'était nullement occupé par l'ennemi, et que nos positions étaient bien au-delà. Mais nous approchions, et la halte n'avait été faite que pour préparer les hommes et leur faire comprendre que c'était « sérieux ».

Nous marchâmes encore un bon bout de temps, par files, dans les terres, jusqu'à ce que nous eûmes atteint une route. La tête de colonne fit un « oblique à gauche » et le régiment fut bientôt tout entier sur cette longue chaussée, droite comme un I, dont on ne voyait pas la fin.

— C'est la grand'route de Lagny, dit un garde. Le premier village que nous devons rencontrer est Neuilly-sur-Marne.

La lassitude commençait. Les rangs se confondaient; il y avait déjà des traînards, dont j'étais, non que je fusse très fatigué, mais ça m'ennuyait de marcher coude à coude. Je flânais, m'arrêtant pour faire une cigarette, pour admirer un site : la campagne, l'hiver, ayant toujours un grand caractère. Nous étions très près des collines que nous avions aperçues le matin, à notre droite, du côté de Bry. La colonne allait lentement, mais j'allais plus lentement encore, et j'étais presque à la queue du régiment, écoutant parfois les conversations des gens avec qui je me trouvais d'une façon momentanée. Il me semble encore entendre ces causeries, qui avaient toutes pour sujet, on le comprendra sans peine, la situation présente.

— Les Prussiens doivent être là-haut, sur ces coteaux.

— Oui, ils se cachent toujours dans les bois.

— C'est étonnant qu'ils ne tirent pas.

— Ça sera pour tout à l'heure.

— Tiens !... Voyez donc ces cavaliers, à la lisière du bois, tout là-haut ! Ils vont au grand galop.

— Je ne vois rien.

— Mais si, là... Ils sont deux.

— Je les vois très bien.

— Ils ont des manteaux rouges.

J'écarquillais les yeux, mais en vain, ce que j'attribuai à ma vue un peu faible. Peut-être était-ce une illusion, un mirage.

— Tiens!... on ne les voit plus!...

Et on reparlait de la trouée qu'on allait faire, de la délivrance de Paris. Ce qui m'étonnait beaucoup, c'est qu'on ne voyait pas d'autres troupes que nos bataillons. Les autres gardes nationales que j'avais aperçues le matin, sur notre gauche, avaient disparu, et je me demandais si, vraiment, nous allions attaquer tout seuls, sur un point donné, sans être appuyés par de l'armée régulière, ce qui ne me donnait pas une confiance démesurée dans le résultat final. Puis je pensais à mille choses qui n'avaient aucun rapport avec la guerre. Je me revoyais au Pecq, effarant les lavandières par mes cabrioles et mes farces sur et dans la rivière; l'image de la petite blanchisseuse qui chantait si bien, et à laquelle je n'avais jamais osé parler, se représentait un peu vague à mon esprit.

J'avais le regret de n'avoir pas été plus hardi. Alors, l'actualité me reprenant : « Si j'étais tué, me disais-je, plus d'amour! Ce serait fini! Si j'en reviens... je serai très entreprenant... Mais reviendrai-je? Ne puis-je pas être « démoli », car, enfin, il y aura nombre de morts et il n'y a pas de raison pour que je sois épargné plus que les autres. » Et je songeais à ma famille, à mon père, à mes amis que je ne verrais plus. Je me pris à envier le sort de mon camarade Auguste S..., qui était à Cherbourg, et même celui d'Alcide qui, blessé et soigné à l'ambulance, se trouvait hors de tout danger et savait au moins, à présent, à quoi s'en tenir. « En somme, me disais-je quelques instants après, il se peut aussi qu'il ne m'arrive rien. Tout le monde n'est pas tué, à la guerre ! Il y a des gens qui ont fait campagne et qui n'ont jamais reçu une égratignure. » Mais l'idée de la mort revenait sans cesse. Je me voyais à l'état de cadavre, étendu sur le sol, les bras en croix, la tête fracassée par une balle, ou la poitrine trouée, tout sanglant. Je ne m'arrêtais pas une seconde aux coups de baïonnette que je pouvais recevoir. J'étais sûr que je me battrais comme un lion, pour défendre ma peau, et un engagement corps à corps me souriait presque. Je ne redoutais que la fusillade et le canon. Dans le flot humain qui s'écoulait sur cette route, il m'arrivait de choisir des têtes qui ne m'étaient pas sympathiques, et je me disais : « Celui-là pourrait bien être tué, celui-là aussi, et cet autre encore : il n'y aurait pas grand mal à ce que ces figures d'imbéciles disparussent de la circulation. » Mais je pensais immédiatement que ces vilaines têtes laisseraient peut-être des femmes, des enfants, et une immense pitié me saisissait en même temps qu'une grande honte : il me semblait que j'avais désigné les victimes que le destin devait frapper. J'essayais aussi de me représenter les figures des soldats allemands qui allaient bientôt se trouver devant nous, et je finissais par voir de bonnes grosses faces, éclairées par des yeux bleu faïence, sans méchanceté ni colère. Et je repensais à tout ce que m'avait dit Alcide au sujet de la guerre et de cette entité : la Patrie, qui fait battre les hommes sans que ceux-ci sachent pourquoi. Alors je jurais, je sacrais en maudissant la grande tuerie. Tous ces soldats me faisaient horreur. Puis l'idée de la mort revenait de plus belle, avec acharnement, sans répit.

Pour chasser ces pensers funèbres, sentant bien que je tombais dans un état d'avachissement et, chose plus grave, dans la lâcheté, je tentai de me remémorer des vers oubliés. Des strophes de Lamartine, de Musset, de Gautier, mes poètes aimés, chantaient sur mes lèvres, mais je n'en saisissais pas très bien le sens. Mon esprit était ailleurs, et je me souviens que, pendant un assez grand laps de temps, je répétais, je ne sais combien de fois, obstinément, ces mauvais vers, mes premiers, adressés à « l'aimée » :

Pour vous comme pour moi vient de naître l'aurore,
L'aurore de la vie et des longs jours heureux :
Vous n'avez pas seize ans ; moi, pas dix-huit encore,
Et déjà nous rêvons, nous sommes amoureux !

Mais vous aimez, je crois, l'amour pour l'amour même ;
Lorsque, vous le savez, mon cœur a fait son choix,
Le vôtre est indécis : ah ! par pitié, qu'il m'aime !
Je vous prie à genoux, des larmes dans la voix.

La jeunesse, a-t-on dit, comme la fleur se fane...
Aimons-nous, en dépit des mentors envieux,
Cueillant ce que ne peut flétrir le temps profane :
Quelques beaux souvenirs pour quand nous serons vieux.

Je pensais encore à des faits bien éloignés, datant de mon enfance, au Dauphiné, où j'avais vécu deux années, et à ses montagnes qui m'avaient rempli d'admiration, moi, petit Parisien n'ayant vu encore que les buttes Montmartre. Je me rappelai mes condisciples à la pension, les belles parties d'école buissonnière que nous avions faites. Et tant et tant de choses accouraient en foule, sans ordre, dans ma mémoire, que ma tête, fatiguée, finit par ne plus penser à rien...

Soudain, ma torpeur fut secouée par une inattendue et violente commotion. Il me semblait avoir entendu un coup sourd ; mais, ce que j'entendais très nettement, c'était une clameur qui s'élevait derrière moi, à la queue de la colonne. Je me retournai. Les rangs étaient en désordre, des hommes avaient sauté dans les champs bordant la route. Je vis aussi, à terre, cinq ou six gardes nationaux. Deux ou trois étaient immobiles ; les autres se tordaient convulsivement et essayaient de se traîner sur le ventre.

L'ennemi venait de tirer, et son premier obus avait fait sept victimes.

Je ne fus pas long à prendre une détermination : ma rêverie disparut pour faire place au sang-froid, au raisonnement précis. Le danger immédiat produit presque toujours cet effet. Je pris le pas gymnastique, pour rattraper mon bataillon dont j'apercevais, loin déjà, les capotes bleues. Je ne fus content et rassuré que lorsque je me trouvai, non seulement avec ma compagnie, mais encore avec mon escouade. Si je dois être tué ou blessé, pensais-je, il est préférable de tomber à côté de gens qui me connaissent. S'ils le peuvent, je suis sûr qu'ils me relèveront. En tout cas, on saura, à la maison, ce que je suis devenu. Et ce sentiment devait être général, car sans qu'aucun ordre eût été donné, les retardataires eurent bientôt rejoint leurs rangs et leurs camarades.

Cet obus ne fut pas suivi de la trombe de fer et de plomb à laquelle nous nous attendions. Ce fut un coup isolé. Mais il produisit une impression grande. Les conversations cessèrent, la marche se régularisa. Chacun comprenait la gravité de la situation. Mes idées noires s'envolèrent, chassées non par un enthousiasme belliqueux, mais par une ferme résolution d'accepter sans faiblir tous les mauvais hasards. Dans d'autres circonstances périlleuses, j'ai retrouvé cette tranquillité qui fait envisager le danger sous toutes ses faces et aide quelquefois à s'en préserver, tranquillité qui n'est, en quelque sorte, que de la résignation à haute dose, combinée avec l'amour-propre et le sentiment de la dignité personnelle, lesquels font faire bonne figure dans les cas embarrassants et accepter, sans faiblesse « apparente », ce qu'on ne peut éviter.

Il y avait déjà un certain temps que l'obus prussien avait éclaté, quand nous dûmes nous ranger, de chaque côté de la route, pour laisser passer une ou deux batteries qui arrivaient au grand galop. C'était de l'artillerie non montée. Les servants étaient sur les caissons, d'autres étaient assis sur les affûts. Il y eut alors encombrement. Les canonniers ralentirent leur allure. Quelques-uns descendirent de cheval ou sautèrent à bas de leur siège, pour se dégourdir les jambes. Artilleurs et gardes nationaux fraternisèrent, échangeant des poignées de main, buvant au même bidon. Nous offrions à ces soldats du tabac fin, ce dont ils étaient enchantés, n'ayant à fumer que du gros tabac de cantine. On les questionnait : « Où allez-vous? » Ils n'en savaient rien. Leurs officiers étaient restés en selle et se tenaient à l'écart des nôtres, dédaigneux. Voulant allumer une pipe, je demandai du feu à un maréchal des logis qui fumait un vieux « brûle-gueule » magnifiquement culotté. C'était un grand et beau garçon de vingt-cinq à trente ans, blond, à la moustache fine et allongée, type alsacien. Il pencha sa pipe sur la mienne, sans me rien dire, et remonta à cheval, car le convoi repartait, toujours au galop.

Peu de temps après, vingt minutes environ, nous apercevions les premières maisons d'un gros village. C'était Neuilly-sur-Marne.

6.

Le cri de : « Halte ! » retentit, suivi de ceux-ci : « Front !... Conversion à droite ! »; et nous nous trouvâmes en bataille. Nous fîmes ainsi une centaine de mètres encore; puis nouvelle halte. A peine étions-nous arrêtés qu'une effroyable détonation ébranla l'air et passa à l'état de roulement continu, très bizarre : on eût dit de la soie qu'on déchirait.

— Ce sont nos mitrailleuses qui tirent, nous dit le capitaine. Du sang-froid. Pas de confusion dans les rangs. Nous allons entrer en ligne.

Quelques obus commençaient à tomber çà et là, mais à quelque distance. C'était sinistre et amusant. Je regardai mes compagnons. Les uns étaient pâles, verdâtres, jaunes; les autres étaient rouges comme des apoplectiques. L'impression extérieure se traduisait selon le tempérament. Il y en avaient qui riaient d'un mauvais rire, d'autres qui serraient les lèvres, d'autres encore qui avaient des larmes plein les yeux. Beaucoup aussi avaient une physionomie décelant l'indifférence la plus complète, vraie ou simulée. L'émotion était forte, mais il n'était pas un seul de ces braves gens qui ne cherchât à faire bonne contenance. Notre capitaine pivotait d'un bout à l'autre de la compagnie, très martial et très calme, inspectant les armes et faisant déficeler les paquets de cartouches. L'attention que je portais à ce qui se passait autour de moi m'empêchait de regarder dans la direction du village. Du reste, l'aile droite du bataillon faisait vis-à-vis à des murs de jardins clôturant des maisons de paysans. L'entrée de la grande rue de Neuilly était plus à gauche, et je crois que ceux qui regardaient ne voyaient rien non plus qui fût intéressant. Et c'est bien ce qui m'étonnait: où se battait-on? d'où venait cet effroyable vacarme? où était l'ennemi?

Nos mitrailleuses tiraient avec rage, les Prussiens envoyaient toujours des obus, mais mollement. Je compris plus tard que c'étaient des boulets perdus, puisque l'action était engagée bien en avant du village. Le comique effet éprouvé par des soldats qui vont au feu pour la première fois, commençait à se produire. A tout instant, un homme se détachait des rangs pour aller s'accroupir derrière un pan de mur ou derrière un buisson, parfois *coram populo*, en plein champ. Et c'était des rires fous quand, un obus éclatant non loin d'eux, on les voyait revenir tout courant, tenant à deux mains la ceinture de leur pantalon. Le malaise que je ressentis n'était pas tout à fait semblable: j'avais bien l'estomac contracté, mais c'était sur la vessie que se répercutait mon émotion. Assurément, je n'étais pas à la noce, moi non plus !

Je n'ai pu apprécier le temps que dura cette première halte. Je me souviens seulement qu'on nous fit faire quelques mouvements et que je me vis à l'entrée d'une rue, qui faisait un coude brusque. La première et la deuxième compagnies s'étaient engouffrées dans cette rue. On ne les voyait plus. Derrière un pâté de maisons étaient massés deux ou trois cents gendarmes à pied. Tous, détail typique, avaient la tête enveloppée d'un mouchoir à carreaux, les uns dessus, les autres dessous le képi. Les mitrailleuses s'étaient tues. De temps en temps, à intervalles presque réguliers, on entendait dans l'air un sifflement zigzagué qui semblait monter puis redescendre.

— Qu'est-ce que c'est que ça? demandai-je à un gendarme; on dirait des fusées.

— Ça? me répondit-il en riant sur un ton moqueur, ça des fusées!... C'est des obus, oui!

Je fus très surpris. N'ayant jusqu'alors entendu que l'explosion de l'obus, je croyais que la trajectoire de ce projectile était droite. J'allais demander aux gendarmes s'ils s'étaient déjà battus dans la journée, et j'ouvrais déjà la bouche pour adresser la question, quand l'ordre fut donné de marcher. Nous tournâmes le coude que faisait la rue, et alors je fus navré de ce que je vis.

La rue peu longue, tournant au bout, sur la droite, et à l'extrémité de laquelle, derrière les maisons, se dressait la toiture carrée d'un clocher, était pleine de soldats de toutes armes, de débris informes, méconnaissables. C'était un fouillis extraordinaire. Les maisons n'avaient plus que l'aspect de masures. Les unes étaient veuves de leur toiture effondrée, les autres avaient leur façade ouverte, et l'on voyait, par cette plaie béante, des intérieurs de paysans ou de petits bourgeois campagnards. Le sol était coupé d'excavations, jonché de morceaux de fonte, éclats d'obus qui avaient peut-être déchiré des chairs d'homme. Lugubre spectacle.

— Qu'est-ce que c'est que ces gens-là?

A cette apostrophe, je relevai la tête. A moitié abruti par la fatigue, je la tenais baissée vers la terre, mélancoliquement appuyé des deux mains sur le canon de mon fusil.

Celui qui venait de prononcer ces paroles était un cavalier qui s'était arrêté devant nos rangs et nous examinait avec méchante humeur. C'était un homme d'une cinquantaine d'années, replet, de figure bonasse, sans caractère.

— Le général, me dit-on.

Il était en petite tenue, le képi retenu par la jugulaire passée sous le menton. Deux ou trois officiers étaient à ses côtés; pour escorte, il avait une demi-douzaine de dragons.

Notre chef de bataillon, toujours emmitouflé dans le capuchon qui lui cachait le visage, s'avança vers le général, qui gronda:

— Mais je n'en veux pas! J'ai assez de monde... Je n'ai pas demandé de garde nationale... Qu'ils s'en aillent!

Et il remonta au grand galop la rue du village.

Nous étions en bataille, adossés à la file des

maisons de gauche, ahuris de la réception et nous demandant ce qu'on allait faire de nous. Je croyais le combat terminé, car le feu avait cessé. Tout à coup, nos mitrailleuses reprirent leur terrible et horripilant roulement. L'ennemi ne ripostait pas.

— Ils reculent ! c'est fini, nous avons gagné ! disaient les gardes nationaux, assez heureux, au fond, que leur première épreuve eût été aussi courte. Mais une dizaine de détonations, suivies de sifflements aigus, nous prouvèrent que la période silencieuse que nous venions de traverser n'était qu'une accalmie. Les Prussiens nous criblaient d'obus. Une grêle de tuiles et d'ardoises tombait du faîte des maisons. Instinctivement, on tendait le dos. Personne de notre bataillon ne fut atteint, sauf quelques hommes qui reçurent d'insignifiantes égratignures, quand les vitres des fenêtres se brisaient en miettes sous l'effort d'une explosion ou le choc des éclats de fonte.

C'est à partir de ce moment que je vis combien peu les généraux de Paris comptaient sur la garde nationale. Nous étions là, dans ce village, en véritables amateurs, enrageant d'y être, puisque ce n'était pas notre place. Nous aurions voulu partir ou marcher en avant, tant il est odieusement énervant de rester l'arme au pied, exposé comme une cible. Mieux vaut combattre, et, certes ! il faut plus de courage pour tenir ainsi, sous la mitraille, qu'il n'en faut pour charger ou tirailler. J'ai pu faire plus tard la différence. C'est pourtant le seul parti que l'on tira de la garde nationale, l'immobilité, à part quelques très rares circonstances.

Le temps me durait et j'aurais bien voulu changer de position. J'allais demander à mon capitaine la permission d'aller un peu flâner dans le village, car la curiosité me tenait plus fort que la peur, lorsqu'un officier d'état-major, arrivant à fond de train, s'arrêta une seconde, transmit un ordre, et, rapide, reprit sa course.

On commanda par le flanc droit et nous nous retrouvâmes à l'entrée du pays, sur la petite place où nous avions fait halte une heure auparavant. Les gendarmes n'y étaient plus. De nouveau on nous fit numéroter et aligner, puis nous longeâmes les murs des jardins. Arrivés dans les champs, nous grimpâmes sur un tertre formant plateau, qui dominait toute la plaine.

Là le vacarme était effroyable. Nous étions à une centaine de mètres de la batterie de mitrailleuses, qui faisait rage. Une fumée intense formait un épais rideau qui masquait la vue. Ce n'était que par soudaines éclaircies, quand un coup de vent passait, qu'on apercevait la campagne. A une assez grande distance, de forts bouquets de bois, des murs de parc, des maisonnettes de villégiature parisienne. A droite, Neuilly-sur-Marne que nous venions de quitter ; un canal, bordé de peupliers élancés. En contrebas, la rivière, qui se perdait dans un fond, entre des collines couvertes de taillis. De l'autre côté, sur une hauteur, un village (1) d'où l'ennemi tirait sur nous. En avant de Neuilly, assis sur la route, de grands murs blancs (2), quelques maisons qu'on distinguait mal, car c'était là et aux alentours immédiats que la lutte devait être rude ; la fumée était plus compacte et, dans cette fumée, à deux ou trois endroits, des flammes rougeâtres s'élançaient en tirebouchonnant. Un peu en arrière de ce point, sur une petite éminence, devait se trouver une batterie prussienne : des coups sourds partaient de cette direction, précipités. A notre gauche, mais loin de nous, une hauteur (3) était couronnée d'un nuage gris blanc. Un combat d'artillerie était engagé là. Mais je ne me rendais pas bien compte de tout cela ; je ne le voyais que pendant la durée d'un éclair, quand la fumée se dissipait, comme dans un rêve indécis. L'âcre odeur de la poudre me montait à la tête et me troublait singulièrement.

Mon attention finit par se concentrer sur la batterie de mitrailleuses. Les artilleurs allaient et venaient dans la fumée, comme des ombres, exécutant toujours les mêmes mouvements méthodiques. Il me semblait par instants assister à une petite guerre, ou à quelque semblant de bataille, dans une féerie militaire.

1. Noisy-le-Grand.
2. La Ville-Evrard.
3. Le plateau d'Avron.

Nos clairons sonnèrent alors, à plusieurs reprises ; mais ayant oublié ce que signifiait cette sonnerie, nous ne bougions pas. Nos officiers nous crièrent :

— Couchez-vous !... Mais couchez-vous donc!

L'ordre était prudent. Des obus destinés aux mitrailleuses, mais dépassant le but, tombaient autour de nous, sans discontinuer. Tous n'éclataient pas, par chance : la terre étant détrempée, ils s'enfonçaient dans le gazon, ce qui me fit croire, pendant les premiers moments, que les Prussiens tiraient à boulets pleins.

Combien de temps restâmes-nous ainsi, couchés à plat ventre ? Quelques minutes, ou plusieurs heures ? Je ne sais. Mais ce temps qui, au début, me paraissait éternel, ne me parut bientôt plus rien. Ereinté comme je l'étais, je goûtais une très douce jouissance à me sentir étendu tout de mon long, les bras sous le menton. Je m'amusais, distraitement, à compter combien une touffe d'herbe peut avoir de brins, à regarder aussi quelques insectes qui couraient dans cette minuscule forêt, nullement dérangés par la tempête qui grondait autour d'eux. Une somnolence me gagnait, et je crois que je me serais endormi, — peut-être cela m'est-il arrivé, — si le roulement déchirant des mitrailleuses n'avait brusquement cessé. Je crus voir deux pièces renversées, une roue en l'air. Çà et là quelques taches brunes sur le sol, — comme des corps d'hommes couchés, mais couchés dans des poses bizarres. Puis ce qui restait de la batterie fut rattelé : mitrailleuses et artilleurs disparurent.

— Nous allons partir aussi, me dit le lieutenant, qui était derrière moi, debout, fumant, imperturbable, une cigarette. C'est tout de même une sale corvée que d'être de soutien.

Et nous partîmes presque aussitôt. Nous rentrions dans le village de Neuilly, plus ruiné que quand nous l'avions quitté. Il ne contenait plus aucun soldat. Notre bataillon, — je ne sais ce qu'étaient devenus les autres du régiment, — se trouvait seul dans la Grand'Rue, recevant toujours sur le dos l'averse de matériaux dégringolant des maisons, car les obus tombaient sans trêve. J'étais étonné de voir que nous n'avions aucun blessé. Cette constatation me rassurait en me faisant penser que les victimes d'un combat ne sont pas aussi nombreuses qu'on pourrait le supposer. Je m'aguerrissais, mais je commençais aussi à trouver que ça durait trop.

C'est à ce moment que, pour la première fois, je vis des Prussiens : une quarantaine d'hommes, d'aspect vigoureux, tous blonds, avec de longues barbes touffues, enveloppés dans de grandes capotes brunes, ayant pour coiffure un béret à bande rouge. Ils marchaient escortés d'une dizaine de lignards. Je les avais vus déboucher, au tournant de la rue, vers l'église. Ils passèrent près de nous, calmes, souriants même, quelques-uns fumant philosophiquement une pipe. Ces gens paraissaient gras et bien portants, pas du tout fâchés d'avoir été faits prisonniers. On disait qu'ils avaient été cernés dans un jardin de la Ville-Evrard et qu'ils s'étaient rendus, voyant toute résistance inutile.

Notre joie était grande. Si ces Prussiens avaient été pris à la Ville-Evrard, c'est que cette position était tombée entre nos mains. Nous étions donc vainqueurs !

Cependant la canonnade continuait et les maisons s'écroulaient toujours, formant sur la chaussée des amas de décombres. Tout n'était donc pas fini ?

Bride abattue, un officier d'état-major arriva de nouveau sur nous :

— Commandant ! faites donc rentrer vos hommes dans les maisons, dans les caves !... Il n'y a pas de bon sens à les laisser inutilement là... Quand vous les aurez fait tuer pour rien, vous serez bien avancé !

Nous ne demandions pas mieux.

Une minute après, j'étais, avec mon escouade, dans une cave spacieuse, aux murs épais, qui interceptaient presque les bruits extérieurs.

— Nous allons faire du café ! je m'y connais, vous allez voir ! — dit le caporal, un ivrogne qui était mon chef immédiat. — En Italie, dès qu'on avait une seconde, on se dépêchait bien vite. Il n'y a rien qui remette comme ça !

Et le fricoteur — espèce précieuse, en campagne, — prit du café en grains dans le sac que portait le gros S..., mon compagnon, l'écrasa avec la crosse de son fusil, pendant que d'autres enlevaient les cercles d'une barrique pour faire du feu.

— Va chercher de l'eau, me dit-il.

— Où ça ?

— Cherche !... Tu en trouveras ? Veux-tu que je t'en apporte ?

— J'avais quitté mon sac et l'avais placé sous ma tête, en guise d'oreiller, pour m'étendre. La corvée me dérangeait, et, en fait de café, j'aurais bien voulu un morceau de pain. Mais, par obéissance, je pris un bidon, bien décidé à revenir tout de suite, si je ne trouvais pas d'eau, en arguant de l'impossibilité de courir à la recherche d'une fontaine un jour de bombardement. Il y avait une pompe dans la cour, et bientôt l'eau chanta sur le feu, dans un vaste plat de fer-blanc qui brillait comme de l'argent, n'ayant pas encore servi.

Un obus éclata tout près. Il devait être tombé sur la maison.

— Bah ! ils peuvent cracher tant qu'ils voudront, dit un sergent qui avait vu la Crimée ; c'est aussi sûr qu'une casemate, ici !

Quelques garçons de mon âge, appartenant à la 2ᵉ et que je connaissais bien, entre autres un jeune Américain, engagé volontaire à seize ans et demi, et qu'on appelait « Bébé », vinrent me demander si je voulais aller avec eux jusqu'au bout du village — « pour voir ».

Je me levais déjà, quoique la proposition fut médiocrement tentante, ne voulant pas avoir l'air de « caner », quand le caporal me défendit de sortir.

— On va peut-être sonner au ralliement tout à l'heure, il ne faut pas quitter l'escouade.

Cette intervention ne me fut pas désagréable du tout, d'autant que quelques minutes après, j'avais en main mon gobelet d'étain, plein à ras bords d'un liquide noirâtre qui n'avait de café que le nom, mais qui me fit pourtant grand bien, car je commençais à avoir très froid, et j'étais tourmenté par une faim atroce.

. . . .

Un de nos officiers vint crier, du haut de l'escalier de la cave :

— Que ceux qui veulent manger se dépêchent!

Manger! Ah! oui, certes! car avec la prévoyance admirable de l'administration militaire, l'intendance n'avait pas songé à nous, et l'on nous avait fait partir sans nous donner seulement un pain. Nombre d'hommes se plaignaient de n'avoir pas mangé depuis bientôt vingt-quatre heures.

Je remontai au jour, avec les camarades, sans me faire prier. Dans la rue, il y avait un va-et-vient, un mouvement extraordinaires : lignards, gardes nationaux, artilleurs, se pressaient en tumulte autour d'une dizaine de voitures pleines de grands sacs de toile. Le combat avait cessé, le canon faisait silence.

— Allons, me dit le caporal, toi, tu vas aller au pain; les autres iront à la viande, s'il y en a.

Je me dirigeai vers les voitures, qui étaient assiégées par une foule d'affamés. La bousculade était forte, les coups de poing roulaient. C'était à qui aurait son sac.

— Moi! moi! A moi!

On n'entendait que ce cri.

Les « tringlots » vociféraient, tout en essayant de défendre leur chargement.

— C'est pas pour vous! criaient-ils aux gardes nationaux, c'est pour la troupe!

Mais on ne les écoutait pas. Un lieutenant de ligne s'interposa, puis un capitaine. Ils auraient chanté que le résultat eût été le même. Voyant que tout le monde se servait, je jouai des coudes, et un homme de ma compagnie, qui s'était hissé sur une voiture, me fit glisser un sac sur le dos. Je me sauvai en courant, bien que le poids fût lourd. Il était temps: des officiers étaient revenus avec des hommes ayant la baïonnette au canon, et gardaient les voitures, afin de procéder à une distribution régulière. Près de moi, des troupiers passaient, avec un ou deux pains sous le bras; quelques malins, peu soucieux de rapporter à manger aux camarades, avaient éventré les sacs et s'étaient servis. Il y en avait qui mordaient à même la miche.

J'arrivai à la maison saccagée par les obus, dont la cave avait abrité l'escouade. Je dus, pour en franchir le seuil, me faire place de force parmi les gardes nationaux qui stationnaient en commentant les événements, et surtout en maugréant contre l'intendance qui n'envoyait pas de vivres. Mais les chambres et les caves de la maison étaient occupées par des hommes qui n'étaient pas de ma compagnie. L'escouade avait décampé. Comprenant qu'il me serait impossible de passer une seconde fois avec mon sac sur les épaules, au milieu de ces gens souffrant de la faim, je pris le parti de cacher mon précieux fardeau dans un coin de la cour, derrière des décombres, et d'aller à la recherche de l'escouade, afin d'inviter chaque homme à venir en personne prendre son pain. Je la retrouvai non sans peine, installée dans la cuisine d'un charcutier. Il va sans dire que toute charcuterie avait disparu de la boutique depuis de longs jours. Le caporal avait trouvé cette maison beaucoup plus « convenable » que celle où nous nous étions réfugiés pendant la canonnade. Mes camarades disputaient violemment, toujours pour savoir comment on se procurerait des subsistances.

— C'est idiot d'avoir quitté la maison avant mon retour, leur dis-je, car j'ai eu du pain.

— Où est-il ? Où donc ?

Et ce fut une explosion de satisfaction. Ayant su que les pains contenus dans les voitures n'étaient pas pour les mobilisés, ils n'avaient plus pensé à la mission que j'avais reçue. Ils me suivirent prestement. Le sac était intact, et renfermait dix ou douze pains. Chacun eut le sien, qu'il enfouit dans sa musette, après en avoir prélevé un quartier, dévoré en un instant.

Comme nous retournions chez le charcutier, un sergent nous jette en passant l'avis que, sur le plateau où était la batterie, on peut avoir de la viande.

— Les voitures sont donc arrivées?

— Non, mais il n'y a tout de même qu'à se baisser pour en prendre. Notre chef de gamelle y est déjà, ajouta le sergent, riant d'un bon rire épanoui, gouailleur.

— Parbleu! fit le caporal; sommes-nous assez bêtes! Est-ce qu'il n'y a pas de chevaux tués, là-bas? Va prendre un plat, me dit-il, et dépêche-toi d'aller où nous étions tantôt. Cazy, dit-il en s'adressant à un autre camarade, tu prendras une hachette de campement pour dépecer la charogne. Allez tous les deux, courez! Nous autres, nous allons chercher du bois, de l'eau, — des légumes, s'il en reste, et avant une heure nous aurons un « chic » pot-au-feu.

Quelques minutes après, muni d'un grand plat en fer, suivi de Cazy armé de sa hachette, j'étais sur le petit plateau où nous avions été en soutien.

. . . .

J'eus là, dans toute son intensité, l'horrible vision de la guerre.

A peu de distance l'un de l'autre, deux groupes compacts de soldats et de gardes faisaient cercle. Je m'approchai du groupe le plus proche, mais je ne pus fendre la presse, et j'allai à celui qui se trouvait un peu plus loin. Là, il n'y avait qu'une vingtaine d'hommes qui s'agitaient beaucoup, confusément, la plupart accroupis, penchés en avant. Un peu en arrière, à une distance de dix ou quinze pas, quelques gardes nationaux, debout, regardaient à terre une masse brune, dont je ne pouvais distinguer la forme. D'autres passaient, jetaient un coup d'œil sans s'arrêter, ou ne stationnaient que de courts instants. Je franchis la distance, et je regardai. Un homme était couché sur le dos, le bras droit levé en l'air, rigide, le bras gauche allongé sur le sol; la main crispée serrait entre ses doigts une touffe d'herbe, arrachée pendant les soubresauts de l'agonie, où adhérait encore la motte de terre.

— C'est un des artilleurs tués, prononça un petit lignard qui s'était arrêté. Nous en avons vu bien d'autres, nous! acheva-t-il en haussant les épaules, indifférent.

Subissant l'invincible attraction de l'affreux, je me penchai pour mieux voir. Le cadavre, sur lequel on avait jeté un manteau, avait la tête tournée de côté. Un frisson me glissa sur les vertèbres. Ce malheureux qui avait les yeux grands ouverts, la bouche tordue dans un épouvantable rictus, c'était le maréchal des logis d'artillerie qui, dans la journée, sur la route de Neuilly-sur-Marne, m'avait passé sa pipe pour que je pusse allumer la mienne.

Un curieux souleva le manteau. L'homme tué n'était, depuis le ventre jusqu'à la poitrine, qu'une plaie rouge. Il avait reçu un obus en plein corps. Le sang s'était figé et traçait, jusque sur les jambes, des filets ressemblant à de la groseille...

Je fermai les yeux...

— Allons donc à la viande, me dit timidement Cazy.

Et il me désigna le groupe voisin qui devenait plus serré, de nouveaux affamés arrivant incessamment. Je fus bientôt au premier rang, tant j'avais hâte de finir vite et de m'en retourner. Mon cœur se souleva de dégoût.

Au milieu du cercle, un cheval était à terre. Sept ou huit hommes, à genoux ou pliés en deux, les manches retroussées jusqu'au coude, les mains sanglantes, déchiquetaient l'animal en larges lambeaux de chair à laquelle le cuir, garni de poils blancs, restait, car la bête n'avait pas été écorchée. A coups de hachette, de crosses de fusil, à l'aide de baïonnettes, de sabres, de couteaux de poche, les bouchers d'occasion essayaient de rompre les côtes du cheval pour le dépecer plus facilement. Un petit vieux d'une cinquantaine d'années y mettait une véritable fureur. Avec une lame en forme de serpe, il fouillait le flanc, près de l'épaule, et ayant fait un trou suffisant, il y passa la main, farfouillant comme pour trouver quelque chose. Le cheval, qui ne devait pas être mort depuis longtemps, car le sang coulait vermeil, — peut-être était-il vivant encore quand on avait commencé l'équarrissage, — n'était qu'un amas rougeâtre. Seules, la tête et les jambes étaient intactes. Lorsqu'un des dépeceurs avait enlevé un morceau à sa convenance, il s'en allait, brandissant sa prise à bout de bras, comme un trophée. Il était de suite remplacé par un autre. Les concurrents étaient nombreux.

Et l'image de l'artilleur déchiré par un obus et rouge aussi des pieds à la tête, me passant incessamment sous les yeux, je ne sais quel macabre et odieuse scène se dessinait dans ma pensée : je voyais tout ce grouillement d'hommes qui s'acharnaient, comme des nécrophores sur une charogne, — le mot du caporal me revenait, — se ruer sur le soldat tué et le débiter en tranches pour un horrible festin de cannibales. J'étais là, stupide, regardant toujours. Le ventre du cheval avait été ouvert dans toute sa longueur, les entrailles se déroulaient, et le petit vieux, souriant, s'était redressé, tenant dans son poing, tout glorieux, le cœur de l'animal.

C'était sauvage et ignoble.

— Vrai, ce n'est pas moi qui mangerai de ça! fit mon camarade, — être doux et inoffensif, effacé comme une vieille médaille. — Oh! non! 'jaimerais mieux crever de faim ! Venez-vous ?

La nuit tombait. Une navrante tristesse envahissait la campagne. Nous partîmes...

J'arrivai chez le charcutier, un peu honteux, cependant, de revenir les mains vides.

— Et c'te viande ?

— Caporal, lorsque nous sommes arrivés, il n'y avait plus rien. Deux ou trois chevaux, vous comprenez, ça n'a pas été long...

— Du reste, ajouta maladroitement Cazy, c'était si dégoûtant...

— Espèce d'imbécile, hurla le caporal, est-ce que vous n'en mangez pas tous les jours à Paris, de la carne !

Et s'adressant à moi, cet ivrogne, qui avait déjà trouvé de l'eau-de-vie on ne savait où et s'en était largement gargarisé, écumant de colère, me dit :

— Je te croyais plus débrouillard que ça ! bougre d'empoté !

— Fallait y aller toi-même, répliquai-je, furieux à mon tour. Eh bien ! oui, j'aurais pu en avoir de la viande... mais j'aimerais mieux je ne sais quoi plutôt que d'en prendre là.

Et j'expliquai aux autres camarades le spectacle que j'avais vu, l'artilleur tué à côté des chevaux éventrés, l'impression pénible que j'avais ressentie. Je fus très blâmé, mais en termes convenables. Le caporal, qui ne décolérait pas, me déclara que, pour la soupe, je pouvais « me fouiller ».

La menace me fit peu d'effet. Je m'étendis sur

le carreau, la tête appuyée sur mon sac, mangeant un morceau de pain qui me semblait délicieux.

Le caporal était un voyou et une canaille, mais il était « dégourdi ». Il avait trouvé, dans un jardin voisin, quelques légumes gelés, oignons, panais, deux ou trois pommes de terre, et, sur le feu, la marmite commençait à chanter.

— Allons, va! aide-nous à éplucher les légumes, me dit-il; il faut toujours se dépêcher, en campagne, car on ne sait ce qui peut arriver.

N'étant pas rancunier, j'étais tout à fait calmé et j'obéis, mais en faisant remarquer que c'était grâce à moi que l'on avait du pain. Tout le monde en convint, et bientôt on se mit à bavarder et à rire, tant la perspective de manger une soupe quelconque nous mettait en belle humeur.

Des camarades d'autres escouades et d'autres compagnies venaient nous voir, la plupart pour nous demander un morceau de pain. Je donnai ainsi plus de la moitié du mien. J'allai, en revanche, dans une maison en face de la nôtre, où se tenait la 2e, pour emprunter à un ami quelques grains de sel, car nous en manquions. A un autre, ce fut du tabac. On se rendait très volontiers de ces légers services.

Il faisait à peu près nuit et un grand apaisement semblait être venu avec les ténèbres. Pendant que la soupe bouillait, nous avisions afin de nous procurer un peu de paille ou des planches pour étendre sur le carreau, supposant que nous étions là dans nos quartiers et que nous y coucherions.

— Quand nous aurons mangé, dit le sergent qui était avec nous, il faudra nous reposer, car je pense qu'on va organiser des grand'gardes.

— Des grand'gardes! Les Prussiens sont loin, à présent! s'écria un homme qui avait retiré ses guêtres et ses souliers, pour se chauffer les pieds à la flamme qui léchait les flancs de la marmite.

Il n'avait pas prononcé la dernière syllabe de la phrase, qu'il se dressa, effaré, et tous nous nous regardâmes avec une anxiété bien marquée.

Un sifflement aigu, que nous avions appris à connaître, était la cause de cet émoi justifié, car, presque aussitôt, une violente détonation secoua la maison.

— V'là qu'ça recommence.

— Ce n'est rien, dit le caporal, encore quelques minutes, et le bouillon sera dans nos gamelles.

Un peu de temps s'écoula paisible, et nous commencions à nous remettre de cette alerte, quand un second obus éclata dans le voisinage. Puis ce fut un troisième, et l'ennemi tira sans relâche, régulièrement.

Dix minutes après le premier obus, le clairon sonnait la marche du bataillon. Nos officiers allaient de maison en maison et de chambre en chambre, en criant :

— Sac au dos !

Le capitaine était entré chez nous pour nous prévenir. Mais avec la mollesse de gens que l'on force à faire ce qui leur déplaît, nous rassemblions nos effets épars, couvertures, toiles de campement qu'on avait disposés sur le sol en guise de matelas, lorsque trois ou quatre gendarmes, dont un lieutenant, firent irruption dans la cuisine.

— Allons, allons ! sac au dos, et plus vite que ça !

— Est-ce qu'il n'y a pas moyen de manger la soupe ? Elle est cuite, fit humblement un brave épicier de Montmartre, qui avait été inscrit d'office comme mobilisé.

— La soupe ?... Nom de Dieu ! clama le lieutenant de gendarmerie.

Et, d'un coup de pied, il envoya rouler notre marmite et dispersa les tisons du foyer.

— Ça m'est arrivé souvent, en Italie, affirma philosophiquement le caporal. Plus rien à frire. Descendons.

A partir de ce moment, par l'effet de la fatigue et de la faim combinées avec la tristesse de la nuit, je vécus dans un état voisin de la stupeur, allant et agissant, machinalement. Dans la rue, tout le monde disait :

— Les Prussiens attaquent, les Prussiens attaquent !

Et ce fut une retraite sans ordre, affolée. Le bataillon n'était pas réuni. Les compagnies filaient par petits pelotons, pêle-mêle, par un chemin qui tournait sur la gauche et s'enfonçait dans les terres. Et, comme l'obscurité était grande, on ne savait trop où l'on allait ni quelle direction l'on suivait. De temps à autre on entendait crier : « Par ici ! par ici ! Par là ! » Dans ce torrent qui s'écoulait, il y avait de tout : des gardes nationaux, des soldats de la ligne, des mobiles, des artilleurs, des cavaliers. C'était une confusion inénarrable et j'étais extrêmement ému. Rien n'est plus pénible, plus désolant, plus décourageant, que le spectacle d'une armée en déroute.

Parfois, quand je reprenais possession de moi-même, j'essayais de comprendre. Pourquoi se sauvait-on ainsi ? Je savais que le village de Neuilly était défendu par la Marne, nous n'avions donc rien à craindre de ce côté. Sur le front de bataille, Neuilly était couvert par la Ville-Évrard d'où les Prussiens avaient été chassés. On fuyait donc devant une simple canonnade ? J'étais très inquiet de la disparition de nos officiers. Pour qu'ils fussent partis en hâte, sans rassembler le bataillon, il fallait que le danger fût bien pressant. D'instinct, pour ainsi dire, les quelques mobilisés à capote bleu-ciel avec qui je me trouvais — car mon escouade s'était éparpillée et nous n'étions plus que trois camarades — criaient à tue-tête le numéro du bataillon. Puis chacun ajoutait le numéro de la compagnie à laquelle il appartenait. Je criais donc aussi :

— 32ᵉ bataillon ! 3ᵉ compagnie !

Et ainsi, peu à peu, des hommes qui se trouvaient non loin se ralliaient, et nous fûmes bientôt une centaine. D'autres bataillons étaient mêlés avec le nôtre, et leurs hommes employaient le même système pour se regrouper. Pendant un certain temps, je ne sais comment cela se fit, nous marchâmes à travers champs. Plus à l'aise que sur la route, nous allions à grandes enjambées, nous retournant pour lancer notre appel, qui avait quelque chose de sinistre. Tout à coup, derrière nous, un peu sur notre gauche, nous entendons des cris. Je regarde et je vois trois ou quatre hommes qui courent, en faisant avec les bras des gestes désespérés :

— Où allez-vous ? où allez-vous ?

Je reconnais la voix de notre capitaine.

— Halte ! commande-t-il, dès qu'il croit que nous pouvons l'entendre utilement ; halte !

Arrivé près de nous, tout essoufflé par la course qu'il a fournie, il ajoute :

— Malheureux ! vous alliez tomber tout droit sur les positions ennemies !

C'était nous perdre infailliblement. Le moins qui pût nous arriver était d'être faits prisonniers. Nous rebroussâmes chemin et nous prîmes par une petite route, encaissée entre deux talus et bordée de grands peupliers. S'était-on battu en cet endroit, quelques jours auparavant, ou les obus prussiens avaient-ils passé par là le jour même? Je ne le demandai même pas, car nul n'eût pu me le dire. On marchait rapidement et les hommes ne s'adressaient pas la parole. Mais cette petite route était semée de branches arrachées aux arbres, de débris difficiles à désigner. Je sautai par-dessus un cheval abattu, raidi par la mort et le froid. Plus loin je contournai une charrette renversée. Je buttais parfois et, en me baissant, je reconnaissais un sac de soldat, abandonné par lassitude ou pour fuir plus vite. Le bombardement de Neuilly avait cessé. Un pesant silence, plus effrayant peut-être que le tumulte de la bataille, régnait sur la campagne. Puis nous longeâmes les ruelles d'un hameau désert, dont les maisons élégantes devaient appartenir à des bourgeois parisiens. Au tournant de l'une de ces ruelles, nous débouchâmes brusquement dans une vaste plaine, bornée à gauche par les murs des jardins attenant aux cottages du hameau que nous venions de traverser. Au fond de la plaine se dressait une haute colline isolée. On me dit que c'était le plateau d'Avron, occupé par nos troupes depuis longtemps déjà, et où des batteries étaient élevées. Sous leur canon, nous étions à l'abri d'une poursuite.

En effet, c'était bien un abri sûr, car la plaine était couverte d'une multitude. La lune, qui s'était levée dans un ciel débarrassé de nuages, éclairait un tableau d'un pittoresque merveilleux. Au fur et à mesure que des groupes de soldats, venant de toutes les directions, arrivaient dans cette plaine qui avait sans doute été désignée comme point de concentration, les régiments et les bataillons essayaient de se reformer et y parvenaient, quoique fort diminués. Je revis là, entre autres mobilisés, les bataillons à capotes vertes et brunes qui complétaient avec nous le « 24ᵉ de marche » et qui avaient disparu dans l'après-midi. J'appris plus tard qu'ils avaient été échelonnés sur la gauche de Neuilly, un peu en arrière, et qu'ils avaient eu leur bonne part de projectiles. Comme ils étaient arrivés avant nous sous le plateau d'Avron, ils avaient déjà fait des feux gigantesques, tant pour se chauffer que pour faire la popote, car on voyait de nombreux fourgons de l'intendance ; les vivres étaient distribués.

Dès que le 32ᵉ fut de nouveau rassemblé, ce qui se fit assez rapidement, nos officiers se détachèrent pour aller voir si les voitures qui devaient nous approvisionner de pain et d'autres denrées ne se trouvaient pas parmi celles qui étaient là. Mais non, elles n'étaient pas encore venues. Néanmoins, et malgré la défense faite par nos officiers, les hommes s'étaient dispersés pour aller quérir du bois, et bientôt ils se serraient, eux aussi, autour d'énormes bûchers qui flambaient haut. Ils étaient entrés dans les maisonnettes, et achevant la besogne dévastatrice commencée par ceux qui avaient passé par là avant eux, ils avaient arraché les portes, les fenêtres, les parquets, abattu des arbres fruitiers pour faire du feu. Les hommes expérimentés pestaient contre ces bûchers qui illuminaient la plaine, semblable à présent à un immense brasier. L'ennemi était trop proche pour ne pas nous cribler d'obus, guidé par ces lueurs d'incendie. Les officiers avaient beau dire tout cela, ordonner et supplier tour à tour pour que les feux fussent au moins réduits juste à la mesure nécessaire pour faire bouillir une marmite, c'était peine perdue. Il faisait du reste très froid, et quoique j'eusse eu très chaud, tant j'avais marché d'un pas rapide, je commençais à grelotter. Mais je comprenais si bien la valeur de l'avis donné par les officiers que, loin d'aller m'asseoir dans un cercle, près d'un feu, je m'éloignai, afin de m'abriter derrière l'un des murs de jardin qui bordaient la plaine, tendant l'oreille pour entendre le sifflement des obus qui, selon toutes prévisions, ne devaient pas tarder à tomber. Mais les Prussiens nous laissèrent tranquilles, alors qu'ils auraient pu nous causer de grands dommages. Au bout d'une heure ou deux, malgré cette tranquillité, les clairons sonnèrent, et les bataillons se mirent en mouvement.

Alors commença pour nous une pénible odyssée à travers chemins et champs. Le chef de bataillon avait reparu et se tenait en tête de notre colonne, à pied, avec tous les officiers présents. C'était toujours la même question : « Où allons-nous? — Je ne sais pas. » J'entendis le commandant dire aux officiers :

— Allons au fort de Rosny.

Et nous allâmes à Rosny. Il s'agissait de trouver un gîte et de la nourriture. Nous étions totalement abandonnés. Aucun ordre supérieur n'était venu et nous errions à l'aventure. En allant à Rosny, le commandant, qui devait être, il faut l'avouer, fortement embarrassé, espérait qu'un asile nous y serait offert. Mais au fort on nous refusa. « Allons à Nogent, alors! » Et une nouvelle promenade interminable commença. A Nogent, autre refus. Le bataillon disparaissait, fondait. Sous Avron, sur mille et quelques hommes que nous devions être, nous n'étions plus que huit cents, environ. A Nogent, nous n'étions pas trois cents. Presque à chaque pas, un homme tombait, écrasé de fatigue. Il fallait le traîner dans un repli de terrain, derrière un mur, dans une maison démolie ou inachevée. Le froid était terrible et d'autant plus dur à supporter que, le matin même, le temps était humide et doux.

— On pourrait camper, dit encore le commandant.

Mais le médecin-major, un brave homme qui exerçait à Montmartre et qui connaissait presque tout le monde, repoussa cette proposition :

— Il gèle à pierre fendre, et je vous défie d'enfoncer un piquet de tente dans le sol. C'est la première fois que le bataillon sort, vos hommes ne sont pas habitués à cette vie, et, par ce froid, si vous les faites camper en plein air, eux qui n'ont pas mangé, éreintés comme ils le sont, le quart sera mort demain.

— Que faire?

— Eh bien! Vincennes n'est pas loin, allons jusque-là. Nous pourrons nous y reposer jusqu'à demain matin, et nous y recevrons sans doute des ordres.

Le commandant consulta les officiers. Les uns déclarèrent, et notre capitaine fut de ce nombre, qu'ils ne voulaient à aucun prix se rapprocher si près de Paris; qu'ils préféraient marcher toute la nuit pour se réchauffer. Du reste, on pouvait gagner, disaient-ils, quelque localité voisine, où l'on recevrait l'hospitalité des troupes qui y étaient cantonnées. Les autres acceptèrent Vincennes. Ce parti me parut être le plus sage, et je suivis les officiers qui se dirigeaient vers Paris. Une cinquantaine d'hommes seulement retournèrent en arrière, beaucoup parce qu'ils étaient trop las pour marcher longtemps encore, et qu'ils avaient l'espoir, étant moins nombreux, d'être accueillis quelque part ou de se caser dans des maisons vides. J'étais donc avec le plus fort groupe, qui pouvait à la rigueur avoir la prétention de représenter le 32e. Mais quand nous atteignîmes Vincennes, nous n'étions

plus qu'une quarantaine. Où étaient les autres ?
Nous ne pouvions plus décemment nous adresser au donjon, au nom du 32ᵉ bataillon de marche de la garde nationale. Sans nous consulter, nous poussâmes plus avant et nous arrivâmes aux fortifications. Le pont était levé, mais on l'abaissa sans difficulté, ce qui me donna une triste opinion de l'ordre qui régnait dans la place assiégée.

Nous marchions aussi vite que possible, tant le froid était intense. J'avais cependant les pieds si endoloris qu'il me semblait que je piétinais sur des noix. Bientôt nous n'étions plus que quatre, dont l'officier payeur; les autres, un à un, s'étant égrenés le long des rues, n'en pouvant plus et entrant, qui dans un hôtel, qui chez un marchand de vin qu'ils contraignaient à ouvrir sa boutique, sous menace d'enfoncer les volets à coups de crosse. Une heure après, je gravissais lourdement l'escalier de la maison où je demeurais, traînant mon fusil qui rebondissait sur chaque marche.

Mes parents m'embrassèrent comme on embrasse quelqu'un qu'on a cru perdu à jamais, et, sans dire dix paroles, je me laissai tomber sur mon lit. Il y avait vingt-sept heures que je ne m'étais pas reposé sérieusement dix minutes de suite. On dut me déshabiller, je ne pouvais plus remuer. Je crois n'avoir jamais dormi aussi profondément.

CHAPITRE IV

Une tête de cheval. — Réhabilitation. — Notre deuxième sortie. — Cantonnés à Neuilly-Plaisance. — Au plateau d'Avron. — Attaque de postes prussiens. — Le bombardement. — Sentinelle perdue. — L'évacuation du plateau.

La journée était fort avancée quand je rouvris les yeux. Me décrasser fut une grosse affaire : j'étais sale comme un peigne. La faim me tiraillait l'estomac, mais il n'y avait rien à manger. Ma mère, ma cousine et ma sœur n'étaient pas rentrées, parties depuis le matin pour faire la queue, l'une à la boulangerie, l'autre au chantier de bois, la troisième à la boucherie. Mon père était de garde dans le quartier. Je fouillai buffets et placards pour trouver une croûte, un rogaton, mais en vain. Il y a avait du sucre et du café en grains. Seulement, pas un morceau de bois ni de charbon pour faire du feu.

Je rageais ferme et jurais des « nom de Dieu » à faire crouler les murs. Chaque mouvement me tirait un cri de douleur : j'étais courbaturé d'une manière atroce. Me souvenant de mon adolescence et de ses jours sans pain, je finis par rire de ma misère, songeant que je n'étais pas le seul à souffrir, et ayant bourré une pipe, suprême consolation, je m'étendis de nouveau sur mon lit, tout habillé, les couvertures jetées sur les jambes, car il faisait un froid de loup.

Mais la faim ne me laissant pas de répit, je crus que je la sentirais moins dans la rue et je descendis.

Il n'y avait pas dix minutes que j'étais dehors, quand quelques femmes s'attroupant autour de moi, m'injurièrent violemment. L'une d'elles agitait avec frénésie un lourd battoir de blanchisseuse et, menaçante, parlait de me « fendre la gueule » avec.

— Lâche, cochon! Prussien, réac, toutes les épithètes y passaient, sans que je me rendisse compte de cette fureur.

J'étais ahuri, ne sachant que répondre, lorsque des gamins s'étant approchés, me glapirent aux oreilles, sur l'air des lampions :

— Trente-deuxième! trente-deuxième!

Et je ne comprenais toujours pas. D'autres injures me donnèrent enfin le mot de l'énigme :

— Fuyard! Poltron! Gibier de cour martiale!

Pour me dégager, j'entrai chez un marchand de tabac, et là, ce que je commençais à deviner me fut confirmé par deux gardes de mon bataillon. Le 32e était accusé d'avoir fui devant l'ennemi.

Alors, me rappelant toutes les péripéties de la veille, les fatigues, les privations et les dan-

8

gers courus, j'entrai dans une rage folle. J'ouvris brusquement la porte du marchand de tabac et j'invectivai la foule qui se tenait amassée devant la boutique. Les hommes me montraient le poing, j'avais saisi ma baïonnette à pleine main, prêt à tuer le premier qui m'aurait touché du bout du doigt.

L'affaire allait tourner au tragique, lorsque d'autres gardes du 32º survinrent, et la querelle tourna en explications véhémentes. Du reste, les officiers de notre bataillon avaient convoqué les citoyens pour le soir, en réunion publique, à la Reine-Blanche.

J'appris que la plus grande partie du bataillon de marche était rentrée par petits groupes, qui avaient été très malmenés par la population, laquelle croyait qu'ils avaient lâché pied devant l'ennemi ; que plusieurs gardes avaient dû mettre baïonnette au canon pour se dégager.

A la nuit tombante, je rentrai à la maison.

— Nous allons bien dîner, me dit mon père. Nous avons du riz, de la graisse, et cousine a trouvé chez un tripier une tête de cheval. Elle est sur le feu depuis deux heures. Ça va faire un bouillon exquis !

La marmite ronflait et je me réjouissais à la pensée d'un réconfortant repas, dédaignant l'odeur infecte qui se répandait dans la pièce. N'ayant pas pu avoir de bois, mon père avait défoncé un tonneau qui pourrissait dans la cave, et c'étaient les douves qui, flambant dans la cheminée, dégageaient une fumée âcre et fétide qui râclait la gorge.....

— Quand allons-nous manger? demandai-je.

— Quand ce sera cuit, disait maman. Mais la tête est encore joliment dure. C'est incompréhensible.

— Elle cuira; un peu de patience, affirmait ma cousine, orgueilleuse de sa trouvaille.

A huit heures du soir, il y en avait cinq que le pot-au-feu mijotait, et la sacrée tête était encore résistante.

— Bah! dit papa, ce sont les cartilages; mais sous les tendons il y a de la chair... et puis il y a la cervelle. On la préparera au beurre noir.

— Au beurre!

— Je veux dire à la graisse. A la guerre comme à la guerre!

Et comme pour bien nous rappeler que nous étions bel et bien en guerre, les échos d'une lointaine canonnade nous arrivèrent.....

On se mit à table.

Le bouillon était passable, pour l'époque. Mais quand on mit dans un plat l'horrible tête de cheval, elle rebondit comme un paquet de gomme élastique. N'importe, le père s'arma résolument d'un couteau et commença de taillader. Chacun eut un copieux morceau. Mais la mastication la plus énergique n'en put venir à bout. Très vexé, papa essaya de fendre le crâne pour avoir la cervelle; mais son ciseau à froid et son marteau n'obtinrent aucun résultat.

Ma cousine était navrée et faisait une mine piteuse, car maman et moi lui lancions des regards courroucés.

— Faudra la faire recuire demain, dit papa, les os se disjoindront.

— Une saleté pareille! s'écria maman; ah non! par exemple! j'aimerais mieux manger des rats.

— Tu n'es pas dégoûtée, riposta le père; des rats, c'est malheureusement hors de prix.

La tête de cheval fut offerte à notre ami Tabot. Mais le chien, qui était maigre à faire peur et vivait on ne sait comment, refusa une si pitoyable aubaine.

Nous nous rabattîmes sur le riz dont nous étions pourtant bien las, et sur le vin qui ne manquait pas.

A neuf heures, j'étais à la Reine-Blanche.

La salle était bondée et offrait un aspect des plus pittoresques. Notre capitaine était à la tribune, autrefois l'orchestre, et racontait la sortie du 32e. L'animosité contre nous tombait peu à peu. Par moments une altercation éclatait dans un coin de la salle, entre quelques-uns des nôtres et des hommes d'autres bataillons, et on était prêt à en venir aux mains. Des hommes de bonne volonté s'interposaient, le calme, un calme houleux, revenait par degrés, et la narration du capitaine reprenait son cours. A la fin, un ordre du jour disculpant le bataillon fut voté à l'unanimité. D'autres orateurs prirent la parole pour formuler les propositions les plus fantaisistes, propres à exterminer les Prussiens.

Le lendemain, le quartier était couvert d'affiches, signées du gouverneur de Paris, annonçant à la population que notre bataillon s'était « bien conduit au feu ». Mais le 32ᵉ ne se lava jamais entièrement de la calomnie qui l'avait frappé.

Les détails abondaient sur cette journée du 21 décembre, si pénible et si sanglante, pendant laquelle on s'était battu au nord, nord-est de Paris, de la Courneuve, à gauche de Saint-Denis, jusque sur la Marne. On apprenait que la déroute de la Ville-Evrard avait eu pour cause une négligence, laquelle avait coûté la vie au général Blaise qui commandait là.

Quand la Ville-Evrard avait été enlevée, nos soldats n'avaient nullement songé à visiter les maisons et surtout les caves. Le combat terminé, ils avaient fait de grands feux, et le général Blaise, entouré de son état-major, était en train de se chauffer les pieds lorsqu'une terrible détonation retentit. C'était des Saxons qui venaient de tirer par les soupiraux des caves, où ils s'étaient réfugiés pendant l'action, espérant s'échapper à la faveur de la surprise et du tumulte. Le général était tué roide avec nombre d'officiers et de soldats. Mais les Saxons n'échappèrent pas, les maisons furent cernées, les caves fouillées, et tout ce qui s'y trouvait fut massacré.

8.

Dans l'après-midi du 23 décembre, le clairon sonna, avertissant le 32ᵉ de marche qu'il eut à se réunir vers dix heures du soir, pour partir de suite aux avant-postes.

J'étais encore exténué et absolument dégoûté du métier. J'allai trouver le major pour le prier de m'exempter. Mais il fut inflexible et, à mon vif regret, à minuit, j'étais dans le rang, boulevard Ornano, lieu de concentration de notre bataillon.

Il faisait un froid atroce et nous battions la semelle pour nous réchauffer. On nous distribua sur place cinq jours de vivres, un pain de munition, et à une heure du matin nous nous mettions en route. Au jour, nous avions dépassé Rosny. Le soleil resplendissait, la terre gelée résonnait sous nos pas. On marchait allègrement, et la course, l'air vivifiant d'une belle matinée d'hiver, m'avaient ragaillardi; je ne sentais plus aucune fatigue. Nous arrivâmes à Neuilly-Plaisance. C'est là que, le 21, au lieu d'aller à Neuilly-sur-Marne, nous devions nous rendre. Nos chefs s'étaient tout simplement trompés. De semblables erreurs arrivèrent souvent pendant toute la durée du siège.

Les officiers commencèrent par chercher la maison qui leur semblait la plus agréable à habiter, puis les sergents en cherchèrent plusieurs pour loger leurs sections, les caporaux, une pour leurs escouades.

Celle qui échut à l'escouade dont je faisais

partie, était une charmante petite maison de campagne, entre cour et jardin, très joliment décorée; un rez-de-chaussée, deux étages et un grenier. Nous choisîmes la plus belle pièce, le salon, et nous y apportâmes trois sommiers qui se trouvaient dans la chambre à coucher, seuls meubles qui n'avaient pas été emportés par le propriétaire. C'était toute la literie.

Vers le soir, la neige tomba avec abondance. Notre compagnie prit la grand'garde à la nuit. L'obscurité était profonde, et la reverbération de la neige jetait seule une note claire dans la pénombre. Nous passions de jardin en jardin, à travers des brèches pratiquées dans les murs et les haies. Plus on s'éloignait, plus il nous était recommandé de marcher en silence. C'était légèrement sinistre. Nous arrivâmes à la limite extrême du village et nous entrâmes dans un grand bâtiment qui devait être quelque usine abandonnée. La compagnie s'installa au premier étage, dans une vaste salle carrelée, et là, sur le carrelage même, d'énormes feux furent allumés. La fumée et la flamme tourbillonnaient et montaient vers le plafond. On eut dit un incendie. Des hommes furent alors pris dans chaque escouade, trente environ, pour aller en faction. J'étais du nombre, et quand je me trouvai seul dans un champ où se tordaient quelques cerisiers rabougris, je ressentis une violente émotion. C'était quelque chose comme de la peur jointe à de l'inquiétude. Peur d'être surpris et tué par des rodeurs ennemis; inquiétude de ne pouvoir peut-être pas avertir à temps mes camarades et de les laisser surprendre. Je ne restai là qu'une heure, adossé immobile contre un arbre, respirant à peine et la vue troublée par l'acuité de mes efforts à voir le plus loin possible devant moi, dans les ténèbres. Le temps me paraissait si long que je croyais qu'on m'avait oublié. Ce fut avec une joie bien vive que je me vis relever et que j'allai prendre place autour d'un feu, dans la vaste salle du poste avancé. Mais la fumée me contraignit bientôt à aller respirer dehors et j'achevai ma nuit accoté dans l'angle d'une muraille, assis sur mon sac. Je fis des rêves affreux, coupés par des visions charmantes de verdure, de fleurs, d'arbres couverts de fruits.....

Au matin nous rentrâmes dans notre cantonnement. La journée se passa à chercher des légumes gelés, sous la neige, du bois pour faire du feu, à jouer aux cartes et à faire la popotte.

Le lendemain, mêmes passe-temps. Nous dormîmes, ma foi, très bien sur nos sommiers, après avoir, au préalable, n'ayant plus de bois, arraché les feuilles des parquets de nos chambres, les portes et les plinthes pour alimenter notre foyer.

Le troisième jour, j'allais avec quelques camarades visiter le plateau d'Avron, qui dominait le village.

Sans avoir beaucoup de notions des choses de

la guerre, je fus navré de ce que je vis. Je me figurais que le plateau était solidement fortifié. Mais non. Du côté de l'ennemi, un simple épaulement en terre, avec quelques pièces de marine mises en barbette. Point de casemates. Des baraques en planches. En un mot, une installation facile à mettre sens dessus-dessous avec quelques coups de canon. Çà et là, en arrière, quelques maisonnettes de Parisiens amateurs de campagne, autour desquelles campent des marins, des soldats de ligne et des fantassins de marine. Ces troupes sont dans un état lamentable, vêtements troués, chaussures éculées. Le froid et la faim torturent ces malheureux et, déjà, la nuit précédente, nous avons entendu avec terreur et tristesse, ce lugubre cri qui montait du plateau, cri lancé par des milliers de bouches :

— La Paix ! La Paix !

Comment se fait-il que ces soldats ne soient pas mieux couverts, alors que les magasins regorgent de capotes, de pantalons, de souliers ? Pourquoi la défense n'est-elle pas mieux organisée à Avron ? J'ai fait le tour du plateau. Trente-cinq pièces de canon, seulement, dont douze de gros calibre. Et pas de casemates, d'abris, rien !

L'ennemi est à Chelles, à Villemomble, à Gagny, à Noisy-le-Grand, au pont de Gournay. Il dresse des batteries destinées à foudroyer le plateau et, fait stupéfiant, on ne cherche pas à le gêner dans ses travaux. De temps à autre, à de longs intervalles, une de nos pièces de marine tire. Je reste près de deux heures à côté d'un canon de 24, pour le voir faire feu. Je demande pourquoi cette inaction. Les marins n'en savent rien. S'il ne tenait que d'eux !... Mais ils attendent des ordres.

Enfin, je vois les servants hausser et baisser la pièce, pointer..... Le coup part, la commotion me coupe les jambes. Un peu plus, et je tombais. Deux ou trois secondes se sont écoulées et, au loin, un léger flocon de fumée, une détonation : c'est l'obus qui éclate. Mais il éclate en l'air, avant d'être arrivé au but.

L'ennemi riposte quelques instants après. Mais, comme pour narguer nos canonniers, ce n'est pas à eux qu'il adresse son projectile. L'obus prussien va tomber bien loin derrière nous, sur le fort de Rosny.

Je rentrai fort affligé et n'ayant plus guère confiance. Et presque tous mes camarades pensaient aussi que nous étions bien mal commandés. Beaucoup opinaient pour la trahison de nos chefs. Quelqu'un me dit que la gelée était la cause de la mauvaise organisation sur le plateau. Et c'est l'excuse qui fut donnée plus tard. Mais Avron ayant été pris le 1er décembre, le jour de la bataille de Champigny, on aurait pu parfaitement le fortifier, en activant les travaux pendant les jours de dégel.

Cependant, la garde nationale était loin de

partager le découragement de la troupe régulière. N'ayant pas encore souffert beaucoup, elle s'indignait de voir les soldats si las, si désespérés. Puis les gardes nationaux étaient des hommes robustes, presque tous dans la force de l'âge, tandis que les troupes n'étaient guère composées que de jeunes recrues, très braves au feu, mais supportant mal les fatigues et les privations, lesquelles étaient cruelles, du reste. Quand nous n'étions pas aux postes avancés, nous faisions notre possible pour passer le temps gaîment. Les fameuses parties de bouchon étaient continuées, comme aux remparts, et on jouait aux cartes. Le soir, dans la chambrée, à la lueur d'un brasier, en fumant une pipe, on narrait des anecdotes et l'on chantait. C'est ainsi que dans la nuit du 24 au 25, nous fêtâmes la Noël en faisant un joyeux réveillon.

Les hommes de l'escouade étaient presque tous des négociants de Montmartre : marchands de vins, liquoristes, épiciers, fruitiers, et ils avaient tous fait venir la veille quelques menues provisions tenues en réserve. Nous mangeâmes, cette nuit-là, comme des dieux : anchois, sardines, conserves de mouton, de bœuf, de veau, haricots en boîte, un filet de cheval rôti, des confitures, du chocolat à l'eau, du vin en bouteilles, le café, des liqueurs. Et chacun y alla de son refrain. J'étais le plus jeune et on me mit largement à contribution : tout mon répertoire y passa. Ce fut un rapide mais très intense moment de bonheur. Certes, le plaisir était peu délicat. La plupart de mes compagnons étaient des types peu intéressants et peu récréatifs. Mais l'imprévu de cette bamboche, dans un temps où l'on se serrait le ventre chaque jour, devant l'ennemi, alors que nous pouvions être tués le lendemain, décuplait notre gaîté. Et ce fut une des meilleures soirées de ma vie, que celle-là!

Une après-midi, laquelle? j'ai oublié la date, le fusil en bandoulière, j'étais allé tout seul faire un tour sur le plateau. Le ciel était sombre. De gros nuages roulaient pesamment, et il y avait dans l'air une plus inaccoutumée tristesse. En flânant, j'étais descendu au pied du versant qui fait face à Villemomble et je me disposais à remonter, quand je vis un mouvement de troupes sur le front de nos lignes. J'apercevais, se déployant en tirailleurs, des soldats d'infanterie de marine, deux ou trois compagnies au plus, qui cherchaient à se masquer derrière tous les accidents de terrains : bossèlements du sol, murs de clôture, arbres, haies. Ils ne quittaient un abri que pour en gagner un autre, par bonds. On eût dit, de loin, des sauterelles. Au milieu des tuniques bleues, et surtout à gauche, je distinguais des vareuses brunes, des têtes coiffées de casquettes américaines. Les officiers, on le voyait à leur mimique, recommandaient à leurs hommes de se dissimuler et leur indiquaient, de la pointe du sabre, les endroits par où ils devaient passer.....

Entraîné par la curiosité, imitant la manœuvre que je voyais faire, je suivis ces soldats qui, sans nul doute, allaient en reconnaissance. Devant eux, à quelques cents mètres, se dressait un mur, très peu élevé, derrière lequel les ramures dénudées d'un parc frissonnaient sous le vent d'hiver. A diverses places, le mur était éboulé et formait brèche. A travers les arbres pointaient les cheminées d'un grand bâtiment, qui devait être quelque château où les Prussiens étaient campés en maîtres et seigneurs.

Tout à coup, la fusillade éclata.

Les sentinelles ennemies avaient éventé l'attaque, et, au-dessus du mur, une fumée blanche s'élevait.

— En avant!

A ce cri, lancé par un officier supérieur qui se tenait debout sur un petit tertre, francs-tireurs et soldats se ruèrent et atteignirent le mur en quelques sauts.

Je restai un instant muet de stupeur, n'osant plus avancer, mais n'osant reculer. Je ne m'attendais pas à ce que le combat commença si vite. Les balles tombaient dru autour de moi, et, aller plus avant, c'était courir le risque de me faire tuer. Retourner sur mes pas, c'était peut-être, si j'étais vu par ceux qui suivaient les péripéties de l'affaire, m'exposer à de cruelles railleries et, qui sait, à des violences. Importuné par l'émotion, honteux de ma faiblesse, je me décidai subitement, ne voulant plus raisonner, par crainte de faiblir. Je pris mon fusil, j'y glissai une cartouche et je m'élançai, sans regarder à droite et à gauche, tout droit.

J'étais maintenant avec une compagnie de soutien, qui se précipitait au secours des tirailleurs que je voyais passer par les brèches ou escalader le mur, et disparaître dans le parc. La compagnie, à son tour, s'y engouffra, et, après une seconde d'hésitation, je suivis.

Je ne pus jamais me rappeler exactement ce que je fis ensuite. Je me souviens seulement qu'après m'être faufilé d'arbre en arbre, cherchant d'instinct les plus gros pour m'abriter, et ayant trébuché sur des corps, amis ou ennemis, tués ou blessés, je me trouvai dans une salle spacieuse, aux murailles de laquelle plusieurs bibliothèques étaient adossées. Çà et là, des sièges renversés. Au milieu de la pièce, une grande table carrée, recouverte d'un tapis de couleur sombre qu'un Prussien, qui gisait dans une mare de sang, la face contre le parquet, avait entraîné dans sa chute, s'étant sans doute cramponné à la table quand il avait été frappé. Et dans cette pièce c'était un va et vient, un tourbillon d'hommes qui passaient en hurlant, comme des fous, dans une épaisse fumée. Je ne savais même pas si c'était des Français ou des Allemands. Et pourtant, je n'avais plus peur. Une ivresse sauvage m'animait. Baïonnette au canon, je suivis un groupe qui grimpait, dans une effroyable bousculade, un escalier tournant du haut duquel on tirait à coups précipités. On entrait dans une grande pièce où, dans un des angles, se tenaient en tas des combattants, qui vociféraient dans une langue inconnue de moi. C'était des Allemands. Cette fois, comme dans un éclair, je les vis et reconnus très bien, avec leurs longues capotes noires et leur casquette sans visière, cerclée d'une bande rouge. Les fusils crépitèrent. Je tirai deux ou trois fois dans la masse, presque à bout portant. Plusieurs de ceux qui se trouvaient devant nous gagnèrent une fenêtre et sautèrent.....

Puis ce fut une chasse dans les corridors et je me revis dans la bibliothèque. Les vitrines avaient été criblées de balles et je piétinais sur du verre qui craquait sous mes talons. Sur la table, je remarquai alors quelques livres épars. L'un était ouvert et une page était cornée. Je lus. C'était une édition de Voltaire, reliée en veau. A quel mobile cédai-je ? Il me serait difficile de l'expliquer; mais, en un tour de main, je ramassais les volumes et les liais avec une courroie.

Pendant de longues années, j'ai gardé ces bouquins, et j'en ai encore un, le tome Ier de *La Pucelle*. Le reste s'est perdu.

Le clairon sonnait au ralliement. Un capitaine faisait ramasser nos blessés, car il fallait partir de suite, paraît-il. Il n'y avait déjà plus personne dans la maison. Je dégringolai l'escalier. En avant, dans le parc, une fusillade nourrie était engagée. C'était deux compagnies de réserve et des francs-tireurs qui soutenaient la retraite. Les Prussiens, surpris par la brusquerie de l'attaque, revenaient en force. J'eus le temps d'apercevoir sur la pelouse, blanche de neige, qui s'étendait derrière le château, quelques corps étendus, dans toutes les attitudes, les uns immobiles, les autres se tordant de douleur et essayant de se traîner pour fuir.

Nous étions dans une petite allée sinueuse qui allait rejoindre une autre allée circulaire longeant le mur d'enceinte du parc. A côté de moi marchait un lignard qui portait deux fusils, — le sien et celui d'un Allemand, — plus un casque. Il se retourna pour regarder. Un bruit mat se fit entendre : *flouc...*

Le malheureux lignard se renversa en arrière, pivota sur les talons. Un flot de sang noir lui coulait du visage sur la poitrine. Il s'abattit sur le ventre, les bras en croix. Deux ou trois hommes voulurent le relever.

— Laissez-le, dit un officier, il a son affaire : une balle en plein front.

Je forçai le pas, hâtivement.

Bientôt j'avais franchi une brèche, j'étais dans la plaine, et encore ahuri, tremblant d'émotion rétrospective, je regagnai Neuilly-Plaisance où j'arrivai à la nuit.

. . . .

C'était le 27 décembre. Il était peut-être huit

ou neuf heures du matin. Nous étions tous dans la chambre, quelques-uns encore roulés sur le plancher, dans leur couverture, ou sur nos sommiers. Le feu, soigneusement entretenu toute la nuit, petillait dans la cheminée. On brûlait des volets. L'homme chargé de la popotte faisait cuire du chocolat, présent du plus riche épicier de l'escouade. Nous attendions, impatients, le moment de nous partager ce déjeuner délicat et inaccoutumé, humant la bonne odeur qui s'échappait de la marmite ....

Un choc violent ébranle la maison et nous fait tous lever d'un bond. Et, de suite, une foule de gravats s'écroulent par la cheminée, culbutant la marmite et son contenu. Puis des coups précipités éclatent. C'est une grêle. L'ennemi tire à toute volée. Le tapage est infernal.

Nous entendons le clairon qui sonne le ralliement. Vite, on roule les couvertes, on met le sac au dos. Nous descendons un à un, ne traversant le jardin, pour gagner la rue, que quand une détonation s'est fait entendre, mettant à profit l'intervalle entre chaque coup. Au moment où je franchis la porte, quelque chose siffle et ronfle dans l'air, tout près. C'est un fragment d'obus qui passe et coupe net un arbuste de la grosseur du poignet. Un mètre plus à gauche, et j'étais atteint. Je ramasse le morceau de fonte qui a failli me tuer, comme souvenir, et je l'attache sur mon sac. Je gagne la rue, longeant les murs, rampant à quatre pattes dans les endroits découverts, me dirigeant du côté où le clairon sonne.

Tout le bataillon est à présent réuni, aligné, tournant le dos à un mur de jardin, du côté d'où vient le feu. La canonnade est effroyable. On ne s'entend pas parler. Le combat de la Ville-Evrard et de Neuilly-sur-Marne n'était rien auprès de ce duel d'artillerie, car le plateau d'Avron riposte vaillamment. Les faisceaux sont formés, et nous restons là, attendant. Le bruit court dans les rangs que c'est aujourd'hui qu'on va faire la trouée; que nous allons marcher en avant. Et ce qui pourrait nous le faire croire, c'est que les sous-officiers ont reçu l'ordre de visiter les armes et de s'assurer si rien ne cloche dans notre équipement. Les tuiles, les plâtras, les charpentes dégringolent autour de nous, et nous sommes de beaucoup plus en sûreté derrière ce mur que dans les maisons. Et personne de touché! C'est miraculeux! Tout le monde est gai. Pas la moindre appréhension. La perspective de changement qui s'offre à nous fait notre joie. On commençait à s'ennuyer, dans Neuilly-Plaisance. C'est la trouée! Paris va être débloqué, et nous allons refouler les Prussiens, faire la guerre en rase campagne! Nous verrons du pays et nous aurons des vivres! Et j'entends des gardes nationaux dire :

— Oh! je peux aller loin, j'ai trois gilets de flanelle dans mon sac.

— Moi, j'ai une paire de souliers de rechange et deux chemises.

Mais le temps passe. Et toujours la trombe de fer et de fonte s'abat, dévastant tout. Pourquoi restons-nous là? On ne marche donc pas à l'ennemi? Peu à peu, l'enthousiasme tombe, le découragement arrive.

— C'est vouloir nous faire tuer inutilement, sans profit, que de nous laisser là, comme des pieux!

— Nous ne tirerons donc pas un coup de flingo! bon Dieu!

— Ces salauds de généraux vont encore rater l'affaire.

Hélas! nous finissons par apprendre que ce sont les Prussiens qui attaquent. Ils ont des batteries de siège partout, et ils bombardent Avron et les villages qui lui font une ceinture, pour nous contraindre à l'évacuer. Que ne donnent-ils l'assaut! pense-t-on.

Une accalmie se produit. Le feu cesse. Nous rompons les rangs, car il faut faire la soupe. Il est quatre heures bientôt. Les routes et les rues sont jonchées de morceaux de fonte, — éclats d'obus aussi nombreux, sans exagération aucune, que les cailloux. Nous trouvons deux ou trois obus qui n'ont pas éclaté. Ils sont énormes, longs et gros comme des pains de sucre. Quelques hommes les soulèvent et les emportent dans une charrette. On nous défend d'y toucher, car une explosion pourrait se produire. J'en ai encore vu deux ou trois autres dont je me suis éloigné avec respect.

Vers le soir, le bombardement recommence avec fureur. Nous sommes entrés dans une maison qui fait l'angle de deux routes et où se trouve un marchand de tabac dont la carotte en zinc, accrochée au-dessus de la porte, a été coupée en deux par un éclat. Il n'y a pas eu de distribution. On soupe avec un morceau de pain, et très content, encore! Nous avions bien quelques poignées de riz, mais personne n'a voulu se charger de la cuisson. Chacun se case comme il peut pour dormir, et l'on finit par trouver le sommeil, bercé par l'incessant roulement du canon.

A minuit, nous partons en grand'garde, dans les champs, et, jusqu'à l'aube, nous entendons siffler les boulets au-dessus de nos têtes. Il y a cependant des moments où l'on n'entend plus le fracas de l'artillerie, tant il est vrai qu'on s'habitue à tout.

Cette nouvelle journée passe comme un rêve. On en arrive, par degrés, à un état complet d'abrutissement. Nous sommes restés encore l'arme au pied, comme la veille. Les obus passent par dessus nous et vont tomber plus loin, à cinquante ou soixante mètres, sur les maisons et dans les jardins. Parfois, il en est dont la trajectoire est plus courte et qui s'abattent tout près du mur qui nous protège, ou qui vont éclater juste en face de nous, à vingt ou trente pas. Aucun blessé parmi nous. Décidément, le canon fait plus de bruit que de mal. La rue dans laquelle nous étions portait un nom singulièrement ironique : rue de *Plaisance*.

La nuit se passa comme celle de l'avant-veille, sans incidents notables. Je dormis à poings fermés.

— Encore deux jours, — dit un camarade, en s'étirant bras et jambes sur les planches qui lui servent de lit, — encore deux jours, et c'est le jour de l'an !

— Fichu jour de l'an que nous aurons là ! ajoute un autre.

— Je voudrais bien pouvoir aller embrasser ma femme, dit un troisième, jeune homme tout nouvellement marié.

— Tu ne l'embrasseras peut être plus, fait le caporal goguenard ; rien ne dit que tu n'auras pas la gueule cassée d'ici là !

— Oui, c'est le 29, aujourd'hui, j'ai une échéance après-demain, grogne un épicier. Mais je ne pourrai pas payer, et je m'en fous.

Il était environ huit heures du matin. La veille, le temps était sec et clair. Ce jour-là, il était terne, on sentait qu'il allait neiger. Quelques flocons blancs tourbillonnèrent bientôt en effet, mais non avec abondance et sans continuité.

L'ennemi, qui avait cessé son feu dans les dernières heures de la nuit, se mit à tirer avec une violence plus grande encore que celle des deux jours précédents. Il avait sans doute démasqué de nouvelles batteries. Le plateau ripostait, mais faiblement. Nous sortîmes tous des maisons et on nous fit encore aligner derrière des murs de jardin.

Vers dix heures environ, eut lieu une distribution de pain. Chacun enfila le sien dans la baïonnette, au bout du fusil, car on avait le sac au dos et la musette était à demi pleine de paquets de cartouches.

A un moment, j'entendis le chef de bataillon, — j'ai omis de noter que ce n'était plus le même que celui qui nous avait conduits à la Ville-Evrard, on l'avait « dégommé », — qui disait aux capitaines :

— Vous savez qu'il faut envoyer du pain aux hommes qui sont détachés à la division?

— Bien, fit un officier, nous allons prendre chacun deux hommes par compagnie, et ils partiront tout de suite pour le plateau.

— Mais deux hommes suffiront pour porter douze pains, puisque nous n'avons que douze hommes à la division, observa le capitaine-major. Le tour de service de corvée est à la troisième.

C'était ma compagnie; et, comme on prit par la droite, ce fut au nommé Cazy et à moi qu'échut la redoutable corvée.

On donna à chacun six pains, dans un sac de toile et, tout harnachés, — car il ne fallait pas songer à quitter son sac et ses armes, le bataillon pouvant changer de place, — nous partîmes.

Nous filions, courbés en deux, rasant les murs, arrêtés à tout instant par quelque obus qui sifflait et éclatait. Le chemin faisait un coude et montait en pente douce, contournant le versant sud. De ce côté, les projectiles étaient plus rares et c'est là que, depuis le bombardement, on avait massé une partie des troupes, afin de les mettre quelque peu à l'abri. Nous ne respirâmes qu'en atteignant ce versant. Mais ce n'était pas là le but qui nous était assigné. Il fallait grimper jusqu'en haut, traverser le plateau et aller presque jusqu'au versant nord. Après avoir soufflé quelques minutes nous reprîmes notre course.

Je ne pouvais pas supposer qu'on pût voir pareille désolation. C'était un spectacle effrayant. Les maisonnettes éparses sur le plateau étaient effondrées. A droite, à gauche, partout autour de nous, des débris jonchaient le sol; les arbres qui n'avaient pas été sciés ou abattus à coups de hache, pour faire du feu, étaient brisés par la mitraille; des voitures démantibulées, des affûts, des sacs de soldat, des armes : tout cela pêle-mêle, au hasard. Des hommes couraient affolés, fuyant le plateau pour gagner la plaine où ils pensaient devoir être en sûreté. Et toujours, sans répit, les obus éclatant, fouillant les maisons, trouant les haies, tuant, massacrant les malheureux troupiers. Je vois passer trois civières. Sur l'une est étendu un prêtre, sur les autres, ce sont des officiers. Un soldat me dit en passant qu'un obus, qui vient de tomber dans la maison où se tenait l'état-major, a fait sept ou huit victimes, dont celles que l'on emporte. La position est intenable. Les Prussiens lanceraient contre elle, en ce moment, quelques bataillons, elle serait prise sans résistance.

Un mât de pavillon, à la pomme duquel flotte encore les trois couleurs, nous indique l'endroit où nous devons nous rendre, car c'est là que se trouve la « division », c'est-à dire le quartier général. Nous arrivons. Beaucoup de soldats de toutes armes se tiennent sur ce point. Ce sont des piquets d'honneur, des plantons mis par chaque corps à la disposition du grand état-major. Quelques officiers vont et viennent, rapides; d'autres gesticulent et discutent. C'est de là que partent les ordres qui ne doivent plus, du reste, produire aucun effet, tant la confusion est grande.

Tous les bataillons de garde nationale ont fourni un petit détachement, et nous cherchons longtemps nos camarades avant de les rencontrer. Je ne sais d'ailleurs pas trop ce que je fais et je suis absolument perdu. Je crois que je ne pense à rien, sinon à m'en aller au plus tôt de cet enfer. Enfin nous apercevons des capotes bleu-clair et des pantalons bleu-foncé, à bande rouge. Ce sont nos amis du 32°. Ils sont là une dizaine, — deux sont partis, — serrés en peloton, immobiles, résignés et peut-être ne songeant plus au danger, depuis près de vingt-quatre heures qu'ils y sont exposés. Le fait est qu'ils ne font attention qu'au pain que nous leur apportons, et ils bougonnent parce qu'on le leur apporte tardivement. L'un d'eux, cependant, un vieux volontaire qui a peut-être soixante-dix ans, nous demande si on va bientôt les relever.

— Je n'en sais rien, dit mon camarade de corvée, mais...

Une détonation lui coupe la parole. Un obus vient d'éclater à quelques pas du groupe. Un homme a été frappé en plein ventre par un morceau de fonte. Par bonheur, sa cartouchière, qui a été tranchée net, a amorti le choc; il en sera quitte pour une forte contusion.

— Allons nous-en, dis-je au camarade.

— C'est vrai, nous n'avons plus rien à faire ici.

Et nous dételons vivement. Des soldats fuient, de tous côtés. C'est un immense désarroi. En bas du plateau, les chemins conduisant aux villages environnants, la route de Rosny, les sentiers, sont occupés par des gardes nationaux qui font un cordon pour empêcher les troupes régulières de passer outre. Des altercations furibondes s'élèvent entre les fuyards et les « outranciers ».

— Allez donc un peu là haut, et vous verrez ! disent les premiers.

— Ça nous est égal : nous avons des ordres, répondent les seconds.

— Tas de « Trente sous ! »

— Lâcheurs ! capons ! vous n'êtes pas honteux !

. . . .

J'ai rejoint ma compagnie qui attend toujours, l'arme au pied, à l'angle d'un chemin qui se perd dans la campagne, du côté de la Marne, et qu'on devine vaguement sous la neige. Les dernières files de nos rangs débordent le mur contre lequel ils s'adossent. Les hommes, quand le feu se ralentit un peu, vont et viennent devant les faisceaux, pour reconquérir par le mouvement quelque chaleur vitale. Les vivres ont été distribués avec tant de parcimonie que, presque tous, nous avons dévoré la « boule de son » qu'on nous a donnée le matin. Dans le champ, derrière ce mur qui n'est qu'une « amorce », se tient la voiture du cantinier. Il n'a plus que de l'eau-de-vie à nous offrir, et l'on abuse des « petits verres ». C'est une incessante procession devant la carriole. Le cantinier vient d'arriver de Paris, et on lui demande des nouvelles. Il a rapporté quelques journaux dont lecture est faite à haute voix, avidement. La situation n'a pas changé en mieux. L'ennemi s'est rapproché, il canonne tous les forts. Les journaux affirment que, même à Avron, nous ripostons victorieusement. Nous savons pourtant le contraire et, malgré cela, nous croyons presque à ces affirmations.

— Quels blagueurs que ces journalistes! dit l'un de nous.

Il n'a pas prononcé le dernier mot qu'un obus détonne et nous couvre de terre. Un des éclats est venu frapper la roue de la carriole, enlevant un des rayons qui atteint à la joue l'un des plus timorés de nos compagnons, un bon négociant de notre quartier. Il n'a qu'une égratignure, mais il se croit perdu; on le voit pâlir, se laisser choir, puis se relever d'un bond et disparaître.

Nous ne le revîmes que quelques jours après... à Paris.

La nuit était venue. L'ennemi ne tirait plus qu'à de longs intervalles, un coup ou deux à la fois, comme pour nous prouver qu'il ne nous oubliait pas.

Le froid était excessif, la nourriture avait été nulle, les nerfs étaient ébranlés par cette canonnade de trois jours. Une lassitude s'était emparée de tous. Beaucoup de gardes qui étaient partis de Paris plein d'entrain, supposant qu'on les menait au combat, commençaient alors à partager le découragement des soldats. Est-ce que ça va durer encore longtemps? se disait-on. Qu'on en finisse. Une sortie en masse ! Mieux vaut tomber en bataille que de crever ainsi lentement de faim, de froid, d'ennui. Ou bien, si la défense est inutile, qu'on le dise ! Mais la pensée que les Allemands pouvaient entrer dans Paris excitait une sainte fureur qui se traduisait en imprécations contre nos généraux.

— Mes enfants, nous dit le capitaine G..., nous prenons la garde dans deux heures. Préparez-vous.

Les préparatifs ne pouvaient être longs. Il n'y avait qu'à boucler son sac et à se mettre en route.

Nous partions vers onze heures, pour relever ceux que nous allions remplacer à minuit précis.

Le poste que nous devions occuper était le même que celui des jours précédents. Il était à la limite des maisons, les champs s'étendaient au delà. Le grand bâtiment, ancienne usine abandonnée, servait de refuge et d'abri à la compagnie tout entière, qui envoyait des factionnaires jusqu'à trois cents mètres en avant.

J'étais, sur les rangs, le numéro deux. Je fus donc désigné pour aller en sentinelle perdue. Afin d'éviter les défaillances, le sommeil, et pour que la consigne fut plus sérieusement observée, la faction était montée par deux hommes, qu'on plaçait à une dizaine de pas l'un de l'autre. On restait là une heure. Quand la garde venait relever, ou quand une patrouille arrivait, le caporal ou le sergent commandant la petite troupe frappait un nombre déterminé de fois sur la crosse de son fusil, puis il s'avançait seul, en donnant à voix basse le mot d'ordre. Il ne pouvait guère y avoir de surprise, car rondes et patrouilles ne devaient venir que derrière, du côté d'Avron.

Depuis pas mal de temps j'étais en faction, un genou en terre, c'est-à-dire dans la neige, afin de me dissimuler autant que possible.

J'écoutais, et n'essayais point de voir, car la nuit était profonde. Depuis quelques instants, il me semblait entendre comme un bruit de pas non loin de moi. C'était aussi comme des allées et venues d'hommes piétinant sur place. Une grande inquiétude me saisit. Que devais-je faire? Donner l'alarme? Mais je ne voulais pas être cause d'une fausse alerte. Ma perplexité augmentant, j'allai retrouver mon camarade qui, à plat ventre, ne bougeait pas plus qu'une souche. Je ne le découvris même pas de suite.

— Entends tu? lui demandai-je.
— Oui.
— Eh bien?
— Je ne sais pas.
— Moi non plus.
— Il faut pourtant décider quelque chose. Si c'est l'ennemi, nous ne pouvons pas laisser surprendre les postes.
— Mais nous ne sommes pas seuls. Là-bas, à deux minutes d'ici, j'ai vu une de nos sentinelles. Nous ferons ce que feront les autres.

Nous décidâmes que nous resterions ensemble. Par moments, on n'entendait plus rien, mais parfois le bruit reprenait. Nous n'étions pas tranquilles, d'autant que la consigne n'avait rien de précis.

— Sais-tu, lui dis-je, je vais aller au poste, prévenir de ce qui se passe, et je reviendrai.
— C'est ça.

J'arrivai au poste. Quelques maigres feux,

faisant plus de fumée que de flamme, brillaient faiblement dans la vaste pièce carrelée du bâtiment où tout une compagnie, et même davantage, se tenait à l'abri du froid. Je cherchai le capitaine. Il était avec les autres officiers.

— Tiens, qu'est-ce qu'il vient faire ?

Je m'expliquai.

On se mit à me blaguer.

— Tu as eu le trac!

— On ne quitte pas comme ça une faction!

- Veux-tu bien te sauver.

J'étais terriblement vexé.

— Ce sont des francs-tireurs que vous aviez devant vous, me dit le capitaine, c'est plus que probable. L'ennemi ne s'aventurerait pas aussi près. Retournez à votre poste. Du reste, je vais aller avec vous pour m'assurer du fait.

En route, le capitaine me dit :

— Vous avez bien agi. Si l'on vous avait averti, vous ne vous ne vous seriez pas dérangé inutilement. Ces francs-tireurs, qui nous couvrent comme un rideau, sont arrivés dans l'après-midi.

Il me quitta et je le vis s'enfoncer dans la nuit. Je n'entendais plus que ses pas qui craquaient sur la neige gelée. Il revint vers moi quelques minutes après.

— C'était bien des francs-tireurs, me dit-il; mais ils vont appuyer à gauche, pour être juste en face du plateau, devant les grand'gardes ennemies qui se trouvent par-là. Ouvrez donc l'œil! Et il alla avertir mon camarade qui se trouvait un peu plus loin.

De nouveau j'étais seul. Je me tenais dans la même position, celle du tireur à genou. J'entendais, depuis peu d'instants, comme une sourde rumeur. Je collai mon oreille contre le sol. Plus de doute, c'était bien le bruit de voitures en marche. Le roulement était continu. Je compris bientôt que l'on évacuait le plateau. Le feu avait cessé dans les deux camps, et le silence n'était troublé que par cette rumeur éloignée et par un coup de canon partant, de temps à autre, des batteries prussiennes.

L'heure est longue, quand on est seul, en pareille circonstance! Il me semblait que la durée normale d'une faction était largement écoulée. Est-ce qu'on n'allait pas venir me relever? Je m'impatientais, sachant, par ouï dire, qu'on avait parfois oublié des sentinelles. Et je n'étais pas très rassuré non plus, en dépit des assertions du capitaine : « L'ennemi ne s'aventurerait pas ainsi ». Les jours précédents, quatre ou cinq gardes nationaux avaient été surpris par les Prussiens, au milieu de la nuit, et l'on avait retrouvé le lendemain matin leurs cadavres dépouillés de tout vêtement. On disait, ce qui était très vraisemblable, que les Prussiens se procuraient ainsi des uniformes sous lesquels leurs espions pouvaient facilement pénétrer dans nos lignes. Le fait s'était vérifié plusieurs fois. Aussi, quelque envie de dormir que j'eusse, l'inquiétude, sinon la peur, me tenait éveillé.

Enfin! j'entends frapper trois fois sur la crosse d'un fusil. Je vois un groupe d'ombres, l'une d'elles s'en détache, s'avance vers moi et me lance à voix basse le mot de passe. Je suis relevé, mais on ne laisse personne à ma place.

— Nous partons, me dit le caporal, on relève tout le monde.

Silencieusement, les cent et quelques hommes de la compagnie quittaient l'usine. Les officiers marchaient en tête, comme les béliers qui guident un troupeau, et nous ressemblions effectivement plus à un troupeau de moutons qu'à une troupe de gens de guerre, allant ainsi sans ordre, à travers les champs et les jardins. Nous fîmes halte, on forma les rangs en bataille, face du côté de la plaine, et, quand nous fûmes bien comptés et numérotés, le capitaine nous tint un discours à peu près en ces termes :

— Mes amis, on évacue le plateau. Nous sommes ici en arrière-garde, en soutien. J'attends des ordres, et nous resterons jusqu'à ce qu'on vienne m'avertir de battre en retraite. Le bataillon a quitté Neuilly-Plaisance. Mes instructions me font prévoir que l'ennemi peut nous attaquer. Je vous recommande le sang-froid, si un combat s'engage. Nous sommes ici sur une route; devant nous il y a le remblai du fossé, fortification toute trouvée qui peut nous permettre de résister longtemps. A notre gauche, nous avons la quatrième ; à notre droite, nous avons une compagnie de chasseurs à pied. Malgré la nuit, on peut les voir, en regardant bien. Je vais poser quelques sentinelles à une centaine de pas en avant. Elles se replieront sans tirer, si elles voient quelque chose de suspect.

Nous restâmes longtemps ainsi, avec cette anxiété de gens qui s'attendent à un grave événement. Mais on ne distinguait rien, tant l'obscurité était épaisse. Sans quitter les rangs, on piétinait sur place, pour se réchauffer, tant il faisait froid. Je voyais le capitaine aller et venir, sans repos, déployant une activité étonnante, et revenant vers nous pour nous exhorter, tout bas, à la patience.

A un moment, il nous dit :

— Je ne sais pas ce qui se passe, mais nous ne sommes plus appuyés à droite, les chasseurs sont partis. Le capitaine de la quatrième m'affirme qu'il n'y a plus personne sur sa gauche. Il n'a pas d'ordres, mais il dit qu'il va partir tout de même. Quant à moi, je reste. Nous restons.

— Mais, objecta un garde, nous ne pouvons pas rester tout seuls, pourtant?

— Que ceux qui ont peur s'en aillent. Ils nous gêneraient.

Et le capitaine, voyant que nul ne bronchait plus, ajouta pour réconforter les faibles :

— Du reste, abrités par le talus, nous ne courons pas grand danger. Quand l'instant viendra, faites ce que je vous dirai. Ne perdez pas la tête. Ne tirez qu'à mon commandement. Nous tiendrons tant que nous pourrons. Si, décidément, la partie devient trop inégale, la retraite est facile. Je connais les chemins.

La lune se dégagea des nuages amoncelés, mais n'éclaira que faiblement la lugubre scène de la campagne, par une rude nuit d'hiver, où des hommes attendaient d'autres hommes pour leur donner la mort et la recevoir d'eux.

— Nous sommes seuls, cette fois, dit tout bas le capitaine aux gardes du premier peloton qui se trouvaient près de lui : — tout bas, afin de ne pas alarmer le reste inutilement.

Le grand silence me pesait étrangement. Je regrettais la canonnade qui occupe l'esprit, le berce par ses grondements et finit par l'assoupir. Et pas un coup de canon depuis deux ou trois heures! Un combat de nuit, pensai-je, doit être affreux. L'on ne voit rien, on ne sait où l'on est. Et je frissonnais en songeant que je pouvais être blessé, que le plus terrible serait d'être frappé au moment de la débandade, car je ne pouvais croire que nous tiendrions longtemps. Et tomber la nuit, par ce temps de neige et de glace, dans cette solitude, c'était la mort. Personne ne viendrait vous ramasser et le blessé périrait ainsi de froid et d'épuisement. Le désir à formuler est, si l'on doit être atteint, d'être tué net. Et l'impatience, la fatigue du corps et de l'esprit me faisaient désirer la bataille, pour en finir. Les réflexions qui s'échangeaient autour de moi me prouvaient que je n'étais pas seul à subir la pénible influence de l'obscurité et du danger prévu.

Un coup de canon éclata, répercuté par les échos comme le tonnerre. L'ennemi sortait de sa longue inaction. Ce coup fut suivi d'un autre, puis d'un autre encore. Nous entendions siffler les obus au-dessus de nous. Leur trajectoire ne devait même pas être très élevée. Et à chaque fois, les têtes se baissaient.

— C'est le prélude de la danse, dit le lieutenant.

— En route! nous partons, fit le capitaine, qui arrivait d'un pas précipité du côté de nos lignes. Il n'y a positivement plus que nous. Il est inutile de rester davantage.

Sur deux files, nous partons, suivant tantôt un petit chemin bordé de trottoirs, tantôt passant sur les champs mêmes. Cette marche à la queue-leu-leu me rappelle les romans de Fénimore Cooper, ou ceux de Gustave Aymard, encore fort à la mode, où il est souvent question de la « file indienne ». De temps à autre, un obus détonne. Nous courons presque et, parfois, un homme trébuche et tombe. On s'inquiète : serait-il blessé? Mais l'homme se relève prestement et poursuit sa course. Ce n'est rien. Et l'on rit.

Le capitaine connaît bien les chemins ; il ne s'est pas vanté, car nous rejoignons bientôt le gros de la troupe et même notre bataillon, sur la route de Rosny. L'encombrement est effrayant. Je suis sûr qu'on ne fait pas cent mètres en cinq minutes. Des pièces d'artillerie, des caissons, des fourgons, des voitures d'ambulance et de cantine entravent la marche. L'embarras devient tel que la colonne s'arrête. Nous nous trouvons au milieu d'un groupe de maisonnettes. Un ordre de halte est donné. Il paraît que l'enlèvement des canons de marine, sur le plateau, est une difficile opération qui ne va pas aussi vite qu'il serait désirable, et l'on suspend la marche de l'infanterie pour attendre que le reste de l'artillerie ait évacué Avron.

Nous entrons dans les maisons. Notre premier soin est de chercher à faire du feu, et bientôt il flambe. Les officiers menacent de l'éteindre, si nous ne masquons pas les fenêtres de manière à ce qu'on ne voie pas la lueur du dehors. Nous ne sommes qu'à six cents mètres de l'ennemi. Nous débouclons nos sacs et attachons nos couvertures aux fenêtres, en guise de rideaux. Ceux qui ont encore un morceau de pain le mangent. Les autres les regardent d'un œil d'envie.

— Les factions! Un tel, un tel, un tel!

C'est le sergent qui jette les noms des hommes qui doivent s'en aller dans la nuit, se geler les pieds, alors qu'ils sont auprès d'un si bon feu! Comme toujours des contestations s'élèvent : « Ce n'est pas mon tour! — Ni le mien! » Et comme j'ai été désigné, je proteste avec vivacité. J'étais de faction quand nous avons quitté Avron, et j'estime que j'ai droit au repos. Or, dans toutes ces circonstances, il ne faut pas répondre. Le meilleur est de faire la sourde oreille et d'opposer la force d'inertie. C'est ce que font les malins. Si l'on discute, on est perdu. Et c'est ce qui m'arrive. Sergents et caporaux me traitent de « mauvais coucheur », de « réclameur » et, comme je suis le seul à rechigner à présent, je m'incline et pars avec les autres.

Me voilà en faction, dans une ruelle, entre deux murailles au-dessus desquelles passent des branchages. Mon camarade, qui est placé sur le trottoir droit de la ruelle s'en allant en pente, est le gros S..., le chaudronnier. Le sergent qui nous a mis là nous a dit :

— En bas, c'est la Marne. Il n'y a personne devant vous. N'importe qui viendra par-là, tirez !

J'ai chargé mon fusil, mais, pour faire quelque chose, je veux retirer la cartouche, afin de voir si le mécanisme fonctionne bien. Le cran du ressort passe par-dessus le rebord de la douille, et la cartouche reste dans le canon. Je me sens rougir d'émotion. Je tire la baguette et j'essaie de faire sauter la sacrée cartouche. Vains efforts ! Je n'ai plus qu'une pique entre les mains. S'il fallait faire feu !... Je vais trouver S...; peut-être sera-t-il plus heureux que moi, grâce à sa force d'hercule. Mais lui non plus. Il faudrait une tenaille, un outil *ad hoc*, sans quoi on risque de faire éclater la cartouche, et, tout en se blessant peut-être, on jetterait certainement l'alarme. Me voilà très inquiet.

Nous n'avons pas le temps de nous ennuyer trop. Quelqu'un crie derrière nous, à voix couverte :

— Venez vite, vite !

C'est le sergent, qui nous apprend que la colonne s'est remise en marche. Il faut retourner à la maisonnette où nous étions, afin de prendre nos sacs. Je trouve bien ma couverte, mais ma toile et mes piquets de tente ont disparu. Sur la cheminée de la pièce où nous nous trouvions, j'avise un énorme morceau de sucre — le sommet d'un pain — je le glisse dans ma musette et je me précipite dehors, très chagriné de la perte d'une partie de mon équipement. Mais le capitaine, quand j'ai rejoint la compagnie, me rassure au sujet de cet accident.

Et le mouvement de retraite recommence. On va toujours avec une lenteur désespérante. Il nous est recommandé de ne faire aucun bruit, et nos quarts de fer blanc sont attachés, afin qu'ils ne tintinabulent pas. Parfois, des ressauts se produisent : la colonne se distend, s'allonge et l'on marche très vite. Puis nouvel encombrement, on s'arrête, on piétine. Ce qui est surprenant, c'est que l'ennemi se tient tranquille. Entassés que nous sommes sur cette route, il pourrait faire un véritable carnage. Tout le monde est étonné de cette inaction. Soudain une bombe éclate, dans un champ, non loin de nous; une lueur rouge brille quelques instants et éclaire une vaste surface. C'est une bombe de magnésium, dit-on. L'effet est très curieux : on dirait un feu de bengale. Elle est bientôt suivie de plusieurs autres et, à chaque coup, je vois toute la longue file de troupiers, les compagnies de tête du bataillon, s'écraser au ras du sol. Qui verrait cela en spectateur pourrait croire que c'est une manœuvre apprise avec soin, tant le mouvement est exécuté d'ensemble, avec précision. Alors les fusils, les sabres, les gamelles, les plats, les quarts, toute la ferblanterie s'entrechoque et sonne comme des clochettes. Ce serait très amusant s'il n'y avait aucun danger. En un clin d'œil, dès que la lueur rouge indique que ce n'est pas un obus qui tombe, mais une presque inoffensive bombe éclairante, tout le monde se redresse, pour se jeter à plat ventre, quelques minutes après, au coup suivant.

Nous atteignons Rosny. Sous le fort, qui domine toute la plaine, nous apercevons au loin la campagne blanche de neige, la lune s'étant de nouveau dégagée des nuages, une lune claire et froide de décembre. Assurément, les Prussiens doivent nous voir, à présent. C'est là qu'ils vont nous canonner, car le fort et le village, aux fenêtres duquel il ne reste pas une vitre, ont été bombardés sans relâche, plus que tout autre point. Aussi avons-nous hâte de descendre le versant qui regarde Paris. Mais les Prussiens ne tirent pas. Ils ont perdu là une belle accasion de massacrer des Français.

Enfin, nous voici dans la plaine, puis dans le village de Montreuil. Je suis si fatigué que je me demande si la petite lueur indécise qui pointe dans le ciel, annonce l'aube, — ou si c'est le crépuscule qui commence. J'ai perdu la notion du temps. J'ai fini par marcher sans le savoir, en dormant, si bien que j'ai laissé tomber, sans m'en être aperçu, l'énorme morceau de sucre que j'avais ramassé dans la maisonnette des bords de la Marne et que, pressé par la faim, je m'étais mis à grignotter le long de la route.

Au jour, nous franchissions les fortifications.

CHAPITRE V

*En face du Bourget — Les tranchées. — Saint-Denis en feu
Famine. — Journée du 19 janvier.— Fin du siège.*

Depuis trois mois que Paris était investi, rien n'avait été fait pour le débloquer. La misère devenait plus aiguë, les vivres et le combustible se faisant plus rares. Cependant, le jour de l'an avait été fêté selon la coutume. Les plus beaux cadeaux qu'on pouvait offrir à ses proches, à ses amis, eussent fait rire en tout autre temps. C'était une poignée d'oignons, un chou, quelques pommes de terre, de la viande, — une denrée quelconque. Mais ces souffrances n'auraient pas compté si la défense avait été ce qu'elle devait être.

Le 4 ou 5 janvier, mon bataillon repartait pour les avant-postes. Cette fois, nous n'allions pas loin; nos cantonnements devaient être à Aubervilliers, et nos grand'gardes dans la plaine, en face du Bourget.

C'est là, aux portes de Paris et dans les tranchées qui s'étendaient de la Suiferie à la Courneuve, que je me suis le plus profondément ennuyé et que j'ai le plus souffert. La grande tristesse de la situation influait sur les caractères. Les gens devenaient irascibles, querelleurs pour la moindre chose. La prolongation du froid, la nourriture de moins en moins substantielle, amenaient un malaise dont les effets se faisaient sentir d'une façon très vive. Puis il n'y avait plus l'imprévu ; l'espoir était perdu, et c'était la pénible monotonie dans la cruelle misère. Entre nous, nous étions féroces. Il y avait un malheureux garde, un ancien comédien, qui suait de peur au moindre bruit. Ne s'était-il pas avisé de porter une cuirasse sous ses vêtements ? Quand on s'en aperçut, ce fut une joie ! Lorsqu'on passait près de lui, on le heurtait dans la poitrine avec violence, pour entendre le son caverneux que rendait la cuirasse. Parfois aussi, on faisait « toc toc » avec un doigt, comme quand on frappe à une porte. Et c'était des quolibets sans fin !

A Aubervilliers, toute la compagnie était casernée dans une maison de quatre étages. Chaque escouade occupait une ou deux chambres, selon la grandeur de chaque pièce. Le premier jour, dès l'arrivée, on était allé à la corvée du bois. Un immense hangar, affecté à je ne sais quel usage, avait disparu en moins d'un quart d'heure. Les plus gros madriers, après que la toiture eut été jetée bas par les efforts d'hommes hâlant sur des cordages, avaient été sciés sur place et emportés. En un rien de temps, on n'aurait plus trouvé trace de cette construction.

Le lendemain, une partie de la journée avait été employée aux exercices de l'école de bataillon. Mais nos officiers renoncèrent vite à nous faire pivoter ainsi. Manœuvrant mal, les « outranciers » étaient l'objet des quolibets des soldats réguliers, qui venaient nous voir, « pour rire ».

Le soir, vers dix heures, nous partions pour prendre la grand'garde. C'était toujours de nuit que l'on relevait, et sans faire de bruit, pour ne pas éveiller l'attention de l'ennemi. Comme il pleuvait ou neigeait alternativement, le ciel était couvert et l'on ne voyait point à vingt pas devant soi. Ces marches dans les ténèbres étaient sinistres.

Quand nous arrivâmes dans les tranchées, nous nous imaginions tous voir un ouvrage considérable et bien aménagé, avec remblais, épaulement et le reste. Mais quelle déconvenue ! Les tranchées étaient étroites à ne point laisser passer deux hommes de front. Taillées en cuvette, inégales, elles étaient de difficile accès et nous glissions et tombions même à tout instant, — il pleuvait cette nuit-là; — en fait de remblais on avait simplement rejeté, sur le bord tourné du côté de l'ennemi, la terre extraite de ces fossés qui n'avaient guère, par endroits, qu'un mètre de profondeur. Ces tranchées étaient de celles qu'une armée creuse hâtivement, pour une seule journée de bataille, mais elles n'étaient certes pas ce qu'elles devaient être pour entrer dans l'ensemble des défenses d'une place assiégée. En avant, à une distance d'une centaine de mètres, des trous, où un homme pouvait se cacher entièrement, avaient été pratiqués. On les appelait des « trous de loups » et l'on y mettait une sentinelle. Dans les tranchées, il était défendu de faire du feu, de dormir, de s'éloigner et même de fumer. Mais ces prescriptions n'étaient pas rigoureusement observées. On fumait, surtout, pour lutter contre le sommeil, une véritable torture quand le froid engourdisseur sévissait avec plus de force. On restait vingt-quatre heures dans ces tranchées. Vingt-quatre autres heures encore étaient passées dans ce qu'on appelait les réserves. La nôtre était située à environ un demi-kilomètre en arrière, dans la batterie ou redoute dite « des Moutons », assise sur la route de Flandre, à l'intersection de plusieurs chemins.

Voilà ce que j'appris sommairement, la première nuit que je passai dans la tranchée. Au matin, je pus me rendre compte de tous ces détails et examiner le paysage. Nos lignes formaient une courbe qui s'en allait sur la gauche, vers un gros pâté de maisons, la Courneuve. Un peu en avant et aussi un peu sur la gauche de ce village, on apercevait Saint-Denis dont la cathédrale se détachait sur l'horizon. A notre droite, à environ deux cents pas, près de la route, un grand bâtiment triste et noir, méchante bicoque délabrée qu'on appelait la Suiferie. Devant nous la plaine, coupée par un long mur blanc, au-delà duquel on voit poindre les toits de tuiles rouges de quelques maisonnettes perdues dans des bouquets d'arbres, dont les branches dénudées nous auraient fait joliment plaisir pour une bonne flambée.

C'est le fameux mur du Bourget que les marins ont escaladé deux fois, lors des deux grandes batailles qui se sont livrées au nord de Paris. Les Prussiens sont là, derrière ; le mur est crénelé. Je me demande comment il se fait qu'il soit encore debout. Pourquoi n'y a-t-on pas pratiqué des brèches, lors des deux attaques ? Pourquoi surtout n'a-t-il pas été jeté bas à coups de canon ? Le fort d'Aubervilliers, la Couronne, la redoute « des Moutons » et les différentes batteries élevées dans ces parages auraient pu faire cette besogne ! Mais non, et s'il faut encore reprendre le Bourget, on devra de nouveau escalader le mur maudit au pied duquel tant des nôtres sont tombés ! Est-ce de l'idiotie ou de la trahison ?

La journée se passe, tranquille. On ne dirait pas que l'ennemi est si près. Vers quatre ou cinq heures, des hommes de corvée nous apportent la soupe : une eau à peine grasse, d'aspect sale, et froide, où nagent quelques morceaux de pain et un bout de viande, — nerfs et muscles, — gros comme le pouce. La nuit vient. Deux fois, je vais en sentinelle dans un trou de loup. Les yeux au ras du sol, je ne pouvais être surpris, malgré l'obscurité, car une silhouette d'homme se détacherait nettement sur l'horizon pourtant restreint. A minuit, nous sommes relevés. On part sans bruit et nous entrons dans la redoute où quelques baraquements sont élevés. Là on fait du feu. Mais la fumée est tellement intense que c'est une douleur de rester dans cet étroit espace. On monte des factions, on fait des patrouilles. Le jour venu, on se promène dans les alentours, pas très loin, car nous nous imaginons tous que l'ennemi peut attaquer à l'improviste. Puis nous retournons à nos cantonnements, pour reprendre la grand'garde le lendemain à minuit. A Aubervilliers, on vend des journaux. Nous apprenons que la sourde canonnade entendue, c'est le bombardement des fort du sud. Les boulets prussiens ont dépassé les fortifications et sont tombés dans divers quartiers de la rive gauche. Des enfants, des femmes ont été tués. L'ennemi tire à toute volée. Il ne respecte même pas le drapeau de la croix de Genève, hissé sur nos hôpitaux. C'est ainsi que la coupole du Val-de-Grâce est trouée par les obus. La population est calme, dit-on. Le bombardement ne fait que surexciter son énergie et il est plus que jamais question de résister à outrance.

Nous restâmes une huitaine de jours dehors et nous rentrâmes à Paris. On était tellement habitué aux émotions du siège qu'on ne prêtait guère plus d'attention à quoique ce fût. Quand on était à Paris pour quelques jours, la grande occupation consistait à chercher des provisions de bouche, qui devenaient d'une incroyable rareté. Je me souviens d'être allé, rue Saint-Honoré, acheter six sous de pain chez un boulanger qu'on m'avait signalé comme étant mieux approvisionné. Je pus avoir ce pain, mais il fallut force diplomatie et toute l'influence d'un client du quartier, ami intime dudit boulanger. Ce pain était composé avec et tout, excepté de la farine. On y trouvait de la paille, des graines d'avoine, du millet et un tas de choses qu'on ne pouvait reconnaître. J'avais un tel dégoût pour cette nourriture, qu'il m'était impossible de manger mes trois cents grammes, et j'étais heureux quand j'allais aux avant-postes, car les troupes avaient encore du pain de munition, pain bien mauvais, mais qui, à côté de l'autre, pouvait passer pour du gâteau. J'en avais rapporté un d'Aubervilliers, et le soir, en famille, on l'avait mangé comme un fin régal, avec solennité même.

Nous n'eûmes pas longtemps à nous reposer. Au bout de quatre ou cinq jours, nous repartions pour Aubervilliers, et nous y restâmes jusqu'à la fin de la tragédie.

Beaucoup d'hommes malades de fatigue et de privations n'avaient pas, cette fois, répondu à l'appel. Nos rangs étaient fort diminués et le service devait être plus dur. Il le fut en effet. Quand nous n'étions pas en réserve aux « Moutons » ou de grand'garde aux tranchées, le temps se passait en corvées. L'obéissance des premiers jours avait fait place à l'indiscipline et les carotteurs, les paresseux se tirant toujours d'affaire, la peine retombait sur les autres. Dans mon escouade, sous prétexte que j'étais le plus jeune, on m'aurait volontiers donné le rôle de « maître Jacques ». Aller chercher du bois, faire et entretenir le feu, faire la cuisine, — peu compliquée, il est vrai ! — balayer la chambre, etc. Je regimbais et de violentes querelles surgissaient entre moi et les autres, surtout avec le caporal, duquel on obtenait tout avec un petit verre. Moi, je n'avais rien à lui offrir, tandis que mes compagnons, tous des commerçants du même quartier, ayant le gousset garni, payaient de bonnes « tournées » aux gradés susceptibles de se laisser corrompre. Ma vie était devenue intolérable. Un soir, furieux d'un passe-droit à mon préjudice et des nargues du caporal, — car il ne lui suffisait pas d'être injuste à mon égard, il fallait encore qu'il se moquât de moi — j'envoyai cette brute se faire f..., et comme il levait la main, je le menaçai de lui casser la tête à coups de crosse. Ce jour-là, nous avions pris un maigre chat, qu'on avait arrangé en gibelotte avec des oignons conservés dans le vinaigre ; on s'était procuré du cheval, qu'on avait fait rôtir, et la fête avait été complète. Or, le chenapan voulait me faire laver les plats, les assiettes et les verres, — le tout emprunté à un marchand de vins,— le soir même, tout de suite. Or, j'étais fatigué, ce n'était pas mon tour de corvée, je demandai qu'il désignât au moins quelqu'un pour m'aider. Refus, contestation, dispute. Le drôle parlait de me faire passer au conseil, pour refus de service. Il gueulait à faire crouler les murs. Les sergents vinrent, je m'expliquai, et tout rentra dans l'ordre, c'est-à-dire que la vaisselle resta sale. Mais, pour l'exemple, je fus puni d'un jour de prison.

Le lendemain matin, au petit jour, quatre hommes de garde vinrent me cueillir dans la chambrée, pour me conduire « au bloc. » J'étais plus humilié qu'un malfaiteur entre des gendarmes. La prison n'avait rien de sombre. C'était une boutique de boucher, dont la grille était fermée. Nous étions trois prisonniers. A travers les barreaux, les allants et venants pouvaient nous voir, et quoiqu'il y eut un factionnaire chargé d'éloigner les passants, des curieux ne manquaient pas de stationner et s'amusaient de nous. Ils nous traitaient comme les badauds traitent les animaux au Jardin des Plantes. Elle ressemblait assez, en effet, à une cage, cette prison.

Un de nos deux compagnons de captivité était une espèce de bohème qu'on avait enrôlé de force et qui, détestable soldat, était toujours réprimandé par les chefs. C'est lui qui, le jour de la distribution des effets, ayant reçu une énorme paire de godillots trop grands et par conséquent très lourds, s'écriait : « Je ne pourrai jamais courir avec ça, s'il fallait battre en retraite ! » Ce type était très divertissant. Loin d'être vexé de la mesure prise envers lui, il en riait et disait qu'il aimait mieux ça que de faire l'exercice ou des corvées. Il blaguait, répondait aux lazzis de ceux qui nous plaisantaient, et avait toujours le dessus. Quand il voyait passer un officier, il chantait plaisamment, d'une voix dolente, la vieille et célèbre romance :

« Pauvre soldat, prisonnier des barbares,
« La joie au cœur. . . . .

La veille, après l'altercation avec le caporal, j'étais allé trouver le capitaine pour le prier de me faire entrer dans la 1ʳᵉ compagnie, entièrement composée de volontaires, la plupart de tout jeunes gens. Le capitaine m'avait consolé, tout en me reprochant de vouloir le quitter, et il m'avait dit qu'il me ferait changer d'escouade. Or, le soir, quand je fus relâché, — on ne laissait pas, la nuit, les hommes punis de prison dans la boutique du boucher, car on les aurait retrouvés morts de froid le lendemain matin, — je me présentai à la chambrée. C'était l'heure de la soupe, et j'avais faim. Je demandai ma gamelle.

— Tu ne fais plus partie de l'escouade, me répond le caporal. Va-t-en où tu voudras.

Je vais voir le capitaine, qui était à table avec les autres officiers.

— Allez à la seconde, me dit-il.

Je vais à la seconde escouade. Mais comme les hommes de le première s'étaient chargés du soin de me faire une réputation aussi mauvaise qu'injustifiée, le caporal me déclare que son escouade étant au complet, il ne voulait pas prendre un homme de plus.

— Voyez à la troisième, me dit-il, il y a des hommes manquant.

Je me rends à l'avis. Mais à la troisième, ce ne sont pas des camarades, et, soupçonneux, grincheux comme on l'était à la fin du siège, ils ne veulent pas d'un compagnon inconnu.

Je retourne vers le capitaine et lui raconte mes tribulations. Il fait venir un sergent, lui demande où l'on pourrait bien me placer, et le sergent indique la sixième escouade. Je cherche la sixième et finis par la trouver dans une maison voisine.

— Bonsoir, je viens de la part du sergent X, pour être de votre escouade.

— Non ! non ! C'est assommant ! nous ne voulons de personne.

— Pourquoi?

— Parce que, me dit un caporal qui était borgne, plus laid et désagréable d'aspect que celui que j'avais voulu quitter, parce que.....

Je me précipite pour retrouver le sergent qui m'accompagne, et mon admission dans la sixième escouade se fait alors sans difficultés.

On me demande d'où je viens. Je narre, et l'on me fait assez bonne figure.

— A la soupe! dit le cuisinier; vos gamelles!

Je lui présente la mienne.

— Il n'y a rien pour vous; nous n'avons pas reçu vos vivres, n'est-ce pas?

— Mais cependant...

Il n'y a pas de « cependant ». Nous n'avons de vivres que juste pour nous. Allez à votre ancienne escouade, demain nous verrons.

Vraiment, j'étais très mécontent d'avoir à me représenter à mes anciens camarades qui avaient demandé, en même temps que moi, que je ne fisse plus partie de leur bande. — Comme ils avaient toujours des douceurs à se mettre sous la dent, les uns parce qu'ils étaient marchands de denrées coloniales et de comestibles, les autres parce qu'ils avaient de l'argent, j'étais de trop à la popotte, n'y apportant que ce qui m'était donné par le gouvernement. Mais j'avais faim, et la faim parla plus haut que la dignité.

— Je viens encore manger ce soir, dis-je en entrant, puisque vous avez reçu mes rations.

— Nous n'avons reçu que du riz, me dit-on; nous ne l'avons pas fait cuire, voilà le sac, prends ce qui te revient...

Je me brossai le ventre ce jour-là, ne pouvant faire cuire une poignée de riz pour moi seul, n'ayant même plus de pain; et, le soir, on tenait la garde!

Ce fut une des nuits terribles du siège. Les batteries prussiennes de Stains avaient ouvert le feu et elles criblaient d'obus Saint-Denis, quartier général de la défense au nord de Paris, et tous les ouvrages qui en dépendaient. Au matin, le feu cessa un peu, pour reprendre avec plus de vivacité vers midi. Mais, le baptême d'Avron nous avait bronzés, et le bombardement ne produisait sur nous qu'un effet relativement médiocre. De temps à autre, les obus destinés à la redoute « des Moutons », tombaient en deçà et au-delà des tranchées. Mais la terre étant détrempée, la plupart n'éclataient pas. Ils s'enfonçaient dans le sol en creusant un trou d'une telle profondeur, qu'en y plongeant un canon de fusil on n'atteignait pas le culot de l'obus. Un d'eux tomba dans la tranchée sans faire de mal. Au son, l'on pouvait suivre leur trajectoire dans l'air, et nous en étions arrivés à deviner le point où ils iraient éclater ou se perdre.

Les jours se suivaient sans incidents notables. Les Prussiens ne se montraient pas, et quand on en voyait, par hasard, il était défendu de leur tirer dessus. Eux-mêmes ne tiraient pas. On pouvait circuler en dehors des tranchées, entre nos lignes et les leurs, sans courir de danger. Une trêve tacite existait aux avant-postes, entre eux et nous. Ainsi, quand des gardes nationaux s'aventuraient un peu trop près du mur, alors qu'ils étaient à la recherche de quelques légumes gelés, abandonnés dans les champs, les sentinelles prussiennes, sortant de leurs abris, les avertissaient du geste et de la voix qu'ils devaient ne point avancer plus. Par exemple, il ne fallait pas se promener en avant des tranchées avec son fusil, car c'était alors des balles qui vous invitaient à rétrograder. Quelques fois, cependant, la trêve n'était pas observée, quand la grand'garde était prise par des bataillons qui sortaient pour la première fois. Un jour, à la droite de notre compagnie étaient placés les hommes d'un bataillon qui n'avait jamais quitté Paris. S'imaginant sans doute que dans les tranchées et aux avant-postes on était en état de perpétuel combat, quelques-uns d'entre eux s'étaient avancés dans les trous de loup, et là se livraient au plaisir de la cible, non contre les Prussiens qu'ils ne pouvaient voir, mais contre le mur du Bourget. On les pria de ne pas continuer, ce dont ils se montrèrent très étonnés.

Un soir, vers dix heures, nous étions revenus des tranchées le matin et nous avions passé tout notre temps à nous nettoyer, le clairon sonna de tous côtés.

Un instant après, les officiers entraient dans les chambres, criant :

— Debout! debout!

On nous faisait prendre seulement notre musette pour y mettre tous nos paquets de cartouches, et cinq ou six bataillons de garde nationale, par une pluie battante, s'ébranlaient au pas de course vers les lignes avancées que les Prussiens attaquaient. Quand nous arrivâmes non loin de la redoute de Flandre, on percevait nettement le bruit de la fusillade. Tout le monde était content. Se battre, enfin! Mais, bientôt après, le bruit cessait et, arrivés à la Suiferie, nous apprîmes que c'était une fausse alerte. Les bataillons de grand'garde avaient fusillé, pendant une heure, des ombres nées de l'imagination d'une sentinelle qui avait fait feu et s'était repliée. Les Prussiens ne tirèrent pas un coup de fusil. Nous regagnâmes nos cantonnements à quatre heures du matin, trempés et mécontents.

La gelée avait repris, et c'était bien préférable. Mais alors, on avait à combattre l'engourdissement et le sommeil causé par le froid. Ah! que de fois, la nuit, dans la tranchée, je me suis assoupi, les coudes appuyés sur le remblai, ne pouvant plus résister à l'envie de dormir, envie presque invicible, car, dans l'obscurité, nulle occupation que le guet ne pouvait distraire l'esprit. Mais les officiers, qui faisaient sans cesse leur ronde, troublaient le dormeur, qui, réveillé en sursaut, battait la semelle tout en maugréant. Là où le sommeil était le plus redoutable, c'était en sentinelle perdue. Dans ce trou où l'on disparaissait jusqu'à la poitrine, où l'on ne pouvait se mouvoir, l'immobilité forcée amenait vite la torpeur, à laquelle il fallait résister quand même. Dans la tranchée, en cas de surprise, les camarades étaient là, qui ne dormaient pas tous;

mais dans ce trou, au fond duquel il y avait souvent dix centimètres d'eau quand il pleuvait, on pouvait être assailli, entouré et, au pis aller, on ne se serait réveillé que trop tard, quand la fusillade aurait été engagée. Souvent, pour résister au sommeil, malgré les obus qui tombaient dans nos lignes, je grimpais sur le rebord de la tranchée, et je marchais aussi vite que possible, en faisant les cent pas. « Vous allez vous faire tuer ! » me disait-on. Mais c'était plus fort que moi, et je souhaitais, par moments, de recevoir une blessure, pour être enfin couché dans un lit où je pourrais dormir.

Quand il gelait, particularité assez curieuse, on souffrait moins du froid que par un temps de pluie, c'est-à-dire qu'on se réchauffait plus facilement en marchant un peu, tandis qu'on avait vite les pieds humides dans la boue des tranchées où l'on enfonçait jusqu'à la cheville.

Une nuit, par une pluie diluvienne, tourmenté par le froid et le sommeil, je voulus aller jusqu'à la Suiferie, distante de deux ou trois cents mètres, pour m'abriter et me chauffer, car ce bâtiment servait de corps de garde et on y faisait du feu. Mais, pas plus là que dans les baraquements de la redoute, je ne pus rester, à cause de la fumée que je n'ai jamais pu supporter. Je sortis donc, et j'eus à me féliciter, dans la circonstance, d'avoir des bronches délicates. Je n'avais point fait dix pas qu'un obus tombait sur la Suiferie, au milieu de l'un des groupes de soldats et de gardes nationaux accroupis autour des feux. La curiosité me fit rentrer, et je vis cinq ou six hommes étendus sur le sol, atteints d'affreuses blessures. L'un d'eux, un garde national, avait eu la figure emportée, non par un éclat, mais par l'obus même. Il était encore assis, les mains sur les genoux ; le derrière de la tête seul était resté, et une partie de la peau du crâne, avec les cheveux, retombait sur la plaie rouge qui avait été le visage. Et c'était à ce feu que je m'étais tenu quelques minutes, aveuglé, suffoqué par la fumée ! Quelques secondes de plus, et j'étais au nombre des tués ou des blessés.

La Suiferie était du reste un endroit dangereux, car les Prussiens la canonnaient parfois avec soin. Mais les obus nous ont toujours fait plus de peur que de mal, et l'on y était si bien habitué qu'on n'y prenait plus garde. Où ils étaient le plus à craindre, c'était dans la redoute. Elle était très peu abritée ; les épaulements, très bas, ne préservaient pas du tir de l'ennemi qui, établi sur les hauteurs de Stains, faisait un feu plongeant fort gênant. Il tirait surtout la nuit, pour nous impressionner davantage, et rien n'était en effet plus pénible qu'une faction dans l'intérieur de la redoute. Là, il ne fallait pas espérer pouvoir se dérober aux projectiles derrière un obstacle quelconque. On n'avait d'autre ressource que de se jeter à plat ventre, lorsque l'obus éclatait. Aussi, quand j'étais en sentinelle et que mes regards pouvaient passer pardessus le retranchement, je guignais sans cesse l'horizon, afin d'apercevoir la lueur fulgurante du coup de canon. Alors je tendais l'oreille pour entendre le sifflement du projectile et me rendre compte du but de sa course. Mais quand l'ennemi était sous le vent, c'est à dire quand le vent soufflait du sud, on n'entendait alors ni le sifflement ni la détonation, et si, avec cela, l'on était placé de manière à ne pouvoir distinguer la lueur rougeâtre du coup de canon, l'on n'é-était averti que par le choc et les ronflements stridents de l'obus, lorsqu'il éclatait. Beaucoup de sentinelles furent tuées ainsi, et l'on ne s'en apercevait que quand on allait pour les relever de faction.

La vie devenait de plus en plus triste. L'abrutissement particulier des camps nous gagnait. La fatigue, le manque de nourriture, car les vivres n'étaient plus distribués avec régularité,— un pain de trois livres ne devait plus faire deux jours, mais quatre et souvent cinq jours, la viande était aussi rare, le riz manquait, — les émotions répétées avaient usé nos nerfs, et l'existence était toute machinale. On en était arrivé à souhaiter la capitulation, à moins qu'une grande sortie ne fut tentée. Nous ne demandions qu'à nous battre. Familiarisés avec le canon et la fusillade, par un long séjour aux avant-postes, nous étions bien réellement soldats.

Si le bombardement avait redoublé d'intensité, nous ne ripostions que faiblement. Une fois, étant allé du côté de la Courneuve avec quelques camarades, nous entrâmes dans une petite batterie composé de trois pièces de sept, établie entre deux maisons de paysan, sur la route. Après avoir causé quelques instants avec le chef, — un maréchal-des-logis récemment promu lieutenant, — je lui demandai pourquoi il ne tirait pas.

— C'est, me dit-il, parce que ce serait provoquer inutilement l'ennemi, et nous n'avons que six obus par pièce.

Il ne me cacha pas, du reste, son profond découragement et celui de ses hommes.

— Je comprendrais qu'on allât de l'avant, grommelait-il ; mais nous laisser ainsi sans munitions, sans pain, avec défense de tirer, exposés au feu des Allemands, c'est de la sauvagerie. Si l'on ne veut pas se défendre sérieusement, pourquoi ne pas l'avouer? Mais, depuis le temps que ça dure, nous en avons assez.

Ce militaire exprimait nettement la pensée de tous. Peut-être avait-il tort de le faire devant des inférieurs, des gardes nationaux, mais en somme il était excusable.

Six coups par pièce ! Je n'en revenais pas de surprise. Les munitions manquaient-elles donc ? Nous ne pouvions faire une autre supposition. Et quand on songe que, pendant la Commune, il y eut un gaspillage affreux de poudre, le fait que je viens de citer ne paraît pas croyable, et cependant il est d'une exactitude absolue. Le lieutenant mentait peut-être, soit pour justifier l'inaction de sa batterie, soit pour se moquer de nous? Eh bien, non ! Nous vîmes les obus alignés sur le sol, dans la poudrière : il y en avait dix-huit, pas un de plus.

A Saint-Denis, qui, bombardé depuis deux jours, offrait un aspect lamentable, même abattement. Les soldats, hâves, déguenillés, n'en pouvaient plus de veilles prolongées, de faim et de froidure. Ils nous regardaient passer dans les rues sales et tristes, encombrées de gravats, avec des regards où perçaient la colère et l'envie. Nous représentions la guerre à outrance et, dans leur esprit, nous étions la cause de la prolongation d'un siège dont l'issue fatale était une capitulation. Le fait est qu'ils pouvaient en vouloir à la garde nationale. Généralement, après de courtes apparitions aux avant-postes, les hommes du bataillon de marche rentraient à Paris, se reposaient chez eux, et pouvaient ainsi plus aisément supporter les horreurs du siège. Puis, les trente sous étaient un motif de plus, de la part des soldats, pour nous voir d'un mauvais œil. Cette inégalité de traitement et de payement entre les combattants a porté la plus grave atteinte à l'harmonie de la défense. Il était pourtant facile de supprimer cette cause de désordre, en faisant des gardes nationaux mobilisés de véritables soldats, soit en les incorporant dans les régiments de ligne, soit en assimilant leurs bataillons à l'infanterie régulière.

Il y avait deux lignes de tranchées parallèles, séparées l'une de l'autre par une distance de deux ou trois cents mètres. Dans la première, c'était le bataillon tout entier qui montait la garde. Dans la seconde, c'était des compagnies détachées du bataillon, qui était alors en réserve, dans la redoute de la route de Flandre. On était tantôt en première ligne, tantôt en seconde.

Or, un matin, étant en première ligne, — nous avions relevé comme de coutume, à minuit, — dès que le jour permit de voir un peu loin, nous fûmes très intrigués par deux boursoufflures de terrain, qui n'existaient pas auparavant, et qu'on apercevait à environ deux cents pas de la tranchée. A la pluie avait succédé la neige, qui étendait son uniforme blancheur sur toute la plaine et recouvrait, en empêchant de les distinguer nettement, ces deux renflements qui nous inquiétaient. L'ennemi, paraît-il, depuis les trois jours que nous n'étions pas venus aux tranchées, avait perdu de sa bénévolence, et il était dangereux de s'aventurer dans les champs. Un de nos camarades, très entreprenant, avait voulu aller voir ce qu'il y avait sous ces deux bosses de neige ; mais quelques balles sifflant à ses oreilles, l'avaient déterminé à revenir sur ses pas. Or, on nous dit, dans la journée, que ces deux bosses neigeuses étaient les corps de trois soldats qui avaient été tués en voulant s'avancer trop loin, et qu'ils étaient restés là où ils étaient tombés, sans que personne eût osé aller les relever. Je n'ai jamais su si cela n'était qu'un racontar ou si c'était la vérité. Mais, pendant toute la journée et celle du lendemain, ces deux éminences attiraient invinciblement nos regards et nous inspiraient de pénibles réflexions.

Il y eut, en somme, peu de monde tué aux tranchées. Cependant, je fus témoin de plusieurs morts malheureuses, dues surtout à l'imprudence des victimes. Ainsi, un mobile s'étant avancé vers le Bourget, sans s'arrêter alors que les Prussiens lui criaient de s'en aller, — nous supposions, nous, que ce pauvre garçon voulait déserter, — reçut plusieurs coups de fusil. Il fut tué net, car il ne bougea plus. Un autre jour, un sergent de garde nationale fut tué aussi d'une balle en pleine tête, alors qu'il franchissait un des intervalles laissés entre la tranchée, intervalles nécessités pour le passage de l'artillerie, en cas de bataille. Cet homme, au lieu de se dépêcher, allait en flânant, les mains dans ses poches, s'offrant ainsi comme une cible, pendant deux ou trois minutes.

Il y eut une nuit terrible. Ce fut celle où Saint-Denis brûla, en partie incendié par les obus. Les Prussiens bombardaient sans répit la ville, les forts, les tranchées, comme à Avron. Les flammes tourbillonnaient et leur lueur rouge se reflétait sur la neige qui prenait des tons sanglants. Nous nous attendions à une attaque. Les grand'gardes et les réserves avaient été renforcées. Mais les Prussiens se gardèrent bien de donner l'assaut. Supérieurs en artillerie, ils savaient bien qu'ils triompheraient plus sûrement, sans pertes d'hommes, en nous canonnant.

C'est le lendemain de cette nuit horrible que j'achetai dix francs un pain de munition, à un soldat qui en avait deux. Vraiment, la situation était déplorable et ne pouvait plus durer longtemps. La famine était trop grande. Manger n'importe quoi, endurer le froid, la fatigue et l'ennui, cela se peut. Mais ne plus manger qu'un jour sur deux, à peine, c'est au-dessus de toute vaillance et bonne volonté. Beaucoup d'hommes étaient tombés malades, si bien que nos effectifs étaient peu nombreux. Sur cent et quelques, notre compagnie ne comptait plus que soixante gardes, et encore ceux qui restaient étaient-ils fort éprouvés.

Le bruit qu'une grande sortie allait être tentée, toujours pour donner la main aux armées de province, commençait à courir; et bien que l'espoir eut été trompé plusieurs fois, la confiance renaissait peu à peu. « La trouée, la trouée! » on n'entendait que ce mot. C'était l'éternel sujet de conversation. Et cette fois, c'était pour tout de bon, c'était la sortie torrentielle. La garde nationale donnerait. On supputait autour du feu, à la chambrée, — car dans les tranchées on causait peu, — le nombre de bataillons qu'on pouvait engager. Deux cents au moins étaient armés. Avec la troupe, ça faisait au moins quatre cent mille hommes à lancer sur l'ennemi. Et comme chaque garde était un stratège, on échafaudait plans sur plans. Les uns pensaient qu'on sortirait encore du côté de la Marne, les autres tenaient pour la presqu'île de Gennevilliers, les autres pour le nord, en s'appuyant sur Saint-Denis; les autres, en plus grand nombre, et l'événement leur donna raison, opinaient pour qu'on marchât sur Versailles.

Or, un soir, on sonna au bataillon pour partir en grand'garde, et comme nous en étions revenus le matin même, comme nous étions éreintés, il y eut une petite mutinerie.

— C'est toujours aux mêmes à marcher ! Il y a des bataillons qui ne sont pas encore sortis, — ce qui était vrai, — qu'on les fasse venir pour nous relever ! Nous n'en pouvons plus... Qu'on nous mène au feu, mais à la tranchée, non !

Voilà ce qu'on entendait, et les hommes restaient dans les chambrées, malgré les ordres, les exhortations des officiers, et le clairon qui claironnait sans trêve. Beaucoup se déclarèrent malades, et beaucoup furent reconnus tels par le major.

J'étais très fatigué et j'étais du nombre des récalcitrants. Je trouvais en effet que les choses n'étaient pas ce qu'elles devaient être ; qu'il y avait des bataillons tout équipés et armés qui n'étaient pas sortis de Paris, que d'autres restaient cantonnés à Aubervilliers et n'allaient que rarement aux tranchées ; que les mobiles, dans les forts, étaient mieux traités que nous, etc., etc. Mais le capitaine G., nous prenant tous à part, nous remonta le moral et finit par faire descendre une quarantaine d'hommes. Quand nous fûmes sur les rangs, il prononça un speech d'une éloquence très militaire, dans lequel il disait que bien servir la patrie ne consistait pas dans des appréciations plus ou moins judicieuses sur la conduite des chefs; que de bons soldats ne se contentaient pas de tenir bravement devant l'ennemi, courage facile, en somme, mais qu'ils savaient endurer, sans se plaindre, fatigue et misère, ce qui était encore plus méritoire ; qu'en ce moment, le gouverneur de Paris préparait une grande sortie à laquelle la garde nationale devait prendre part et que c'était pour cette raison que nous n'avions pas été relevés ; que refuser le service, en pareille circonstance, était une trahison, une lâcheté.....

Deux cent cinquante hommes environ partirent pour les tranchées. Cette nuit-là le bombardement fut très violent. Il cessa brusquement au matin. Mais nous entendions, venant du côté du sud, le bruit d'une formidable canonnade qui augmentait d'heure en heure d'intensité.

C'était la grande sortie qui s'effectuait vers Bougival, disait-on. De temps à autre, des nouvelles nous arrivaient par des gens venant de Paris. Elles étaient bonnes. Nos troupes avaient enlevé des batteries prussiennes et la route de

Versailles était dégagée. Le mont Valérien avait criblé d'obus les positions ennemies et les avaient rendues intenables. La garde nationale se montrait héroïque : Paris allait enfin être débloqué.

Nous étions fous de joie. Mais quelques-uns de nos officiers, tout en se montrant très satisfaits, se demandaient pourquoi le mouvement n'était pas secondé par quelques fausses attaques, qui auraient fait diversion et forcé l'ennemi à se garder sur toute la circonférence de ses lignes d'investissement. Pourquoi, en effet, ne tentions-nous pas d'enlever le Bourget, qui devait être dégarni d'une partie de ses défenseurs? Pourquoi nos batteries et nos forts ne tiraient-ils pas? Nous n'aurions certes pas réussi, sans troupes régulières, à enlever le Bourget, car, en rase campagne, notre solidité devait laisser à désirer. Mais le peu que nous aurions fait aurait contribué à l'attaque générale. Puis, qui sait, en une heure d'enthousiasme et de confiance, si nous n'aurions pas culbuté les Prussiens! Et cette idée était si forte, l'envie de prendre part à la grande sortie, de compter parmi les victorieux était si grande, qu'il y eut des conciliabules, en pleine tranchée, pour savoir si nous ne marcherions pas, même sans ordres. Je crois même qu'une délégation fut envoyée à Saint-Denis auprès du général commandant la place, pour lui faire part de notre désir, mais que le général, tout en nous complimentant beaucoup pour notre attitude, répondit qu'il ne pouvait rien faire; qu'il avait juste assez de troupes pour garder les positions de la défense desquelles il était chargé. Toutes celles qui étaient disponibles étaient parties pour prendre part à la bataille qui se livrait sous le Mont-Valérien. Il ajouta même que les dépêches qu'il recevait étaient excellentes, et que nous étions vainqueurs.

Nous restâmes donc dans nos fossés boueux, très chagrins de ne pas prendre part à l'action, mais nous consolant à la pensée que notre tour viendrait peut-être bientôt, car, Paris débloqué, on irait poursuivre l'ennemi en province. Et la nuit tout entière se passa ainsi à deviser sur les chances de victoire, sur la possibilité de rejeter les Allemands au delà de nos frontières.

Le lendemain, 20 janvier, nous apprenions la triste vérité : vainqueurs le matin à Montretout, à Buzenval ; vaincus le soir et forcés de battre en retraite, alors qu'il ne suffisait plus que d'un dernier effort pour atteindre Versailles. Et tout cela parce que nous avions manqué de quelques pièces de canon, parce que Ducrot était arrivé deux heures trop tard !

Notre consternation fut si grande que nous ne songeâmes pas à nous plaindre d'être restés quarante-huit heures d'affilée dans les tranchées, sans avoir rien reçu pour nous mettre sous la dent. Quand on nous releva, il y avait soixante heures que je n'avais mangé autre chose qu'un morceau de biscuit large comme la main. Les mieux partagés avaient mangé un biscuit entier et quelques carottes crues déterrées dans les champs, sous le feu de l'ennemi, qui n'avait plus son indifférence des jours précédents et nous canardait sans pitié dès que nous levions le nez au-dessus de nos terriers. Aussi pouvions-nous à peine marcher. Rentrés à Aubervilliers, notre première préoccupation fut de chercher des vivres. On nous distribua du biscuit et une poignée de riz par homme. Nous y ajoutâmes quelques légumes gelés, rapportés des avant-postes.

Nous restâmes encore jusqu'au 28 janvier à Aubervilliers, prenant tous les deux jours la grand'garde. Mais, bien que l'ennemi canonnât Saint-Denis et ses défenses avec plus d'opiniâtreté, rien ne nous intéressait plus. Le 22, on s'était battu dans Paris au cri de « La guerre à outrance ! » Mais le mouvement insurrectionnel avait échoué. Puis, nous qui avions été si long-temps en contact avec l'ennemi, nous comprenions bien que toute résistance était désormais inutile. Le moment était passé de tenter une sortie en masse. Les hommes ne tenaient plus debout, exténués et affamés qu'ils étaient. Le manque de vivres faisait prévoir une prompte capitulation. Le 27, nous apprimes qu'il allait y avoir un armistice. Le lendemain il était signé, et notre bataillon rentrait dans Paris.

Le siège était terminé, il avait duré quatre mois et douze jours.

CHAPITRE VI

Pendant l'armistice. — Le premier pain blanc et les premières pommes de terre. — Une promenade à Meudon. — Deux Prussiens. — La capitulation de Paris.

Pendant plusieurs jours, les Parisiens vécurent dans un état d'esprit difficile à définir. D'abord, ne plus entendre les grondements du canon, c'était là une habitude à prendre. Le calme, le silence pesaient. Puis, quoique satisfaits de voir terminée une lutte sans espoir, nous n'en éprouvions pas moins un regret, toute fierté à part: la vie militaire, en temps de guerre, a un attrait particulier qu'on ne peut comprendre sans l'avoir connu. Rentrés dans nos foyers, il nous manquait le plein air, le vagabondage dans les champs, l'imprévu, les fortes émotions que donne le danger. Par contre, ce qui paraissait agréable au suprême était de pouvoir franchir les fortifications sans être exposé à recevoir des obus sur le dos. Beaucoup allaient visiter les tranchées. Ceux qui avaient des vêtements civils les mettaient par décence, pour ne point étaler aux yeux de l'ennemi des uniformes de vaincus. Mais ceux qui n'avaient plus d'autres habits que les vareuses et les pantalons fournis par l'État, ne se gênaient pas. Une des clauses de l'armistice défendait cependant à tout soldat ou garde national de franchir les lignes ennemies; il fallait même être muni d'un laissez-passer visé par les autorités allemandes; mais on ne tenait pas compte de cette prescription. On ne prenait de laissez-passer que pour aller loin, et si les premiers jours il fut difficile de quitter Paris, la consigne étant rigoureuse, les promenades furent bien vite tolérées.

Dès les derniers jours de janvier, aussitôt qu'il avait été question d'armistice, le gouvernement, des commerçants et tous les particuliers, s'étaient préoccupés du futur ravitaillement. Aussi, dès le lendemain, des vivres arrivèrent. On les paya encore au poids de l'or; mais les pauvres gens allèrent eux-mêmes aux provisions dans la banlieue. J'y allai comme les autres. C'était un spectacle fort curieux. A cent mètres au plus des fortifications du nord de Paris, les Prussiens avaient établi un cordon de sentinelles pour empêcher le passage. Entre ces sentinelles, des uhlands allaient et venaient, incessamment. En certains endroits, surtout près des routes, à Aubervilliers, par exemple, où ils nous avaient remplacés, les Prussiens avaient élevé des clôtures en planches. Et un public nombreux, hommes, femmes, enfants, se pressait pour essayer de passer. Ceux qui avaient une permission étaient fort enviés. Parfois, un homme profitait de ce qu'une sentinelle avait le dos tourné, pour se jeter à corps perdu dans l'intervalle laissé entre deux factionnaires ; alors on voyait le Prussien courir de toute la vitesse de ses jambes après le délinquant, tout en vociférant. Souvent le cavalier piquait droit et ramenait, aux grands éclats de rire de tous, amis et ennemis, celui qui avait voulu violer la consigne. Souvent aussi, celui-ci réussissait. Et il faut bien le dire, les Allemands y mettaient une certaine complaisance. Il en était qui fermaient volontairement les yeux et faisaient signe à ceux qui voulaient passer d'avoir à attendre un peu. Les plus mauvais étaient les uhlands, qui jouaient quelquefois du bois de leur lance contre les obstinés. D'autres Prussiens, ceux qui n'étaient pas de faction, se chargeaient même de petites commissions. J'en ai vu qui prenaient le sac ou le panier d'une femme et qui rapportaient à celle-ci ce qu'elle avait demandé, pain, beurre, viande, pommes de terre, accompagnant la remise desdites provisions par d'énergiques *fourth! fourth!* — essayant ainsi de faire comprendre qu'ils seraient punis si leurs officiers les voyaient. Sans doute, il en était qui ne se chargeaient pas pour rien de ces petites commissions. Tous n'étaient pas désintéressés, et certains prélevaient un bénéfice. Mais il n'était pas exagéré ; loin de là, il était moindre, cela est triste et honteux à dire, que celui que prenaient nombre de trafiquants français. Un jour, j'ai vu à Saint-

Denis un sous-officier bavarois s'interposer nettement entre un marchand de légumes et une acheteuse, pour forcer le premier à vendre sa marchandise au cours normal.

Comment associer cette bonhommie des Allemands aux rapines qu'ils exercèrent et avec leur renom de voleurs de pendules ? Je ne sais. La guerre rend les hommes féroces et leur fait perdre toute notion d'équité. Ces Prussiens, considérant sans doute la guerre comme terminée, redevenaient, au demeurant, d'assez bonnes gens, de soudards qu'ils étaient huit ou quinze jours auparavant. Quelques-uns avec lesquels j'ai causé quelque peu, — beaucoup parlaient tant bien que mal notre langue, — enveloppaient dans la même malédiction Guillaume, Napoléon et Bismarck. La landwehr surtout n'avait aucune espèce d'enthousiasme pour ces trois personnages.

Mais si les soldats m'ont paru d'assez bons bougres, les officiers m'ont toujours produit un effet désagréable, abstraction faite, même, du sentiment de répulsion que l'on a pour des ennemis. Sans être insolents, ils étaient raides, cassants, pleins de morgue. Du moins ils me parurent tels. Il est vrai que ces défauts, — j'ai pu le constater plus tard en voyageant, — appartiennent en propre aux officiers de tous les pays du monde.

Sans doute, il aurait mieux valu ne pas voir de près les Prussiens, s'abstenir de tout contact avec eux. Il eût été plus digne de se tenir dans ses murs, loin des casques à pointes. Beaucoup de gens restèrent chez eux pour ne point voir nos ennemis et ne les virent jamais. Mon père, qui les avait en horreur, n'a jamais voulu dépasser les fortifications, par crainte d'en rencontrer un. Mais il faut tenir compte de la nécessité impérieuse qui contraignait les gens, surtout les pauvres, à franchir les lignes prussiennes ou, tout au moins, à s'en approcher. Ceux qui avaient de l'argent pouvaient avec facilité ne point sortir, puisqu'il leur importait peu de payer trois ou quatre fois leur prix les premières provisions de bouche qui entrèrent dans Paris. Mais les autres, les besoigneux, eux qui souffrirent le plus des privations du siège, les affamés, avaient grande envie et surtout grand besoin de manger aussi autre chose que l'infecte nourriture qu'ils avaient eue jusque là. A la rigueur, les hommes auraient pu attendre ; mais il y avait les femmes, les enfants dont il était bien odieux, quand on pouvait faire autrement, de prolonger le jeune atroce.

En revenant des tranchées, j'avais rapporté à la maison un chou, des poireaux et des choux-fleurs trouvés dans les champs, entre nos lignes et les lignes ennemies, légumes pas trop gâtés par les pluies et les neiges, et pour lesquels j'avais risqué ma peau. Ç'avait été un fier régal. Mais, de mon premier voyage à Saint-Denis, où j'avais pu pénétrer en escaladant une palissade mal gardée, près du canal, quand je rapportai une livre de beurre, deux pains de quatre livres, un gigot, un litre de haricots blancs, des oignons, ce fut une vraie fête !

Oh ! le premier morceau de pain blanc ! Quel poème gastronomique à faire ! Combien il fut mâché avec componction, savouré avec délices ! Le gigot, le beurré, les légumes nous paraissaient, à côté, de simples friandises desquelles on pouvait se passer. Mais le pain nous parut bien la vraie, l'unique, la plus noble nourriture de l'homme. Il n'est pas jusqu'à notre chien, objet de bien des convoitises dans le quartier, les derniers jours du siège, car il aurait pu faire, si maigre qu'il fut, un rôti passable pour l'époque, il n'est pas jusqu'à notre chien qui ne se réjouît du premier morceau de pain blanc que nous lui offrîmes. Il jouait avec, avant de le dévorer, comme un chat joue avec une souris ; il le faisait sauter en l'air, le retournait avec les pattes et le museau, le flairait, le léchait, l'admirait, manifestant sa joie par de rauques grondements, et il finit par le manger avec lenteur, comme une grande personne se délectant à un met savoureux.

Puis, peu à peu, le ravitaillement se faisant avec une grande rapidité, on s'accoutuma de nouveau à la bonne chère. De nouveau, aussi, la passion politique, amortie par la misère et la faim, reprit son cours. Malgré les affiches du gouvernement annonçant la signature de l'armistice et donnant connaissance des conditions imposées par l'ennemi, beaucoup de gens croyaient bravement qu'il ne s'agissait que d'une simple suspension d'armes, pendant la durée de laquelle seraient entamées de sérieuses négociations.

Le 8 février eurent lieu les élections. La liste des élus était fort panachée et les noms les plus obscurs étaient mêlés aux noms les plus illustres. J'avais voté comme la plupart des gens, par acquit de conscience, car la situation était si embrouillée que je n'y comprenais rien.

Deux épisodes ont marqué, pour moi, cette dernière période. Le premier m'est tout personnel. C'est une visite que je fis aux lignes prussiennes du sud de Paris, visite qui faillit me coûter la vie; le second est plus général, il a trait à la nuit qui précéda l'entrée des Prussiens dans la ville.

Voici le premier :

Un matin, en compagnie du père et du frère de la jeune fille dont j'étais si naïvement amoureux depuis trois ou quatre ans, j'allai à Issy, puis à Clamart et à Meudon, pour voir ces terribles batteries prussiennes qui avaient foudroyé les forts de la rive gauche. Il faisait un beau soleil et la promenade était délicieuse. Toute la zône était pleine de soldats ennemis qui logeaient dans les maisons, pour la plupart abandonnées de leurs habitants. Mes deux compagnons étaient en habits civils; j'étais en uniforme, faute d'autres vêtements. Les Prussiens ne faisaient nullement attention à nous. Arrivés sur la côte, nous cherchâmes les fameuses batteries. Elles étaient, ma foi, aussi simples que les nôtres, et n'avaient rien de formidable : une tranchée, des parapets avec des embrasures. Les pièces étaient enlevées. Les Prussiens tenant les forts avaient quitté définitivement leurs anciens travaux d'attaque. Une chose qui nous étonna beaucoup fut de voir qu'au-dessous de l'une de leurs batteries, ils en avaient établi une fausse où, en guise de canons, passaient encore, par les embrasures, de gros tuyaux de fonte. Était-ce pour donner à croire qu'ils avaient plus de pièces qu'ils n'en avaient réellement, ou bien pour tromper nos artilleurs qui, tirant sur la fausse batterie, épargnaient ainsi la vraie ? Était-ce une plaisanterie tudesque ? Je n'ai pu le savoir. Peut-être aurais-je demandé une explication, si j'avais vu quelque soldat ennemi, mais il n'y en avait aucun dans ces parages. Si les batteries prussiennes n'avaient rien de remarquable, en revanche leurs casemates, établies en arrière, étaient fortement constituées. Elles étaient creusées sous le sol, comme des caves, et soutenues par d'énormes madriers et des charpentes en fer. L'épaisseur de terre qui les couvrait avait bien trois mètres. Un obus ne pouvait traverser cette masse. Pourtant, les Allemands eurent pas mal d'hommes atteints par notre feu, car dans le village de Clamart nous vîmes quelques tombes, indiquées par un renflement du sol et une croix sur laquelle on lisait le nom du mort, les circonstances et la date du jour où il avait été tué. Il y en avait, de ces tombes isolées, même au milieu d'un chemin, d'une route, d'un sentier. L'homme avait été enterré à la place même où il avait été frappé. Je me souviens de l'une de ces tombes qui était toute récente, car elle portait la date du 27 janvier. C'était celle d'un jeune garçon de dix-sept ans, appartenant à un régiment d'infanterie. Il avait été tué, juste le dernier jour du siège, par un éclat d'obus. D'autres grandes tombes se trouvaient en arrière, dans les champs, au sommet du plateau. Celles-là ne portaient pas d'inscriptions.

Nous étions à l'entrée du bois, très loin déjà des premières batteries. Nous avions dépassé une maisonnette située dans une clairière où il y avait un poste de soldats bavarois. Celui qui montait la faction, en grande tenue, le casque à chenille sur la tête, avait fait mine de nous empêcher de passer, en me désignant particulièrement à ses camarades, assis devant la porte, sur un tronc d'arbre. Mais un sous-officier était intervenu, faisant un geste qui indiquait que je pouvais aller où bon me semblait, car c'était moi que le factionnaire avait désigné, à cause de mon uniforme de garde national. L'un de mes compagnons, qui n'avait pas confiance, proposa de retourner sur nos pas. Mais je refusai.

Le temps était très doux, et une promenade dans le bois devait avoir un charme tout particulier pour des gens qui, pendant des mois, n'avaient pu aller plus loin que la petite banlieue.

Nous entrâmes donc dans le bois et, en nous reposant, certains de n'avoir pas maille à partir avec quelque garde forestier, nous coupâmes de magnifiques cannes, afin de rapporter un souvenir de notre excursion.

— Tiens! dit l'un de nous, encore une casemate!

Et nous voilà tous trois dans la casemate. Au bout de quelques instants, je sors le premier, et je reste, en attendant mes deux amis, sur un petit mamelon placé juste à l'entrée du réduit. Soudain, j'entends un sifflement, tout près de mon oreille, immédiatement suivi d'une brève détonation. Mes compagnons me rejoignent aussitôt, et je vois, à vingt ou trente pas, deux Prussiens qui venaient à nous. L'un d'eux était porteur d'un fusil. Nul doute à avoir, cet homme venait de décharger son arme. L'avait-il fait exprès, intentionnellement, était-ce par accident ou pour faire une stupide farce? Je n'en sais rien. Les deux Prussiens passèrent à côté de nous, sans broncher, sans nous regarder. Ne sachant quelles étaient leurs intentions à notre égard, je ne perdais pas un seul de leurs mouvements, prêt à me ruer sur eux avec l'énorme trique coupée quelques minutes auparavant. La lutte eut été très inégale, car, de mes deux amis, l'un était un homme d'une cinquantaine d'années, petit et fluet, l'autre un garçon de quinze ou seize ans. Mais il ne pouvait y avoir aucune hésitation au cas où les deux Prussiens auraient tenté de nous mettre à mal. Fuir eut été plus dangereux que de faire face aux agresseurs. Mais ils passèrent, et quand ils furent à une certaine distance, ils se retournèrent, comme pour nous narguer, en riant aux éclats. Si ces canailles n'avaient pas eu un fusil, j'aurais tombé dessus avec joie. Des bâtons valent bien des sabres de fantassins. Mais il aurait fallu rentrer dans Paris, et nous aurions sûrement été arrêtés si nous avions rossé deux Prussiens, à moins que la rossée eut été de telle importance qu'ils n'eussent pu s'en relever tout de suite.

Quand ils eurent disparu à un tournant de l'allée, nous sautâmes dans le fourré, estimant que nous avions assez fait par notre bonne contenance, pour avoir le droit de nous soustraire à un second coup de fusil éventuel.

Nous revînmes par le plateau de Châtillon. Nous y vîmes encore de nombreuses traces du combat livré le 19 septembre, notamment des cartouchières déchirées, des boucles de ceinturon, des livrets de soldat souillés par la boue, détrempés par les pluies, qui avaient appartenu à des hommes du 42e de ligne et du 7e bataillon des mobiles de la Seine.

. . . .

Nous étions rentrés pour le dîner et l'on doit penser combien notre aventure fit les frais de la conversation.

Je n'ai plus revu de Prussiens.

Depuis que Paris était ravitaillé, si peu que je fréquentasse les réunions publiques et mes anciens compagnons d'armes, — la garde nationale, du moins mon bataillon, ne s'assemblait plus et les hommes se contentaient d'aller toucher leur solde chez l'officier payeur, — je n'étais pas sans entendre les bruits qui couraient. Il était déjà question de renverser le gouvernement et de recommencer la guerre. Le gouvernement n'était plus le même que celui qui avait défendu (?) Paris. Le 8 février, des élections avaient eu lieu. L'Assemblée dite nationale était réunie à Bordeaux et avait, dès les premiers jours, donné la mesure de son esprit réactionnaire en insultant Victor Hugo, Garibaldi, et bien d'autres qui avaient le tort grave d'être républicains.

Le 26 février, Paris, qui était relativement calme depuis le 22 janvier, eut un violent accès de fièvre.

La veille, le bruit s'était répandu que les préliminaires de paix allaient être définitivement signés et que, le lendemain ou le surlendemain, aux premières heures du jour, les Prussiens allaient entrer dans nos murs. Un mot d'ordre circulait : « Il faut reprendre nos canons, les canons souscrits par la garde nationale et par elle offerts au gouvernement de la Défense. Il ne faut pas qu'ils tombent entre les mains de l'ennemi. Cette artillerie nous appartient, les Prussiens ne peuvent s'en saisir puisque, dans les clauses de l'armistice, il a été convenu que la garde nationale conservait ses armes. »

Dans la matinée, les quartiers présentaient une agitation inaccoutumée. Clairons et tambours appelaient les bataillons dans les rues, aux lieux habituels de leurs réunions. Des hommes, des femmes, une nuée de gamins étaient mêlés aux soldats-citoyens. A tout instant on voyait passer sur les boulevards extérieurs des bataillons escortés de populaire, qui se dirigeaient du côté des Ternes et de Passy.

Mon bataillon s'était assemblé avec lenteur. Il partit, non au complet, vers le commencement de l'après-midi. Quand nous arrivâmes place Wagram, il y avait déjà une foule compacte. Quelques cavaliers, des artilleurs avaient tenté, par ordre, de s'opposer à l'enlèvement des canons, mais sans aucun succès. Beaucoup d'entre eux, même, emportés par le mouvement, s'étaient rangés du côté du peuple, et aidaient de leurs conseils et de leurs bras les gardes nationaux. Ceux-ci, munis de cordes, s'attelaient aux pièces, aux caissons qu'ils traînaient en poussant de véritables cris de triomphe. Je fus ainsi attelé, moi vingtième, à une belle mitrailleuse polie et brillante, que nous avions ornée de drapeaux et de rubans tricolores. Le temps était sec, il ventait, et les canons roulaient dans des flots de poussière, aux acclamations frénétiques des spectateurs groupés par milliers le long de la route.

Toutes ces pièces furent conduites, les unes au Parc-Monceaux, place Clichy, et surtout sur la Butte-Montmartre qui fut bientôt transformée en parc d'artillerie.

A la nuit, la besogne était terminée. Chacun était rentré chez soi. Mais on devait se réunir au premier appel pour se porter en masse vers les bastions d'Auteuil et de Passy, vers le pont de Neuilly, partout où l'on supposait que les Allemands pouvaient entrer, car le bruit courait avec plus de persistance que jamais de l'entrée des Prussiens pour la nuit même. Entre onze heures et minuit, la générale battit incessamment. Mais comme il n'y avait pas d'ordres, c'était de *proprio motu* que les gardes nationaux se réunissaient en armes, et beaucoup restèrent dans leur lit. Les bataillons partaient même par petits paquets, se dirigeant en hâte vers les Champs-Elysées. Nous étions peut-être une cinquantaine du 32e, mais nombre des nôtres s'étaient déjà rendus sur les lieux et se trouvaient disséminés dans la masse qu'on a évaluée à plus de cent mille hommes, qui restèrent là, pour la plupart, jusqu'aux premières lueurs du jour, et même jusqu'à sept ou huit heures. Nul doute qu'une terrible bataille se serait engagée, si les Prussiens s'étaient avancés vers les portes. Mais ils ne bougèrent pas ce jour-là.

Le lendemain et les jours suivants, le gouvernement faisait placarder des affiches pour inviter la population au calme. Le Comité central déconseillait lui-même toute résistance. Les affiches annonçaient la prolongation de l'armistice et l'entrée des Prussiens dans Paris. Mais les Prussiens ne devaient entrer qu'au nombre de trente mille et ne point dépasser l'Arc de l'Etoile. A cette condition bien humiliante, ils évacueraient de suite les forts de la rive gauche. Il fallait que les Prussiens, pour se contenter de cette occupation dérisoire de Paris, eussent encore peur de la grande ville. N'était-ce pas, en somme, un assez piteux triomphe, pour tant d'efforts et un aussi long siège !

Le 1er mars, on eut dit que Paris était mort. Toutes les boutiques étaient fermées, des drapeaux noirs ou ornés d'un crêpe témoignaient du deuil public. La nuit venue, ce fut pis encore. La population parisienne montra une grande dignité, un respect de soi-même auquel les historiens ennemis ont plus tard rendu hommage. J'ai vu Paris ce jour-là, car je m'étais rendu chez mes amis qui demeuraient faubourg Saint-Honoré. Les Prussiens étaient à deux pas de là ; mais je ne fus pas tenté de les aller voir, ému que j'étais par cette grande tristesse qui planait sur Paris et qu'il était impossible de ne pas ressentir, troublé comme on l'est par un horrible cauchemar, affligé, humilié, le cœur gonflé de sanglots, les yeux pleins de larmes qui coulaient silencieuses.

SOUS LA COMMUNE

CHAPITRE PREMIER

Les inquiétudes. — Clubs et clubistes. — Le Comité central. — Les canons et le désarmement.

Je n'ai gardé qu'une impression confuse des jours qui suivirent la capitulation. Ce qui m'en est resté, c'est le souvenir d'un grand désœuvrement. J'étais du reste tout entier à mes amourettes; et plus porté, par caractère, à la nonchalance qu'à l'action, je me mêlais peu à la vie publique. C'était rare quand j'allais au club. Les discours des orateurs ne m'intéressaient que médiocrement. Du reste, ils étaient aussi vagues que possible. Cependant deux courants d'opinion assez tranchés s'y manifestaient. L'un était emporté vers la Révolution sociale, l'autre vers la simple conservation de la République. L'esprit cosmopolite de l'Internationale était aux prises avec l'esprit jacobin et patriote. L'un tenait pour la fédération des communes, la décentralisation administrative et politique et allait jusqu'à demander Paris ville libre; l'autre tenait pour la République une et indivisible.

Mais un sentiment commun les unissait : une haine profonde, sauvage et justifiée pour les hommes de l'Empire, pour les généraux bonapartistes qui n'avaient pas su ni voulu vaincre. Pas un Parisien n'ignorait que les hauts officiers ne demandaient que le retour de Napoléon ou tout au moins une restauration monarchique. Comme beaucoup de gens à cette époque, il me semblait qu'une République fédérale était ce qui pouvait le mieux convenir à notre pays. Je m'étais dit, dans ma jugeotte de gamin de Paris, que les citoyens de Montmartre ne ressemblant en rien à des Bretons, il était criminel et inepte de vouloir faire vivre les uns et les autres sous les mêmes lois. Mais, d'autre part, je comprenais bien qu'une fédération est moins puissante, a moins de force de résistance qu'un État centralisé, pour résister au choc des ennemis extérieurs. Tout internationaliste que j'étais, je ne voulais pas devenir Allemand, puisque l'Allemagne, politiquement, était plus arriérée que notre pays. Agissant peu, pensant davantage, j'étais plein de perplexité. Mais j'étais passionnément républicain et tout disposé à me battre quand le moment viendrait. Or, pour moi, ce moment ne devait guère tarder à venir. Aussi, ne sachant ce qu'il adviendrait de moi, je me laissais vivre.

En réalité, la situation était triste. Tout le monde se plaignait. Pas de travail, pas de transactions. Les jours se passaient dans une attente fiévreuse. Et, comme la grande majorité des Parisiens, je ne prenais aucune part au conciliabules des ardents. Parfois, le soir, pour tuer le temps, j'allais au club, soit à la Reine-Blanche, soit à la salle Robert. Je vis défiler là quelques-uns des acteurs les plus en vue de la seconde partie du drame qui se préparait, comme Millière, Tony-Moilin, Ferré, et d'autres plus obscurs, dont les noms sont à peu près oubliés, mais qui étaient fort connus à l'époque.

Millière m'était antipathique avec son air de pince-sans-rire, sa longue figure osseuse et sa cascade de cheveux grisonnants dont les ondes retombaient sur le collet de l'habit. Il était peut-être convaincu, bien que son attitude fut un peu indécise, mais à coup sûr il posait pour l'apôtre. J'aimais mieux Ferré, maigrelet, vif, familier, ressemblant à un perroquet effarouché, avec ses yeux petits et ronds, très noirs et très rapprochés d'un nez outrageusement busqué. Celui-là avait de la décision et l'on devinait très bien qu'il était capable de tout. J'avais surtout vu Tony-Moilin au temps du plébiscite, dans cette salle Robert où venaient s'essayer à l'éloquence des hommes qui devaient acquérir une véritable célébrité, alors que d'autres, mieux doués peut-être, restèrent ignorés. La politique est un jeu de hasard, surtout en période révolutionnaire. Tony-Moilin produisait l'effet d'un rêveur, d'un doux philantrophe. La bouche grande, édentée, aux lèvres minces, avait un sourire d'enfant; les yeux noirs et larges exprimaient une grande bonté. Il parlait peu, du moins je ne l'ai pas entendu souvent, mais il présidait presque toujours. Il y avait déjà, parmi les Dereure, les J.-B. Clément, les Eudes, nombre d'étrangers, notamment des Polonais. Ceux-ci n'étaient pas les moins violents, proposant toujours des mesures extrêmes, et repoussant toute idée de conciliation.

Il était question de reprendre les canons de la garde nationale, et c'était là une grosse affaire. La masse était assez disposée à les rendre, ne pensant pas qu'ils pussent servir et très ennuyée d'avoir à monter la faction autour. Mais la masse était travaillée par les meneurs qui lui faisaient comprendre, avec une logique irréfutable, que le gouvernement, après les canons, reprendrait les fusils; et si l'on voulait bien lâcher l'artillerie, on tenait fort à son fusil, un compagnon de chaque jour du siège.

Des pourparlers avaient eu lieu déjà entre le gouvernement et les maires de Paris; mais les négociations n'avaient pas abouti. Aussi, dans le public, s'attendait-on à quelque tentative pour enlever les canons.

La tentative fut faite, maladroitement et comme une provocation, car les chefs militaires n'avaient même pas préparé les moyens matériels pour emmener les pièces; il n'avaient pas le nombre d'attelages nécessaires. Une preuve, par un simple petit fait, que les autorités militaires se préparaient à une lutte prochaine : le 4 mars, des artilleurs casernés à l'Ecole militaire, reçurent des cartouches pour leurs revolvers, alors qu'ils n'en avaient pu obtenir pendant toute la durée du siège.

CHAPITRE II

*Le 18 mars. — Une après-midi à Versailles.
La proclamation de la Commune.*

Il était environ sept heures, quand mon père entrant dans ma chambre, me réveilla et me dit :

— On bat le rappel et la générale; iras-tu voir ce que c'est?

Je me lève, avec lenteur, car on a tant abusé du tambour depuis quelques mois !... Cependant, il y a bien une quinzaine de jours que la peau d'âne n'a ronflé.

Dans la rue des Abbesses, qui s'appelait alors rue de l'Abbaye, une foule de gardes nationaux en armes, de tous les bataillons, vont et viennent. Des femmes jacassent avec animation au seuil des maisons. Puis voici des soldats de ligne, l'air penaud. Ils défilent entre deux haies de populaire. On crie : vive l'armée ! vive la République ! Les soldats descendent la rue Lepic. Ils ont la crosse en l'air. Leurs officiers font triste mine. Je lis sur le képi des hommes le numéro du régiment : c'est le 88º. Je ne sais rien encore, n'aimant pas demander. Mais je me heurte à un camarade qui m'explique la situation.

Dans la nuit, des sergents de ville, des gendarmes, de la troupe, ont tenté de s'emparer des canons. Quelques gardes du poste de service ont été tués ou blessés. Mais l'alerte a été donnée, les miliciens sont accourus ; ils ont harangué les soldats, les femmes se sont jetées devant les fusils de la troupe, et la troupe a tourné. Un général, qui avait ordonné de faire feu sur la foule, a été fait prisonnier.

C'est une ivresse, un triomphe! L'armée a tourné, il n'y a plus rien à redouter. L'Assemblée de Versailles et ses menaces de restauration monarchique ne méritent que d'être chansonnées. Et les soldats qui ont abandonné leurs rangs et errent de par les rues, sont l'objet d'ovations frénétiques. C'est à qui leur serrera la main, à qui les entraînera au cabaret. Il en est à qui des femmes ont déjà fait des cadeaux en provisions de bouche et qui se promènent avec des bouteilles sous le bras et la musette pleine de victuailles. Tout est bien qui finit bien. Du reste la victoire est pacifique ; sur la butte il n'y a eu qu'un seul garde blessé. On a tiraillé un peu place Pigalle et rue Houdon, un citoyen et deux citoyennes ont été atteints, un officier de chasseurs à cheval a, dit-on, été tué. Peu de sang versé, et une révolution dont les résultats seront féconds.

Cependant, il y a encore des troupes dans

Paris et l'on ignore quelle sera leur attitude; puis il y a les bataillons du centre, tous réactionnaires ou réputés tels, qui pourraient tenter quelque effort en faveur du gouvernement. Et voilà que de tous côtés les barricades s'élèvent. C'est une frénésie. Les pavés sont remués avec joie; ils s'entasssent méthodiquement. Des volontaires, le fusil sur l'épaule, s'installent derrière ces remparts de grès.

La nouvelle s'est répandue dans Paris avec une étonnante rapidité, et les bataillons des quartiers éloignés, tant pour préserver Montmartre que pour satisfaire leur curiosité, affluent vers les hauteurs. Place Blanche, j'assiste à un spectacle à la fois touchant et comique.

Une barricade a transformé la rue Fontaine en cul-de-sac. Les bataillons qui arrivent s'arrêtent au pied et, à la coupure de la barricade, un vieux garde national, qui a dû voir 1848, se tient. Il prononce le *dignus est intrare* avec une majesté superbe. Un à un, les hommes du bataillon arrivant franchissent l'étroit passage, et le vétéran les embrasse *tous!*

C'est plus héroïque, à mon avis, que de soutenir le feu d'assaillants déterminés.

On apprend que ces précautions militaires ne sont pas vaines; que l'on bat le rappel dans le centre et que les gardes nationaux de l'ordre offrent leurs services au gouvernement et sont tous disposés à se battre.

Avec la sottise de la jeunesse, je souhaite cette collision attendue entre les gardes nationaux de Paris, pour voir. On commence à s'ennuyer, et je suis sûr que cet état d'esprit entre pour beaucoup dans cette exagération belliqueuse qui a saisi les faubourgs. En réfléchissant, il est peu probable que les bataillons réactionnaires ou modérés, ce qui est considéré comme étant tout un, se décident à l'action, surtout si l'armée régulière lâche le gouvernement et lève la crosse en l'air.

Dans l'après-midi, en sortant de je ne sais plus où, je vois, dans la rue Ravignan, un grand rassemblement de gardes nationaux qui discutent avec animation. Il paraît que l'on vient d'arrêter, place Pigalle, le général Clément Thomas. Il était habillé en civil et, sans nul doute, il espionnait, se rendant compte par lui-même des travaux de défense des buttes, avant de les faire attaquer. Déjà, le général Lecomte, fait prisonnier le matin, a été conduit du Château-Rouge à la rue des Rosiers. Ces deux hommes sont traités sévèrement, mais, autour de moi, je n'entends aucune menace directe à leur adresse. L'opinion qui paraît prépondérante est celle-ci : il faut les garder prisonniers, ils serviront d'otages.

L'envie me prend d'aller rue des Rosiers pour savoir ce qui se passe, mais je rencontre des hommes de mon bataillon, l'on cause. Sans motif apparent, la rue se vide, il n'y a plus que de rares groupes, dispersés çà et là, qui s'entretiennent des événements de la journée. Les camarades m'entraînent dans un cabaret. Un quart d'heure après, je me trouve de nouveau, seul, dans la rue, de Ravignan absolument déserte. Soudain, des groupes se reforment et, du haut de la rue, dégringolent, l'air effaré, quelques gardes nationaux:

— C'est fait, disent-ils en arrivant près de nous, les généraux sont fusillés.

Ce fut une stupeur.

Puis, peu à peu les langues se délièrent, les unes pour approuver sans restriction le double meurtre, les autres pour critiquer vertement. C'était une bonne prise qu'il fallait garder pour faire pression sur l'esprit du gouvernement. Mais beaucoup de gardes partirent tout de suite, comme ahuris de ce qui venait de se passer, et j'entendis l'un d'eux qui disait :

— Ah bien ! si ça commence comme ça !

Quoique aimant peu les généraux et particulièrement ceux qui avaient commandé sous le siège, la nouvelle m'avait donné froid dans le dos. Au premier abord, l'affaire paraissait avoir un certain air de régularité. On disait que Lecomte et Clément Thomas, jugés par un comité constitué en cour martiale, avaient été condamnés à mort après examen sérieux des faits qui leur étaient reprochés. Mais on sut bientôt qu'ils avaient été maltraités, puis fusillés à bout portant par quelques soldats qui avaient ou croyaient avoir eu à se plaindre d'eux ; que des gardes nationaux avaient fait des efforts inouïs pour sauver ces deux hommes ; que Clémenceau, maire de Montmartre, avait failli être tué, en tentant d'intervenir. Lecomte et Clément Thomas avaient été victimes de deux ou trois cents fous furieux. On disait même que ce dernier avait payé sa conduite politique de 1848.

Je me rappelle que l'indignation fut vive dans Paris et que les boulevards furent fort tumultueux, le soir ; que, sans qu'on ait su trop pourquoi, des bataillons descendirent de Belleville ; qu'il y eut des bousculades et qu'il s'en fallut de peu qu'on ne revit les scènes scandaleuses de l'Empire, la chasse aux bourgeois sur les trottoirs, les charges, baïonnette au canon. Un de ces bataillons était sur la chaussée, un coup de feu partit accidentellement, et il y eut un moment d'effroyable panique.

Cependant, la masse finit par se rendre compte qu'on ne pouvait imputer à la garde nationale tout entière, ni même au Comité central, l'odieux caractère du meurtre de l'après-midi. La ville était dans un état d'affollement extraordinaire. On sentait que toutes les résolutions prises n'étaient que le fait du hasard auquel les actes étaient également subordonnés. Dans quelques quartiers du centre, il y eut des semblants de résistance. Le 7ᵉ bataillon, place Vendôme assemblé, aurait volontiers marché. Mais marcher pour qui ? au nom de quoi ? Il ne fit rien, mais pourtant, quelques gardes des bataillons faubouriens qui s'étaient aventurés seuls dans ce quartier, furent enlevés et dirigés sur Versailles. Un jour que j'étais allé chez « la chère », qui demeurait alors dans ces parages, je fus subitement entouré par des gardes nationaux qui, voyant le numéro de mon bataillon sur mon képi, « 32ᵉ », me mirent la main au collet, avec force menaces. Je demandai à m'expliquer et je mis à profit l'instant précis où ils desserraient leurs poignes, pour prendre mes jambes à mon cou. Ils couraient aussi fort que moi et j'étais serré de si près que je tirai ma baïonnette, résolu à crever celui qui me prendrait le premier, car bien que peu porté à l'action et indécis d'esprit, j'étais irascible et peu endurant. Par bonheur j'arrivai à temps à la porte de la maison où je me rendais, et ils n'osèrent pas me suivre dans l'escalier. Depuis lors, les jours suivants, j'eus le soin, quand je quittais Montmartre pour descendre dans Paris, de retirer du képi le numéro de mon bataillon.

Ce qui était bien curieux à observer, c'est l'effroi des bons bourgeois quand, se promenant sur les boulevards, ils apercevaient, par les rues orientées vers les buttes, les canons alignés dans leur parc improvisé. Les pièces étaient tournées vers Paris, et les bourgeois croyaient ou affectaient de croire qu'elles pouvaient tout à coup vomir feu et flamme. Or les pièces n'étaient pas chargées, et je ne sais même si, à ce moment, elles étaient approvisionnées de munitions. Le lendemain de l'affaire, dans la nuit du 18 au 19, on sonna la générale dans Montmartre. Je pris mon fusil et me rendis place de la Mairie où il y avait plusieurs pièces de canon, notamment deux jolies mignonnes pièces de 4. J'y restai jusqu'au matin. Nous n'étions pas plus d'une vingtaine d'hommes. Le zèle, on le voit, n'était pas excessif. Pareille chose était arrivée la veille même de l'enlèvement des canons.

Trois ou quatre jours après, je recevais une lettre qui me fit le plus vif plaisir. Elle était de mon ami Auguste S. Il m'apprenait qu'il était à Versailles, avec son régiment ; qu'il était très content, car on venait de le nommer sergent-fourrier. « Nous ne pouvons aller à Paris, me disait-il, les ordres sont très sévères, mais viens donc me voir. Nous passerons une demi-journée ensemble à parler des jours anciens et des jours à venir. » Et il ajoutait en postscriptum. « Ne viens pas en uniforme, — j'ai appris par ma mère que tu étais garde national, — ce serait dangereux, habille-toi en civil ».

A dix heures du matin, le lendemain, je prenais le train à la gare Saint-Lazare, ayant emprunté de vieux vêtements à mon père.

En débarquant, je fus surpris par l'abondance de gendarmes, d'agents de police en tenue et en bourgeois, qui se tenaient sur le quai, dans la cour et jusque dans la rue du Plessis. Les voyageurs défilaient entre deux haies de personnages rébarbatifs dont les regards très scrutateurs nous détaillaient des pieds à la tête. Derrière étaient massés les badauds venus là dans l'espoir de voir débarquer quelques notabilités de la politique, s'échappant un peu tardivement de Paris insurgé. Ma figure ne plaisait pas sans doute, ou plutôt ma mise, car je fus l'objet d'un examen sérieux. Néanmoins, on ne m'adressa que cette seule question :

— Où allez-vous?

— Chez M. Morin, crieur public, rue de la Paroisse, chez lequel j'ai été clerc. Je viens pour affaires.

Je mentais un peu. A la vérité, je n'avais pas l'intention d'aller voir le père Morin, chez lequel j'avais été employé, non comme clerc, mais comme colleur d'affiches, quelques années auparavant, alors que mes parents habitaient Jouy-en-Josas. J'étais resté en cette qualité, pendant une partie de la belle saison, chez ce brave homme, qui m'avait remercié des mes « services » parce que je m'étais fait voler mon échelle et mon pot à colle, un jour que je me baignais dans la pièce d'eau des Suisses.

Le gendarme me laissa passer. Mais craignant d'être « filé », je me dirigeai vers la demeure de mon ancien patron. Il était absent. Je fus reçu par sa femme, et je restai assez de temps dans la maison pour que quelqu'un de l'extérieur put croire au sérieux de ma visite Alors je me mis à la recherche du 1ᵉʳ régiment d'infanterie de marine.

Les rues de Versailles étaient extraordinairement animées. Mais, chose singulière, cette animation ne donnait aucune gaieté à la ville. Versailles m'a toujours paru d'une tristesse désolante, et cependant je l'ai toujours admiré et j'aimerais y vivre. Ce qui le gâte c'est la quantité de soldats qu'on y rencontre. On dirait une vaste caserne. Et il y en avait, à cette époque, des soldats ! Les avenues si belles, si majestueuses quand elles sont désertes, étaient transformées en camps militaires. Les tentes s'alignaient sur les contre-allées, entre les arbres énormes qui avaient vu le défilé des carrosses de la cour du roi soleil. On ne rencontrait que des escouades de lignards, de chasseurs, de cavaliers de toutes armes se rendant à quelque corvée. Des estafettes passaient sur les chaussées, au grand galop. Beaucoup de voitures de maître circulaient. Après avoir longtemps cherché, jeté un coup d'œil dans les cours des casernes où, quand j'étais encore enfant, j'avais tant admiré les magnifiques troupes de l'Empire, — particulièrement les artilleurs de la garde, dont les officiers, dans leur sévère costume noir agrémenté de liserés d'or, sous leur lourd bonnet à poil, me paraissaient des guerriers invincibles — j'appris que le 1ᵉʳ de marine était campé à l'extrémité de l'avenue de Paris.

Le premier sous-officier de ce régiment que j'aperçus, en arrivant au campement, fut mon cher camarade. C'est lui qui me reconnut, car il était tellement changé que je le regardai à deux fois avant de me précipiter dans ses bras. C'était un troupier élégant, à qui l'uniforme bleu des marsouins allait à ravir. Il avait même l'air, ce qui me stupéfiait, très distingué. Ma sympathie s'accrut pour lui d'un certain respect. Quelle transformation inattendue, et combien, me disai-je, mon ami devait être de haute intelligence, pour s'assimiler ainsi une profession si contraire à ses goûts de bohême et de poète!

— Allons dans quelque cabaret où nous serons seuls, me dit-il; ici, on ne peut pas parler librement. Il y a des mouchards partout, tant on se méfie de nous.

Nous cherchâmes un marchand de vin, dans une rue peu fréquentée; et devant un litre de vin arrosant un morceau de pain et du fromage que notre appétit de jeunes hommes nous faisait trouver un délicieux régal, nous échangeâmes nos confidences. Il me dit ses espoirs, ses ambitions. Je vais partir, quand tout ça sera fini, pour une colonie, Cochinchine ou Sénégal. L'avancement est très rapide, chez nous; avant qu'il ne soit longtemps je serai officier. Si le métier me plaît, et jusqu'ici il ne me déplaît pas, quoiqu'on y ait affaire à des brutes, j'en ferai ma carrière. Dans mes loisirs de garnison, j'écrirai. Et toi?

— Moi ? Je ne sais pas.

Le fait est que je n'avais aucune idée d'avenir. Je le voyais très sombre, très fermé et je ne formais pas le moindre projet. Puis nous parlâmes de la guerre. Il avait été au camp de Conlie, et c'était tout. Mais, lui dis-je, tu vas te rattraper, car avant peu il est certain que l'armée va se flanquer une peignée avec les Pantinois.

— Oui, fit-il, c'est possible. En tous cas, on fait tout pour ça, et les officiers montent la tête aux hommes. Mais nous ne sommes pas disposés du tout à marcher. Nous aimerions mieux qu'on nous menât contre les Prussiens.

— Ça n'empêche que si la guerre civile éclate, nous nous rencontrerons peut-être sur une barricade, toi d'un côté, moi de l'autre.

Cette pensée nous rendit tristes et nous restâmes quelques minutes silencieux.

— Ah bah ! buvons aux jours prospères que nous verrons ! ne nous affligeons pas d'avance ! Garçon ! un litre !

Et nous nous remémorâmes les bons tours que nous avions faits ensemble et qui nous paraissaient déjà si vieux, si loin de nous.

L'heure de nous séparer était venue. Il se leva, boucla son ceinturon et...

— Mais comment vas-tu t'en aller ? me dit-il, subitement, la figure inquiète, avec une grande anxiété dans la voix.

— Par où je suis venu, par le chemin de fer

— Mais, ajouta-t-il de plus en plus inquiet, ce matin on disait que les trains entre Versailles et Paris allaient être incessamment suspendus. Puis, on a arrêté quelques individus, qu'on disait suspects, au moment où ils allaient monter en wagon!

— Ai-je donc une figure suspecte?

— Non, répondit-il en riant; mais tout Parisien est mal vu.

— Eh bien, je m'en irai à pied.

— C'est aussi difficile, car pour franchir les ponts il faut passer devant nos grand'gardes, qui ont déjà tiraillé ce matin avec les vôtres.

— Oh! je ferai le grand tour, dans ce cas. Je rentrerai du côté de Villejuif, s'il le faut.

En ce moment, un clairon sonna, non loin, aux fourriers de semaine.

— Allons, il faut nous quitter, mon vieux, me dit Auguste S. Après les événements, après la guerre, si la guerre a lieu, viens me retrouver à Cherbourg ou dans la colonie où je serai. Nous nous arrangerons pour que tu rentres dans ma compagnie...

— Peut-être... mais jusqu'à présent, je n'ai pas envie d'être soldat.

— Adieu, fit-il; et en tous cas, je te donne rendez-vous dans dix ans: nous verrons ce que nous serons devenus l'un et l'autre et lequel aura été le plus loin de nous deux.

— C'est ça.

Nous nous embrassâmes avec effusion, mais

il ne se trouva pas au rendez-vous qu'il avait lui-même fixé. Dix ans après, j'étais devenu, après des vicissitudes sans nombre, auxiliaire aux Finances, journaliste, et lui était mort en mer, en revenant de Cochinchine, à une journée de Toulon. Il m'écrivit plusieurs fois dans l'intervalle, alors que j'étais à mon tour soldat au 1ᵉʳ de marine; mais, par suite d'une inconcevable négligence, d'une paresse invétérée, née de chagrins profonds dans lesquels j'étais plongé, je ne répondis jamais à cet ami, que j'aimais comme un frère et dont je vois reparaître les traits familiers, aux heures de solitude et de mélancolie où je songe aux êtres disparus qui me furent chers.

J'avais hâte de me revoir dans Paris; mais ce que m'avait dit Auguste S. me rendait perplexe et me fit prudent. Au lieu de suivre l'avenue de Paris et de prendre la route de Sèvres, je gagnai la porte, puis les bois de Satory, pour tourner Bucq. Je passai sans difficulté, la surveillance étant nulle par là. Tous ces bois je les connaissais, j'avais couru par leurs sentiers il y avait trois ans à peine, et bien que la nuit arrivât, j'étais sûr de ne point m'égarer. Je débouchai dans la plaine au-dessous des Loges-en-Josas, et comme je savais Jouy occupé par un détachement de troupes versaillaises, je laissai de côté ce village pour passer par Villeras, en laissant également Bièvres sur ma gauche. Il avait plu toute la journée, et mouillé un peu plus ou un peu moins, cela ne faisait rien à l'affaire. Mais la terre était horriblement détrempée, et comme je ne prenais que des chemins de traverse, je pataugeais dans la boue jusqu'à la cheville. Comme il fallait bien passer la Bièvre et que cette rivièrette devait être gonflée par les pluies, je dus passer par Igny pour trouver un pont. De là j'entrai dans le buisson de Verrières et j'atteignis la grande route près de Châtenay. Sous bois, j'avais dû plusieurs fois m'orienter, malgré l'habitude contractée jadis de battre les taillis. De temps à autre, par une éclaircie, j'apercevais dans le ciel la lueur rougeâtre qui plane au-dessus de Paris. Je suivis alors la route jusqu'à celle qui passe par la Croix-de-Berny et Bourg-la-Reine. Il était neuf heures quand je vis les premières maisons de cette localité. J'avais encore quelques sous. J'entrai dans une auberge pour me reposer et boire un verre de rhum. A onze heures, j'entrai dans Paris par la porte d'Orléans, gardée par un bataillon du quartier. Je n'avais pas rencontré âme qui vive durant cette longue étape.

En me réveillant, le lendemain matin, je vis un gai rayon de soleil qui passait à travers les vitres et venait réjouir ma chambrette d'une chaude clarté. Je m'habillai lestement, quoique un peu courbaturé de ma course de la veille. A table, car il était bien près de midi quand j'avais mis le pied hors du lit, le repas fut plein d'entrain — nous avions pour convive un de nos amis qui allait partir le jour même en province, et l'on avait mis les petits plats dans les grands, pour le bien traiter. Nous en étions au gratin de pommes de terre à la mode dauphinoise, triomphe culinaire de ma belle-mère, et je me délectais largement, quand le clairon vibra tout à coup dans les rues.

— Qu'y-a-t-il encore ? demandai-je à mon père, beaucoup plus au courant que moi de tout ce qui se passait.

— Mais c'est aujourd'hui la proclamation de la Commune à l'Hôtel de Ville.

— Y vas-tu ?

— Non, mais tu ferais bien d'y aller.

J'achevai vivement mon assiettée de gratin, j'engloutis ma part de dessert, j'avalai mon café brûlant et je descendis...

J'arrivai au lieu du rendez-vous. Presque tous les camarades s'y trouvaient déjà en armes. Tout le monde était gai. Il s'agissait de manœuvrer proprement dans les rues, et les sous-officiers gourmandaient amicalement les hommes.

Notre bataillon était un bataillon sérieux où il y avait un certain esprit militaire. Les armes étaient inspectées, la tenue des gardes même faisait l'objet d'un examen attentif. Quoiqu'il fut composé en grande partie d'éléments réactionnaires ou très modérés, la proclamation de la Commune y était chose attendue avec joie. Le gouvernement de M. Thiers, l'assemblée de Versailles étaient fort mal vus, même des moins révolutionnaires. Puis chacun espérait une solution. Il était dans la pensée du plus grand nombre que, devant une représentation élue, le gouvernement viendrait à résipiscence, qu'il ferait des promesses formelles pour l'avenir, qu'il proclamerait la République : — la solution désirée.

Nous partimes.

Comme au 31 Octobre, tous les bataillons avaient été convoqués et affluaient en masse vers le centre de la ville. Mais cette fois, c'était allègrement que les citoyens défilaient dans les rues tumultueuses, car c'était pour assister à une fête et non pour aller à un combat fratricide.

Le 32e arriva sur la place de l'Hôtel-de-Ville vers les trois heures de l'après-midi. La foule était immense. Du quai à la rue de Rivoli, on ne voyait que drapeaux et bannières claquant au vent. Des cris joyeux, enthousiastes, de : « Vive la République ! vive la Commune ! » saluaient les membres du Conseil municipal, groupés sur le balcon et aux fenêtres du vieux monument, pendant que des pièces de canon, en batterie sur le pont, tonnaient sans relâche. L'enthousiasme était profond, et je puis dire général, car tous les bataillons, de quelque quartier qu'ils fussent, acclamaient les élus de l'avant-veille, quoi qu'il y eut eu dans le vote une énorme quantité d'abstentions. Les bataillons, pressés, sans intervalles entre leurs rangs, débouchaient sur la place, brandissaient leurs fusils, puis faisaient demi-tour pour défiler. Comme le 32°, après avoir manifesté, se retirait par la rue de Rivoli, à l'angle de la place nous croisâmes d'autres bataillons qui restaient immobiles, l'arme au pied. A leur tête caracolait, sur un cheval noir, un officier dont la physionomie attira de suite mon attention. C'était un grand garçon, aux yeux gris-bleu, au nez fortement recourbé sur une barbe blonde frisottante. Il avait l'air très doux et aussi très énergique. Figure toute de sympathie, un peu inquiétante cependant, tant les regards de ces yeux gris-bleu étaient noyés comme dans un rêve, mobiles et pour ainsi dire concentrés sur une intérieure vision. Ce ne devait pas être un militaire de métier. De temps à autre, comme secoué par une impatience, il se retournait vers ses hommes pour leur dire je ne sais quoi qu'ils paraissaient écouter avec une grande déférence.

A un moment, ce cavalier estimant que nous défilions avec trop de lenteur, — il était du reste impossible d'aller plus vite, — s'avança vers nous et cria :

— Mais allez donc ! on n'en finira jamais.

Le timbre de la voix était plein de douceur, si nettement que l'ordre eût été donné.

Un de nos officiers alla vers ce cavalier et, très respectueusement, échangea quelques paroles avec lui.

— Qui est-ce donc ? demandai-je.

— C'est Flourens, parbleu ! me répondit un camarade.

J'allais le regarder plus attentivement encore, quand une poussée en avant se produisit... Je ne revis plus Flourens qui fut tué quelques jours après.

CHAPITRE III

La sortie du 2 avril. — Combat de Clamart. — Le drapeau rouge. — Sous le fort de Vanves. — Pluie de fleurs. — La rentrée

Le 2 avril au soir, en revenant de la rue Saint-Honoré où j'avais passé toute ma journée et même une partie de la nuit à jouer au « nain jaune », — que de bassesses ne fait-on pas quand on est amoureux ! — je vis dans les rues un grand remue-ménage. Sur les boulevards, des bataillons défilaient, se dirigeant du côté de la Madeleine ; puis des pièces d'artillerie et des caissons. Une foule de bourgeois, formant la haie sur chaque trottoir, contemplaient ce spectacle d'un air stupide, paraissant n'y rien comprendre. J'appris bientôt que les Versaillais avaient commencé les hostilités au pont de Neuilly. Le matin même, un peu avant onze heures, le général Vinoy s'était lancé sur le rond-point de Courbevoie. Des gardes nationaux faits prisonniers avaient été fusillés à Puteaux.

Je me mis à marcher très vite, pour regagner mon quartier, inquiet de toutes ces nouvelles et craignant de me trouver en retard, si le bataillon était convoqué.

L'agitation était extrême dans Montmartre. Les tambours battaient la générale et les clairons sonnaient cet air lugubre qui fait frissonner. Des amis que je rencontrai me racontèrent tous les potins qui circulaient. Cette rencontre me retarda encore et quand j'arrivai à la maison, ayant gravi quatre-à-quatre les cinq étages, mon père n'était plus là. Il était parti depuis plus d'une demi-heure. Ma mère me dit que notre bataillon, les compagnies de sédentaires aussi bien que les compagnies de marche, avait été convoqué pour neuf heures. Il en était onze! En un tour de main, je bouclai mon sac, je laçai mes guêtres, je pris mon fusil, et je me précipitai dehors. Pas gymnastique, j'allai d'abord à la place de la Mairie, puis place Saint-Pierre. Mais mon bataillon était parti. En me voyant tout armé et équipé, des gens m'informèrent que le 32ᵉ devait se trouver sur les boulevards extérieurs, du côté de la place Clichy. Je repris ma course. Mais, place Clichy, plus rien que des badauds qui me dirent qu'une forte colonne des bataillons de Montmartre venait de partir depuis un grand quart d'heure, dans la direction de l'Arc-de-Triomphe, et que le 32ᵉ devait en faire partie. Je repartis, toujours courant, et non loin du parc Monceaux, je rejoignis l'arrière-garde de cette colonne.

— Avez vous vu le 32ᵉ?

— Non.

— Si. Il est en tête.

Je n'avais plus qu'à suivre sur les flancs, pour rattraper mes compagnons. La nuit était très obscure ; je ne pouvais voir les numéros sur les képis, et, de temps à autre, je demandais à quel bataillon j'avais affaire. J'en avais déjà dépassé une dizaine et je me trouvais dans une grande avenue bordée d'arbres dont je n'ai jamais su le nom, pas très loin de la Seine, quand ayant encore demandé le 32°, quelques voix me répondirent :

— C'est ici.

— Quelle compagnie ?

— Septième.

Je me trouvais avec les sédentaires, ce que je reconnus en m'approchant, car ils n'avaient pas de capotes. J'aperçus mon père, qui marchait en serre-file, en sa qualité de caporal faisant fonction de sergent. Je restai quelques instants à ses côtés, pour lui raconter ce qui venait de m'arriver et pour lui demander quelle était son impression. Il me dit que nous allions à Versailles.

— Alors nous allons nous battre ?

— Peut-être. Mais ce ne sera pas très long, car on dit que l'armée est décidée à tourner. Puis l'armée est peu nombreuse. C'est une simple promenade. Du reste, tu sais que les journaux ont affirmé ce matin encore que le Mont-Valérien était pour la Commune. C'est un rude atout dans notre jeu.

— Et que fera-t-on, à Versailles? Qu'est-ce qui a été décidé?

— Oh! on ne sait pas trop. Il s'agit d'abord de chasser le père Thiers. Après, l'on verra.

— Allons y gaîment, alors! Je reverrai Versailles avec plaisir. Mais par quel chemin irons-nous!

— Personne ne le sait.

Je quittai mon père pour rejoindre ma compagnie où, après avoir pris place, à mon rang, j'allumai une pipe et je marchais très gaiement, comme un gamin heureux de faire une « ballade » nocturne. De temps à autre, la longue colonne faisait une halte. J'allais alors flâner auprès des camarades que j'avais dans les autres compagnies. Parfois, je m'aventurais vers les premiers rangs du 61e, qui marchait derrière nous. Quand ils me voyaient, c'était des quolibets à n'en plus finir. Ce bataillon détestait le nôtre qui passait pour être réactionnaire. Nous nous moquions d'eux parce que, pendant le siège, ils n'étaient sortis qu'un jour ou deux; et ils étaient cependant les plus déterminés braillards de l'arrondissement. Leur chef était Razoua, que certains prononçaient: *rasoir*, sans mauvaise intention.

— Oh! oh! nous allons les voir, les 82e! Quelle tête vont-ils faire devant leurs amis les Versaillais qui vont leur tirer dessus.

— Faudra pas qu'ils fassent comme à Neuilly-sur-Marne!

Les nôtres répondaient peu à ces invectives. Mais nous avions trouvé un mot qui rendait furieux nos 61ᵉ. Nous les appelions : « Outranciers de réunions publiques ». Au demeurant et tous pris à part, c'étaient d'excellents garçons qui valaient ni plus ni moins que nous.

L'aube pointait quand nous traversions Vaugirard, et il faisait grand jour quand nous franchissions le pont-levis de la porte d'Issy.

Avec la clarté, une certaine gaité était revenue. Il n'était pas un homme qui ne crût aller en promenade militaire. La conviction de tous était qu'on entrerait à Versailles sans tirer un coup de fusil. Nous savions que, sur notre gauche, des masses de gardes nationaux marchaient sur Châtillon; que sur notre droite, Bergeret et Flourens, avec vingt-cinq mille hommes, disait-on, s'en allaient par Rueil et Nanterre. Le Mont-Valérien était pour nous. L'entreprise était sûre. Et l'on chantait ce refrain du second siège :

> Aux armes ! allons à Versailles,
> Pour mettre au bout de nos fusils
> Le petit Thiers et ses amis !

Et l'on apercevait dans l'éloignement la formidable silhouette du Mont-Valérien qui se détachait nette sur le ciel très clair, printanier. Il avait un air tout à fait bon enfant. Impossible de le suspecter. Dix minutes ne s'étaient pas écoulées depuis que nous avions laissé derrière nous les murailles parisiennes, et nous longions la route qui file entre les champs pelés de la petite banlieue, quand la haute forteresse s'enveloppa subitement de gros nuages blancs. Puis des coups sourds, précipités.

Le Mont-Valérien tirait. Il avait changé sa physionomie placide pour prendre celle des grands jours de bataille. Une action était engagée là-bas.

— Bravo ! bravo ! criait tout le monde. Vive le Mont-Valérien ! Les Versaillais ne tiendront pas longtemps devant ce gaillard-là !

Cependant, quelques fronts se rembrunirent. Si l'on se battait, ce n'était donc plus une simple promenade ; et si l'aile droite avait à forcer le passage, n'était-il pas probable qu'il nous faudrait en faire autant !

Nous traversions Issy et nous étions engagés dans un chemin bordé de maisons de campagne, qui montait droit comme un raidillon, lorsque, tout près de nous, la voix profonde du canon se fit entendre, accompagnée du son plus grêle de la fusillade encore très peu nourrie, premières rumeurs du combat qui font affluer le sang aux pommettes des soldats près à entrer en ligne.

— A vos rangs ! à vos rangs ! criaient les officiers.

Le raidillon grimpé, nous débouchions sur un large plateau qui allait un peu en pente, pour remonter jusqu'au sommet d'une colline couronnée de bois et de jardins. Dans le creux courait une ligne de chemin de fer. A droite, en contre-bas, on voyait la plaine, qui s'étendait jusqu'à Paris, coupée inégalement par la Seine. Là c'était les Moulineaux, le Bas-Meudon ; plus loin Sèvres, le bois de Boulogne. Devant nous, c'était Meudon, son château avec son parc, et la forêt derrière. A gauche, une masse verte indiquait le fort d'Issy. Plus bas, toujours de ce côté, les maisons de Clamart, et, bien au delà, Châtillon.

Les bataillons se déployaient, tant bien que mal, au fur et à mesure qu'ils arrivaient sur le terrain.

Un officier à cheval, galonné sur toutes les coutures, vint vers nous en criant :

— Le 32⁰ en avant !

Alors il se passa un fait du plus haut comique.

Nous n'avons pas de cartouches ! hurlaient les gardes des compagnies sédentaires du 32⁰.

— Alors, laissez passer le 61⁰ !

Et au milieu d'un rire général, énorme, des insultes qui leur étaient prodiguées, nos compagnies de sédentaires faisaient demi-tour, pour aller se placer en arrière, tandis que les 61⁰ dévalaient fièrement, par les sentes qui descendaient vers la Seine, pour se porter sur les Moulineaux et sur le Bas-Meudon.

— Mais les compagnies de marche du 32⁰ ont des cartouches, elles ! dit un autre officier supérieur, non moins galonné que le précédent.

— Oui, oui ! répondîmes nous.

— Eh bien, suivez-moi !

Tels étaient, dans leur simplicité, les commandements des officiers de la Commune : « Suivez-moi » ou « Venez par ici. »

Nous obliquâmes à gauche et nous descendîmes en bataille jusqu'à la voie ferrée, dans le fond du val. Le fort d'Issy commençait à tirer, mais assez mollement. Les Versaillais ripostaient sans qu'on sût d'où venaient leurs coups. Parfois des obus éclataient devant ou derrière nous, pas très loin. Un boulet vint tomber sur un rail, dont il suivit la courbe durant l'espace de quelques mètres. De front, sur la hauteur, la fusillade était violente. On distinguait nettement les feux de pelotons de la troupe régulière, au milieu de la tiraillerie des gardes nationaux. Sur notre droite, un peu en contre-haut, les nôtres avaient mis une pièce en batterie. Mais les servants étaient sans doute bien inexpérimentés, car son tir était lent. Néanmoins, l'affaire avait l'air d'être sérieuse et pas trop mal conduite. Peu à peu, des sédentaires venaient grossir nos rangs. Ils étaient environ une soixantaine, ce qui portait l'effectif présent de notre bataillon à deux cents hommes, à peu près. Beaucoup étaient donc restés chez eux ou avaient tourné les talons, soit le long de la route, soit en arrivant sur le lieu de l'action.

On voyait distinctement toutes les phases du combat. Sur notre droite, les fédérés essayaient d'arriver sur le plateau et de déboucher dans le bois et les jardins; mais ils n'étaient pas encore au sommet, et leur masse compacte oscillait, tantôt gagnant du terrain, tantôt en perdant. Au-dessus des têtes flottait un grand drapeau rouge, et c'était surtout ce drapeau que nous suivions des yeux, qui nous guidait dans les péripéties de la lutte :

— Il avance ! il avance ! criait-on. Ah ! voilà qu'il recule ! Mais non, il avance encore ! Bravo ! Vive la Commune !

Et la fièvre du combat nous empoignait. Nous avions des trépignements..... mais nous ne bougions pas. Quelles que soient les bonnes dispositions d'une troupe, il faut un ordre pour l'entraîner, et notre bataillon, habitué de longue date à la guerre, restait à la place qui lui était assignée.

Un homme, vêtu en garde national, sans fusil ni ceinturon, surgit soudain devant nous, longeant la voie ferrée.

— Où allez-vous ? D'où venez-vous ? Qui êtes-vous ? A quel bataillon appartenez-vous ?

Le malheureux, assailli de questions, ne savait que répondre. Il raconta qu'il habitait Meudon et qu'il se sauvait des Versaillais.

— C'est un espion, dit quelqu'un.

L'accusation redoutable vola immédiatement de bouche en bouche. L'homme fut arrêté et emmené entre quatre baïonnettes. Je ne sais ce qu'il en advint.

Un officier vint droit sur nous, au grand

galop, fit pivoter son cheval et, s'adressant à ceux qui se trouvaient le plus près :

— Que faites-vous là ?
— Nous attendons.
— Quelques hommes de bonne volonté, voyons !...

Et, sans attendre une réponse, il désignait du bout de son sabre une dizaine d'entre nous au hasard.

Nous le suivîmes, remontant dans la direction du fort d'Issy. Dans un champ en pente raide, deux caissons étaient en panne, attelés l'un de deux chevaux, l'autre d'un seul. Il s'agissait de donner un coup d'épaule pour mener ces véhicules jusque sur le plateau. L'unique pièce en batterie manquait de munitions. Quand les caissons arrivèrent à l'endroit désigné, ce canon n'avait plus que deux servants ; les autres avaient été blessés. On nous invita encore à passer les gargousses et les obus. La pièce tira bientôt à toute volée, avec rapidité, sinon avec précision. Ce service était dangereux, car les balles tombaient drû et les bombes éclataient autour de nous. Des artilleurs vinrent nous remplacer, ce qui ne causa aucune peine. Au moment où nous nous retirions, nous vîmes passer tout près de nous un général de la Commune, entouré d'un nombreux et très brillant état-major. Ces cavaliers, pour la plupart, se tenaient très mal en selle. On me dit que c'était le général Eudes. Il était tout jeune et je me demandai où il avait pu acquérir la science nécessaire à un chef d'armée. Je le revis encore une fois dans cette journée et aussi le lendemain. Comme bravoure, on ne pouvait désirer mieux. Il restait impassible sous le feu le plus violent et savait donner l'exemple à ceux qui l'entouraient. Il avait beaucoup d'activité et paraissait même posséder à un assez haut degré le sens des choses de la guerre, très différent en cela de presque tous les généraux improvisés de la Commune, les Bergeret, les Duval, et même Flourens, à qui son imprévoyante intrépidité coûta la vie. Pour moi, je n'ai vu à l'œuvre qu'un seul général de la Commune qui eut une indéniable valeur militaire :

C'était Dombrowski.

On a pu reprocher à certains hommes d'avoir brigué des commandements supérieurs, alors qu'ils ne connaissaient pas le premier mot du métier. A la vérité, si beaucoup ont été attirés par la gloriole et l'envie de se chamarrer des pieds à la tête, d'autres ont été sincères en s'offrant spontanément, croyant que la bonne volonté suffisait. La Commune n'avait pas à sa disposition beaucoup de soldats de profession, — elle s'en méfiait, d'ailleurs — mais en eut-elle possédé, cela n'eut servi de rien. Le meilleur tacticien n'aurait pu tirer bon parti de la garde nationale toute désorganisée, sans cadres, et propre seulement à combattre derrière des retranchements, mais non en rase campagne. Rossel, qui était un véritable officier, ne put mener sa tâche à bien, non seulement parce qu'il avait à lutter contre l'anarchie, la rivalité du Comité central et de la Commune, mais aussi parce qu'il n'avait que des troupes défectueuses, des subalternes incapables.

J'avais repris ma place dans le rang et, malgré le danger, je me laissais aller à admirer la campagne qui verdoyait, toute gaie sous les premiers rayons d'un clair soleil d'avril, déjà chaud. Jusqu'alors, je n'avais vu de bataille que pendant l'hiver, sous un ciel gris, la terre noyée dans la boue ou couverte de neige et, vraiment, c'est tout autre chose de se battre par un beau temps! A l'horreur du fracas de l'artillerie, des cris des blessés, des mille rumeurs d'un combat, ne vient pas s'ajouter la morne tristesse de la saison glacée. Par intervalles, un obus qui passait en ronflant ou qui éclatait près de nous avec des sifflements aigus, me rappelait à la réalité.

Comment nous parvint le commandement d'entrer en ligne à notre tour, je ne sais. Toujours est-il que nous fîmes par le flanc gauche, en suivant la voie ferrée que nous franchîmes au passage à niveau d'un grand chemin qui montait vers le sommet du coteau. Nous marchions l'arme au bras. J'étais au premier rang, à côté de l'ex-capitaine G..., qui avait démissionné vers le 18 mars et qui servait en qualité de simple garde. L'inébranlable confiance que j'avais en cet homme m'attirait vers lui, et j'étais heureux de sentir son coude dans le rang. Puis nous fîmes un « à droite » et nous commençâmes à grimper à travers une vigne, dont les échalas étaient tous renversés. Tant que nous étions restés sur le chemin, nous étions à couvert; mais une fois dans cette vigne, dont les ceps nous faisaient trébucher, les balles commencèrent à sussurer à nos oreilles, et très drûment.

— En avant! en avant! criaient nos officiers.

Et derrière nous un tambour battait la charge, qu'un clairon sonnait furieusement. Plus nous montions, plus la fusillade qui nous arrivait devenait serrée. Et comprenant que plus nous resterions longtemps sous le feu, plus nous serions exposés, nous bondissions par dessus les ceps, les échalas, nous abattant à tout instant, mais nous relevant pour reprendre notre course. Trois ou quatre hommes tombèrent pour tout de bon et restèrent sur le sol, geignant, portant les mains là où ils avaient été frappés. La charge nous aiguillonnait; sans tirer, baïonnette au canon, nous nous précipitions vers un groupe de maisons isolées, assises sur la crête du coteau, d'où partaient les coups de fusil. Le sous-pied de ma guêtre droite s'étant accroché dans une souche, j'allai m'étendre tout de mon long; je me relevai, les mains en sang, avec une bosse à la tête. Mais le pis était que mon sous-pied s'était rompu, faisant de mon godillot une simple savate, ce qui me gênait fort pour avancer. N'importe! Je sautais quand même, quitte à m'arrêter une seconde pour remettre le maudit soulier, qui m'abandonnait à tout instant.

— En avant! en avant!

Nous atteignons enfin le groupe de maisonnettes. Elles sont évacuées. Dans les ruelles et les jardins, nous ramassons quelques képis de gendarmes, des gibernes et deux ou trois chassepots. Exténués, nous nous arrêtons, assis sur des tas de moëllons, étendus sur le sol, pour souffler. Pour ma part je suffoque; jamais je n'ai eu si chaud.

Qu'arriva-t-il pendant les instants qui suivirent? Mes souvenirs me ramènent dans la grande rue de Clamart. Notre bataillon s'est dispersé. Je suis seul avec mon père. Les camarades sont allés où les appelait leur fantaisie, où les menait le hasard.

La grande rue du village regorge de gardes nationaux qui vont et viennent, à leur guise. Si ce n'était les uniformes, on jurerait qu'on assiste à une fête des environs de Paris. La gaieté n'est même pas absente. De temps à autre, pourtant, un obus arrive dans cette foule et renverse deux ou trois hommes. Un grand vide se forme alors à l'endroit où ils sont tombés. Puis un remous se produit, le vide se comble. Les blessés sont relevés et portés dans les maisons. Des gardes vont à l'extrémité de la rue, à la lisière du bois, font là le coup de feu et redescendent. D'autres les remplacent. Et cela constamment. Une panique a lieu. Une centaine de gardes s'étant massés et ayant voulu débusquer du village, ont été accueillis, à la sortie de la Grand'Rue, par quelques décharges de mitrailleuses. Un fédéré, qui revient de la bagarre, porte sur son épaule un cadavre ployé en deux. L'homme a reçu une balle en plein cœur. La mitraille parvient jusqu'à nous. Des obus tombent toujours çà et là. Mon père, avec une insouciance superbe du danger, va dans les groupes, questionnant les uns et les autres. A tout moment, connaissant bien le jeu de l'artillerie et devinant, sentant presque les coups venir, je lui crie :

— Gare-toi derrière ce mur ! Viens à côté de moi, à l'abri de cette maison, de cette encoignure.

C'est un de mes supplices, en cette journée, d'avoir à veiller sur l'imprudence paternelle.

Je suis très inquiet. Si mal qu'ait été conduite la guerre contre les Prussiens, ce n'était rien à côté de la manière dont est menée la sortie contre Versailles. Du reste, il est clair qu'elle a échoué. Le premier élan arrêté, il ne faut pas espérer que les gardes nationaux pourront et sauront reprendre l'offensive. Et si les Versaillais avaient un peu d'énergie, au lieu de garder leurs positions, ils chargeraient. Dans le désarroi où se trouvent les Parisiens, il n'y aurait aucune résistance. Leur masse, qui ressemble plutôt à un troupeau de moutons qu'à une troupe armée, s'évanouirait comme un nuage chassé par le vent. J'ai peine à croire que les Versaillais ne vont pas tenter cette attaque tout indiquée, qui leur livrerait Clamart et, qui sait, une porte de Paris où ils pourraient arriver en même temps que les fuyards, en dépit des forts d'Issy et de Vanves. J'ai surtout peur d'un mouvement tournant, qui nous prendrait comme dans un filet, sans espoir de retraite. Je dis à mon père qu'il est temps de s'en aller, puisqu'il n'y a rien à faire. Cela est si vrai, que des officiers fédérés, sûrs de n'être pas écoutés de cette foule sans homogénéité, sans direction, ne tentent rien, ne donnent aucun ordre. La partie est bien perdue.

J'entraîne mon père. Mon intention est de regagner Issy. Derrière le fort, peut-être y aura-t-il moyen de reconstituer les bataillons. En tous cas, il est peu probable que les Versaillais livrent l'assaut à ce village où, dit-on, des barricades sont élevées. Quelques hommes parlent de gagner la redoute de Châtillon, qui se trouve sur la gauche. Mais c'est une position bien en l'air, qui peut être facilement tournée. Puis elle n'est pas pourvue d'artillerie. S'y rendre me paraît une aventure très risquée. Quelques bataillons l'occupent et doivent s'y maintenir. Mon avis, si j'étais quelque chose, serait de faire évacuer sur l'heure ce poste trop avancé.

Certes, si j'étais commandé, si mon bataillon n'était pas disséminé et qu'il eut l'ordre d'aller à Châtillon, je marcherais. Mais ce que je vois, depuis le matin, m'inspire si peu de confiance, que je ne me mets pas à la suite des deux ou trois cents fédérés qui se rendent à la redoute. Je retourne à Issy. Les événements me donnèrent raison. Le lendemain, la redoute de Châtillon était cernée, ses défenseurs, forcés de se rendre à discrétion, étaient faits prisonniers au nombre de 1,500, et leurs chefs, entre autres le courageux Duval, étaient fusillés sur l'heure.

Nous revoilà, mon père et moi, dans le haut d'Issy, où le désordre est au comble comme à Clamart. Très fatigués, nous nous sommes assis sur le sommet d'un monticule dominant les alentours. A nos pieds, dans une espèce de gorge terminée en cul-de-sac, il y a une foule de gardes nationaux, à demi-noyés dans un nuage de fumée. Ils exécutent des feux roulants, par pelotons ou à volonté. Sur quoi tirent-ils ainsi? L'ennemi est loin d'eux et, au-delà, des vergers, des murs coupent l'horizon et raccourcissent la ligne de tir. Nous finissons par comprendre.

Ces braves gens s'exercent tranquillement à la cible.

Autour d'eux le canon tonne, l'ennemi vainqueur peut s'avancer brusquement. N'importe! Ils se livrent au plaisir du stand et brûlent leurs cartouches avec la plus parfaite insouciance. Parmi eux il y a des officiers. Mais bien loin de trouver à redire à ce gaspillage de poudre, ces messieurs imitent leurs hommes et expérimentent la portée de leurs revolvers.

La nuit vient. Une bise aigre nous fait frissonner sous nos capotes. Nous sentons les vives douleurs d'une faim inapaisée depuis la veille au soir. Avec un sédentaire de notre bataillon, bon gros garçon nullement taillé pour les aventures guerrières, venu là je ne sais comment ni lui non plus, et qui est devenu depuis un coulissier bien connu à la Bourse, nous tînmes conseil. Notre camarade, qui était à la fois éreinté et navré de se voir dans les champs à une heure pareille, sans savoir comment il dînerait ni où il coucherait, était d'avis de regagner Paris. Mais pour augmenter son chagrin et lui causer une belle peur, je lui affirmais qu'il serait arrêté aux fortifications et qu'il pourrait lui en cuire d'avoir abandonné son poste. Il aurait pu me répondre qu'il n'avait pas de poste à garder et que bien fin serait celui qui dirait quelle tâche lui incombait. Mais, dans son affolement, il n'y songea pas, et il nous suivit avec docilité jusque dans le village, qui regorgeait de gardes nationaux.

Nous cherchâmes longtemps un gîte. Toutes les maisons étaient envahies. Enfin nous finîmes par trouver une petite auberge où il y avait encore de la place. Nous pûmes obtenir, à grands renforts de supplications, du pain, du vin, un morceau de bœuf bouilli et du fromage, avec de l'eau-de-vie à discrétion. Nous payâmes notre dîner aussi cher qu'un festin chez un bon restaurateur, puis nous demandâmes où nous pourrions coucher, car l'aubergiste ne voulait garder personne et, dans la salle commune, à côté de la nôtre — nous avions dîné dans une pièce réservée à la famille — une violente querelle avait éclaté entre lui et les gardes nationaux qu'il voulait expulser, à moins qu'ils ne consommassent jusqu'à plus soif. Il nous offrit une chambre où se trouvait un méchant lit sur lequel nous nous étendîmes tous trois, sans nous dévêtir. Cette chambre fut bientôt pleine de gardes qui se couchèrent sur un matelas que nous retirâmes du lit, sur le plancher, sur une table, sur des chaises, partout. Il y en avait sur chaque marche de l'escalier. Pendant la nuit, je sentis confusément un poids s'appesantir sur mes jambes, ce qui ne m'ôta pas l'envie de dormir, et au matin, je vis que nous avions couché cinq sur ce grabat. Cela n'empêcha pas l'aubergiste de me réclamer le prix de sa bizarre hospitalité, que j'eus la candeur de lui payer, alors qu'il était facile d'invoquer le cas de force majeure et les droits de la guerre.

Je me retrouve, dans ma mémoire, assis devant la porte d'une maison, sur une marche de pierre, mangeant un morceau de pain et du saucisson, avec un litre de vin pour deux, mon père et moi. Le camarade a disparu : je ne l'ai revu que bien des années après et je le rencontre encore parfois dans les rues, très grave, très digne, bombant un ventre de financier. Il ne m'a jamais reconnu. Cette rue très étroite et raide comme une échelle de meunier, est encombrée de fédérés appartenant à tous les bataillons, qui font comme nous le déjeuner du matin. Le canon, qui a rugi toute la nuit, s'est tû. On est sans nouvelles précises. Où en est-on, que s'est-il passé, que va-t-on faire ? Tout le monde l'ignore et, à la vérité, nul ne s'en soucie.

Cependant, comme par instinct, chacun cherche des amis, des hommes de son bataillon. Quand on se rencontre, on ne se quitte plus. Quelques-uns restent à un endroit déterminé, tandis que d'autres vont faire l'office de rabatteurs. C'est ainsi que vers dix ou onze heures, nous nous retrouvons au nombre d'une centaine appartenant à toutes les compagnies du 32e

Mais ce n'est pas tout : si les bataillons se sont à peu près reconstitués, que vont-ils devenir ? En vain l'on attend des ordres : les ordres ne viennent pas. Devons-nous rester dans Issy, indéfiniment, ou rentrer dans Paris ? Si nous restons, où allons-nous être cantonnés ? Quel service va-t-on nous faire faire ? Toutes ces questions restent sans réponse. Et nous qui nous plaignions d'être mal conduits pendant le siège ! Un de nos lieutenants déclare qu'il va aller à la recherche d'un officier d'état-major. Il est convenu que, jusqu'à son retour, chacun peut disposer de son temps comme il le jugera bon. L'intendance ne fonctionnant pas, les hommes ne doivent compter que sur eux, pour se procurer des vivres. Tous se dispersent, car midi va sonner. Mais il est convenu que le rendez-vous général est fixé pour deux heures, place de l'Eglise.

Mon sous-lieutenant, qui est ami intime avec mon père, vient à nous et nous dit qu'il est invité à déjeuner chez l'instituteur du pays, lequel est une de ses pratiques. Le sous-lieutenant était de son métier courtier en vins. Il nous emmène, et, chez cet instituteur, nous retrouvons mon ex-capitaine.

Ce maître d'école, qui me faisait l'effet d'un très brave homme, nous reçut avec un empressement inattendu. Il nous prodigua le vin, le cognac, les cigares, et le déjeuner fut exquis. Toutes les cinq minutes, il nous pressait de manger davantage et estimait que nous ne buvions pas assez. Cependant, mon ex-capitaine, qui était restaurateur, le lieutenant, qui était courtier en vins, savaient rondement sécher une bouteille, et je m'acquittais aussi très bien de cette agréable besogne. Seul, mon père était très sobre. Sur l'instant, je pensai que le digne magister était des nôtres et que son amabilité tenait d'un enthousiasme profond pour la Commune. Mais depuis, ayant réfléchi, je crois qu'il avait une belle peur de ces Parisiens, si peu farouches, pourtant! que les hasards de la politique avaient fait ses convives d'une heure.

L'instituteur nous apprit le sinistre dénouement de l'affaire de Châtillon. La redoute prise le matin même, sans combat, après avoir été tournée, et quinze à dix-huit cents fédérés emmenés à Versailles, leurs chefs fusillés. Un de ses amis qui venait le voir, raconta l'échauffourée du Mont-Valérien, l'inepte manœuvre de Bergeret faisant couper sa colonne par le canon de la forteresse devant laquelle il passait à portée de fusil, sans s'informer de l'attitude que prendrait la garnison, — et la mort de Flourens au pont de Chatou. Ces sombres histoires jetèrent un froid parmi nous et eurent pour résultat d'abréger le déjeuner.

En nous en allant pour gagner l'église, nous vîmes, en passant sur la route, quatre pièces de sept abandonnées de leurs servants. Elles étaient toutes neuves, brillantes et jolies à voir.

— Vraiment, dit l'ex-capitaine G..., que voulez-vous faire avec des gaillards qui ne savent pas se servir de bijoux pareils!

Place de l'Eglise, il n'y avait encore personne des nôtres au rendez-vous. Nos deux compagnons nous quittèrent pour je ne sais plus quel motif... Ah! si, pardon, leurs femmes venaient d'arriver. Ces dames, très inquiètes depuis deux jours, étaient parties à la recherche de leurs maris. Elles n'étaient pas les seules, du reste. Issy était plein de Parisiennes, des épouses et des mères, des maitresses et des sœurs, des ménagères et des courtisanes. Et naturellement, à force d'instances, beaucoup finissaient par décider le bien-aimé à rentrer au logis.

C'est ainsi qu'on comprenait la guerre, pendant la Commune.

Ce n'était pas la faute des hommes, mais celle des chefs, nullement préparés au rôle qu'ils s'étaient taillé ou qu'on leur avait imposé.

Mon père, qui avait mal dormi, était très fatigué, ce qui n'a rien d'étonnant, puisqu'il avait, à cette époque, cinquante-huit ans sonnés, et que de tout jeunes gens étaient éreintés. J'avais sommeil aussi. Un camarade que nous rencontrons nous invite à aller dormir dans une carrière, non loin de là. Nous acceptons, et nous voilà tous trois dans un trou assez profond, pratiqué dans le flanc d'une masse de calcaire, droite comme un mur. Mon père et le camarade s'étendirent par terre, sur leurs couvertes. Mais je n'osai en faire autant. Cette carrière, si peu loin qu'elle fut du village, était très avancée en dehors de nos lignes, et on y était peu en sûreté. Je chargeai mon fusil, je mis baïonnette au canon, et je bourrai une pipe, avec la ferme intention de veiller devant l'entrée du trou, qu'obstruait à demi un bloc de pierre. A présent, je me demande avec anxiété quelle figure j'aurais faite si j'avais vu apparaître, à l'orifice de la caverne, quelques pantalons rouges. Nous commettions là une belle imprudence, car peu après, le lendemain, je crois, les carrières furent fouillées par les Versaillais, et nombre de fédérés qui s'y étaient réfugiés, furent tués ou pris.

Mais, en dépit de ma résolution, au bout de quelques instants, je fermais les yeux...

De formidables détonations me réveillèrent. Je n'avais pas dû sommeiller longtemps, une heure au plus. Je secouai mon père et l'autre dormeur.

— Partons, dis-je. Les Versaillais doivent attaquer, car vous entendez le canon, n'est-ce pas?

— Laisse-nous encore un peu.

Et ils se retournaient sur le flanc, pour reprendre leurs ronflements interrompus. Je les secouai de nouveau et ce ne fut que sur la menace de les laisser là qu'ils se décidèrent à me suivre. Nous étions engourdis et, en arrivant dans le village, nous entrâmes dans un cabaret pour boire une goutte. Des hommes de notre bataillon s'y trouvaient. Il fallut en passer par une tournée générale, et comme j'avais déjà fortement lampé au déjeuner, ma tête était très échauffée en sortant du mastroquet. De tous côtés les tambours ronflaient ; les clairons sonnaient des appels aux armes ; le canon faisait rage. A l'extrémité du village, une maison flambait. Tout cela m'excitait encore et, quand nous arrivâmes place de l'Eglise, où cent cinquante des nôtres, environ, étaient attendant, je ne demandais qu'à me battre. Le lieutenant qui était parti un peu avant midi pour chercher un officier supérieur, n'en avait vu aucun et, par conséquent, il n'y avait pas d'ordres. Les hommes parlaient tous à la fois, émettant cinquante avis différents. Par moments, l'un d'eux, doué de poumons plus robustes, montait sur une borne et nous haranguait. Dans les discours, il était fort question de « mourir pour la Commune », mais point de la manière dont il fallait mourir. Tout orateur se posait en héros prêt à sacrifier sa vie ; mais après avoir été chaleureusement applaudi, il ne prenait point le chemin du sacrifice. Au fait, personne ne l'aurait suivi, car il n'y a rien de tel, pour entraîner des soldats, que des galons sur une manche, et aucun orateur n'en avait. Les officiers, pour si peu qu'ils eussent de responsabilité, n'osaient prendre un parti, préférant encore attendre des ordres qui ne venaient pas.

Un grand remous se produit soudain dans la foule. Elle s'ouvre pour livrer passage à un garde national en vareuse qui, tout essoufflé, gesticulant plus qu'il ne parle, s'écrie, quand il peut reprendre haleine :

— Les Versaillais attaquent le fort de Vanves !

Derrière cet homme en arrivent bientôt deux ou trois autres qui confirment ses dires. Les gendarmes sont à cinq ou six cents mètres des tranchées de Vanves. Les messagers de mauvaise nouvelle viennent demander du secours.

Un officier fédéré à cheval vint aussi, peu

après, faire part de la situation critique des défenseurs du fort.

— Citoyens, nous dit-il, si les tranchées tombent entre les mains des Versaillais, le fort de Vanves est pris; celui d'Issy est tourné, la bataille est perdue...

Les bataillons qui se trouvaient sur la place se rassemblèrent comme ils purent, et dans un élan d'enthousiasme, ils partirent en criant :

— A Vanves! à Vanves! Vive la Commune!

Tant que nous fûmes sous le fort d'Issy, ou plutôt derrière, car nous suivions la route militaire, ça alla bien. Mais quand nous défilâmes sur la hauteur, entre Issy et Vanves, notre affaire changea du tout au tout. Les balles pleuvaient comme la grêle et les obus aussi. Les Versaillais, voyant une troupe en marche, faisaient converger leurs feux sur elle. En un rien de temps, une dizaine d'hommes étaient atteints. Un jeune garçon de seize ans, qui était caporal, reçut une balle dans le talon de son soulier ; mais éraflé seulement par le projectile, bien qu'il perdît beaucoup de sang, il n'en continua pas moins à marcher, tout en boitant. Un sergent eut la mâchoire fracassée par un éclat d'obus. Tout le monde sauta dans les fossés de la route, mais ils étaient si peu profonds que nous avions tout le buste en dehors. Nos rangs s'éclaircissaient à vue d'œil, non seulement par le feu de l'ennemi, mais aussi par la désertion. Au bout de dix minutes, nous n'étions guère plus de la moitié, sur les trois ou quatre cents du départ. Bientôt nous n'étions plus qu'une cinquantaine, et quand nous arrivâmes au remblai du chemin de fer de Paris à Versailles, qui se trouve à peu près à égale distance des forts d'Issy et de Vanves, nous n'étions pas plus de vingt. Dans ces conditions, notre secours était dérisoire. Derrière ce remblai, en nous baissant, nous étions à l'abri, mais les balles passaient par dessus, et le franchir présentait une sérieuse difficulté. Nous nous arrêtâmes là quelques instants, indécis, nous comprenant très bien sans nous consulter. Enfin, au nombre de sept ou huit, nous franchîmes l'obstacle, et aucun de nous ne fut touché. Deux ou trois cents pas plus loin, nous nous heurtâmes à un talus élevé qui nous abritait encore jusque à l'épaule. De l'autre côté, une plaine unie, allant un peu en pente ; çà et là des arbres fruitiers, en pleine floraison, étalant leurs bouquets blancs et roses. A cent mètres environ, une petite maisonnette, n'ayant qu'un rez-de-chaussée et qui pouvait servir de pied-à-terre à des Parisiens, le dimanche, ou de resserre à quelque maraîcher du pays. Le terrain, aux alentours, était fraîchement labouré, et les balles s'enfonçaient dans les mottes de terre qu'elles faisaient éclater en poussière. L'effet était très curieux à observer. De temps à autre, quand un sifflement aigu nous passait trop près de l'oreille, nous rentrions la tête. Pas très loin, nous apercevions les glacis du fort; plus bas, une mince ligne indiquait les tranchées d'où partait une fusillade insignifiante, quelques coups de fusil, tandis qu'au delà, dans les vergers, au dessus des haies et des buissons, s'élevaient d'épais flocons de fumée blanche. C'était là qu'étaient les assaillants.

Nous étions huit. Les balles perdues se croisaient en tous sens. Avancer plus encore était courir à une mort presque certaine, sans aucun profit pour la défense commune. Il fallait être fou pour le tenter. Je fus ce fou.

Enervé par le bruit de la bataille, excité par les libations d'un copieux déjeuner suivi « de tournées » amicales, poussé par la vanité de faire ce que les autres n'osaient pas, emporté par le double et tout-puissant attrait de la curiosité et du danger, enragé du désir de tirailler, je sautai d'un bond par dessus le talus et je me mis à courir...

Plus j'avançais, plus il me semblait que la fusillade ennemie augmentait d'intensité. Un moment j'eus conscience de ma sottise et le regret m'en prit. Mais pour rien au monde je n'aurais osé retourner. J'atteignis un groupe d'arbres espacés et, pour reprendre haleine, je m'arrêtai derrière le plus gros, dont le tronc était sillonné d'éraflures, avec des lambeaux d'écorce pendant, presque détachés. Tout autour, des branchettes, coupées par les balles, jonchaient la terre, et durant que je regardais la distance qui me restait à parcourir, cherchant quelques nouveaux accidents du sol qui pourraient me dissimuler, une odorante pluie de fleurs descendait doucement sur ma tête et mes épaules. J'avais l'air d'un personnage de féerie, à qui étaient prodigués, sur l'ordre de quelque génie, les enchantements d'une merveilleuse et touchante apothéose.

Mais si gracieuse que fut cette situation, elle ne pouvait durer. Ayant quitté des compagnons, j'avais hâte d'en retrouver d'autres. Il n'y a rien de plus pénible que l'isolement dans le danger. Une nouvelle course me conduisit jusqu'à la maisonnette, ou plutôt à la bicoque, dont une partie de la toiture avait été emportée par un boulet. Là j'étais tranquille. Mais le plus gros restait à faire. De ce point aux tranchées, il n'y avait plus aucun arbre, aucun buisson, aucun tertre — le sol était rasé. J'allais m'élancer, car il fallait en finir, quand une main se posa sur mon épaule, pendant qu'une voix disait :

— Reviens, voyons !

C'était mon père. Je fus en même temps tout attendri et tout colère. Je lui représentai que ce n'était pas là sa place ; qu'à son âge il était dispensé de faire d'inutiles prouesses ; qu'il y avait chez nous ma mère, ma sœur et mon frère, dont la vie dépendait de la sienne. Mais il n'écoutait pas. J'insistai, et il finit par promettre qu'il profiterait d'un moment d'accalmie pour retourner à Issy.

La promesse était à peine faite que je prenais mes jambes à mon cou. J'arrivai dans la tranchée.

Je fus stupéfait. Il n'y avait là que onze hommes, appartenant pour la plupart au 91ᵉ bataillon. Ils furent aussi très surpris de me voir, et quelques-uns me demandèrent d'où je venais et pourquoi. Je m'expliquai et prenant position contre le parapet de la tranchée, je me mis à tirer sur les flocons de fumée blanche qu'on apercevait au loin.

— Ils sont au moins à neuf cent mètres, me dit un fédéré ; c'est inutile de tirer, puisque votre « tabatière » ne porte pas jusque là.

— Pardon, répondis-je avec la fierté d'Artaban ; ce n'est pas un fusil que j'ai, mais une carabine Minié, qui porte à plus de mille mètres.

Et je me remis à brûler des cartouches. Au dessus de nous sifflaient les obus envoyés par le fort ; des balles faisaient sauter la crête du parapet. Deux hommes furent frappés à la tête, tués tous deux. Nous étions espacés à quelques pas l'un de l'autre. Je sentis, tout près de moi, un compagnon qui abaissait le canon de son arme dans la direction de l'ennemi. Il tira. Je me retournai pour voir qui il était. Je reconnus mon père.

— Je ne voulais pas te laisser tout seul.

Moi aussi, j'avais regretté de le laisser seul, et je fus tout heureux de le retrouver. Dans la tranchée, le danger était moindre que sur la route, entre les deux forts.

La journée était déjà avancée. Le soleil allait se coucher, j'avais vidé ma cartouchière et, du reste, le combat se ralentissait. Les Versaillais, gênés par les volées de canon de Vanves et d'Issy, s'étaient reportés en arrière. L'attaque était repoussée ; il n'y avait plus rien à craindre de quelque temps. Un officier du fort vint nous l'apprendre, et tout le monde se retira — c'est-à-dire les neuf survivants des défenseurs de la tranchée, car deux autres encore avaient été blessés.

Derrière le fort et dans Vanves, il y avait une masse de gardes nationaux. Quand la nuit fut venue, cette masse se mit en mouvement du côté de Paris. Mon père et moi, séparés de notre bataillon, nous n'avions plus rien à faire, puisque nous n'étions sortis que pour la marche sur Versailles. Nous suivîmes le troupeau, qui s'écoulait un peu à la débandade, regagnant en hâte les fortifications.

La Commune était vaincue ; sa chute n'était plus qu'une question de temps. Toute tentative d'attaque sur Versailles était désormais inutile, puisque trente mille fédérés, déployés du Bas-Meudon jusqu'au delà de Châtillon, appuyés sur deux forts pourvus d'artillerie, n'avaient pu enlever des positions faciles à aborder et défendues seulement par deux ou trois régiments de ligne, sept ou huit cents gendarmes, et quelques pièces de canon.

CHAPITRE IV

A la mairie de Montmartre. — La vie à Paris. — Escarmouches. — Dans Asnières. — Le pont de bateaux — A la nage.

J'allai voir à l'ambulance, le lendemain de mon retour dans Paris, mon ami Alcide. On m'apprit qu'il était parti depuis cinq ou six jours, quoique boitant encore. Je me rendis chez lui. Il s'y trouvait et me raconta les principaux incidents des combats livrés à Issy. Bien que souffrant encore, il avait fait partie de la grande sortie, ayant été incorporé volontaire au 149e bataillon. Alcide avait servi la pièce de canon mise en batterie le jour de l'attaque, pièce que j'avais servie, moi aussi, pendant près d'une heure, et, chose curieuse, nous ne nous étions pas rencontrés ou reconnus !

Depuis la fin du siège prussien, mon père était entré à la mairie de Montmartre, au service des secours. Il m'y fit admettre, ce dont je fus enchanté, car trente sous par jour ne suffisaient vraiment pas pour vivre, et j'allais gagner cinq francs ! Le travail consistait à délivrer des bons de pain et des bons de viande, de huit heures du matin à cinq heures du soir. Ce n'était pas difficile, mais c'était odieusement monotone et fatigant, car il y avait quarante mille femmes inscrites, et, chaque jour, il en défilait au moins dix mille dans notre bureau. Des gardes nationaux en armes assuraient l'ordre. La tâche était délicate aussi : les secours étant médiocres, beaucoup de femmes réclamaient, moitié priant, moitié menaçant, et nous étions juges de ce qu'il fallait donner en plus de l'allocation déterminée.

La défaite des 2 et 3 avril avait eu pour résultat immédiat de discréditer l'insurrection. La petite bourgeoisie, qui aurait très bien marché le lendemain du 18 mars, voyait avec terreur la lutte se prolonger au grand détriment des affaires. Sans aucun amour pour Versailles, elle avait perdu toute sympathie pour la Commune et surtout pour les hommes de la Commune, dont les dissensions, les querelles violentes alarmaient les gens les plus disposés en leur faveur. On sentait que ça n'était pas sérieux. Ce qui répugnait surtout, c'était le système de mensonges que la Commune avait emprunté au gouvernement de la Défense Nationale. Son journal officiel, ses affiches racontaient chaque jour des choses énormes. Tantôt c'était une victoire qui avait coûté aux Versaillais des pertes excessives, tantôt c'était un bataillon, voire un régiment ennemi, qui avait tourné et s'était rangé sous l'étendard fédéré. Puis c'était décrets sur décrets, jamais exécutés; des fausses nouvelles sur l'état d'esprit de la province. A la vérité, les Versaillais resserraient leurs lignes d'investissement, la canonnade tonnait jour et nuit, plus violemment qu'au temps du premier siège. La garde nationale fournissait beaucoup de monde pour le service intérieur, mais infiniment peu pour les remparts, les forts et les tranchées. Une poignée d'hommes représentait un bataillon, et c'était toujours les mêmes qui roulaient.

Dans l'intérieur de la ville, la vie ne différait pas sensiblement de ce qu'elle est en temps ordinaire. Le boulevard avait sa physionomie accoutumée et les plaisirs ne chômaient pas. C'était même très original, ce contraste entre le centre et la périphérie de Paris, l'un si calme, l'autre si terrible.

A la mairie, j'étais donc tranquille ; mais, ainsi que tous les autres employés, j'étais fort jalousé par les gens du quartier. Je comprenais très bien le sentiment qui les animait, aussi je me gardais avec soin de fréquenter les clubs et même les réunions de mon bataillon, quoique je fisse partie de son conseil de famille. J'avais entendu répéter autour de moi que, vu ma jeunesse, ma place était aux remparts et non dans un bureau. C'était vrai. Mais la nécessité !

Néanmoins, je compris qu'il était indispensable de fournir encore une preuve de bon vouloir, et un jour que mon bataillon — ou plutôt quelques hommes d'icelui — partait pour les grand'gardes, je demandai à mon chef de service un congé de quarante-huit heures, afin d'aller faire acte de combattant.

C'était, je crois, le 16 avril. Vers les quatre heures du soir, nous partions pour Asnières où des renforts étaient demandés, le château de Bécon ayant été violemment attaqué, les nuits précédentes, par les Versaillais. Nous arrivâmes à Asnières un peu avant la tombée du jour. Nous passâmes le pont de bateaux qui unissait les deux rives, l'ancien pont ayant été détruit, et l'on nous fit aller sur la droite du village, au commencement de la plaine de Gennevilliers. Nous eûmes une assez bonne nuit. Mais au matin, dès les premières lueurs de l'aube, nus fûmes réveillés — car, avec l'insouciance extrême de la garde nationale, nous nous étions cantonnés dans les maisons, sans même poser de sentinelles avancées — par une canonnade enragée. On se battait à la gauche de nos lignes. Un fedéré, qui était à Asnières depuis plusieurs jours, m'apprit que ça se passait du côté de Bécon. Alors, on nous fit sortir et déployer en tirailleurs dans les champs, tandis que d'autres groupes de gardes nationaux partaient en hâte dans la direction du combat. Leur concours fut de petite utilité, car quelques heures après, certains d'entre eux qui étaient revenus pour grossir nos rangs, nous dirent que le château de Bécon venait d'être emporté. Nous ne tardâmes pas à voir cette nouvelle confirmée : toute la partie d'Asnières occupée par nous fut bientôt couverte d'obus. Les Versaillais avaient établi une batterie dans le château, dès qu'ils en étaient devenus maîtres. Sur notre gauche, un peu en avant, un de nos postes, établi à Bois-Colombes, échangeait des coups de fusil avec l'ennemi. Il y avait plus de dix heures que nous étions là, déployés à cinq ou six pas les uns des autres, et personne encore n'était venu pour nous dire si nous allions être relevés, si nous devions rester encore ou marcher en avant. Quand ils ne reçoivent pas d'ordres, des soldats agissent à leur guise. C'est ce qui arriva. Peu à peu, notre rideau de tirailleurs se défila et, bien avant la nuit, tout le monde était rentré dans Asnières. La grande difficulté était de se procurer des vivres. En campagne, c'est toujours la principale préoccupation du soldat. Dans cette partie d'Asnières, il y a peu de commerçants ; à cette époque il y en avait moins encore. Quelques camarades furent délégués au nom de tous, pour aller chercher du pain et tout ce qu'ils pourraient trouver à manger. Ils ne revinrent que longtemps après, mais avec du pain, du lard, des boîtes de sardines, du fromage et beaucoup de litres de vin. Nous étions à table — je veux dire que chacun s'était disposé du mieux possible pour manger, car les maisons où nous étions campés étaient veuves de tout mobilier, et la table de 'escouade à laquelle j'appartenais était une futaille — quand le clairon sonna au ralliement. Nous sortîmes tous et nous nous alignâmes. Au même moment deux cavaliers passaient devant notre front. L'un était Dombrowski; l'autre le colonel Okolowicz. Ils s'arrêtèrent pour nous exhorter à bien combattre, car nous devions être attaqués dans la nuit. Dombrowski demanda si nous étions pourvus d'un nombre suffisant de cartouches, et, sur réponse affirmative, il continua sa ronde.

Tout le monde avait grande confiance en ce général de la Commune, bien que beaucoup de gens eussent préféré avoir pour chef un Français. Mais son activité — il était partout à la fois et paraissait avoir le don d'ubiquité — sa bravoure froide et entraînante cependant, avaient fini par lui rallier toutes les sympathies. C'était un petit homme maigrelet, blond fadasse, qui ne payait pas de mine dans la vie ordinaire. Mais au feu il était superbe. Okolowicz était aussi un très courageux officier, et c'eût été plaisir de marcher avec ces deux hommes, s'ils avaient été un peu secondés par les chefs subalternes. A la tête de troupes régulières, ils eussent fait des prodiges. La défense de Neuilly par Dombrowski est, de l'aveu des militaires même, une action de guerre du plus haut mérite.

Au milieu de la nuit, Dombrowski revint encore pour s'assurer que nous faisions bonne veille. Il ne fut guère flatté de voir combien peu de précautions avaient été prises pour éviter une attaque imprévue. Le service des sentinelles était presque nul. Les officiers en avaient bien posé quelques-unes, mais comme ils n'avaient trouvé personne qui voulut les relever, ces sentinelles, pour la plupart, avaient quitté leur poste, fatiguées d'une trop longue faction. A force de gourmander tout le monde, il parvint à faire établir de nouveau des grand'gardes, et c'est ainsi qu'au petit jour je me retrouvai dans les champs, comme la veille, au milieu des tiges fanées d'un plant d'asperges.

Nous nous trouvions à quatre ou cinq cents mètres de Gennevilliers, dont nous avions la surveillance, quand la fusillade éclata du côté de Bois-Colombes. L'affaire ne fut pas longue. Nous vîmes bientôt les nôtres qui abandonnaient ce village et s'éparpillaient dans la plaine. On nous fit porter en avant. Quelques rares coups de fusils éclataient encore. Mais le château de Bécon tirait sans relâche. Une demi-heure s'écoula de la sorte, quand tout à coup une grêlée de balles, partant des maisons et des jardins de Gennevilliers, vint s'abattre sur nous. Nous ripostâmes, après un moment de trouble et d'indécision. Et pendant plus de deux heures, cette tiraillerie continua de part et d'autre, sans qu'elle nous fît grand mal, car nous étions couchés à plat ventre. Le feu cessa de nouveau. Puis, nous vîmes déboucher de Gennevilliers et se déployer dans la plaine une masse de gendarmes. Ils marchaient en bataille, avec des tirailleurs lancés en avant. Un mouvement de recul se produisit sur toute notre ligne, malgré les efforts d'un de nos officiers — Okolowicz, je crois, car je ne le vis pas d'assez près pour le reconnaitre — qui se prodiguait désespérément. Voyant que les Versaillais n'avançaient qu'avec une extrême lenteur, nous reprîmes assurance et nous rouvrimes le feu.

En me retournant pour juger quels seraient les points de repaire en cas de retraite, et m'assurer si nous avions derrière nous des obstacles de terrain où nous pourrions nous abriter, je vis venir à bride abattue quatre ou cinq cavaliers. L'un d'eux courait devant. C'était Dombrowski, et il n'en fallut pas davantage pour rétablir le combat, qui tournait mal pour nous. Il allait d'une extrémité à l'autre de notre ligne de tirailleurs, encourageant les hommes, leur donnant des conseils, aussi calme que s'il eut commandé l'exercice.

Par malheur notre ligne était très mince, le feu peu nourri, tandis que les Versaillais renforçaient à tout instant leur chaîne, qui s'avançait d'une façon inquiétante. On se battait à deux cent cinquante mètres, tout au plus, et l'on distinguait sans peine l'uniforme des gendarmes. Je tirais si vite que mon fusil me brûlait les doigts, quand je le saisissais par le canon; et cela me rappelait une sensation analogue que j'avais éprouvée souvent, quand, dans les tranchées de la Suiferie ou devant le plateau d'Avron, mon arme était blanche de givre, le matin, après une nuit glacée.

Les Versaillais commençaient à dessiner un mouvement tournant sur notre droite. Dombrowski s'en aperçut et il se porta au galop sur le point menacé. Un renfort d'une centaine d'hommes étant arrivé, le général leur fit prendre position de manière à former un angle droit. Mais cela n'arrêta les Versaillais que peu de temps, et ils finirent par nous déborder complètement. Nous recevions des balles et de front et d'enfilade. La position n'était plus tenable. Alors, pas à pas, grâce à Dombrowski accourant dès qu'il voyait faiblir une partie de sa ligne, la retraite commença. Je crois que de vieux troupiers n'auraient pas mieux tenu. La manœuvre était si bien exécutée que les blessés étaient relevés, emportés en arrière, et que les hommes, ayant fini leur service d'ambulanciers provisoires, revenaient prendre leur rang de bataille.

C'était la première fois que je prenais part à un combat d'infanterie en plaine et je trouvais cela excessivement intéressant, amusant même. A la guerre, le dur est de se rendre au feu ; mais quand on y est !...

Cette retraite, sous le tir de l'ennemi, s'exécuta donc avec beaucoup de régularité, ce qui prouve que la garde nationale eut pût, bien menée, rendre de très grands services. Il n'y eut un peu de précipitation, à l'extrême droite, que lorsque les Versaillais lancèrent contre nous quelques pelotons de chasseurs à cheval, et quelques dragons, m'a-t-il semblé, qui opéraient en fourrageurs. La cavalerie cause toujours une très sensible impression à des troupes peu solides. Mais la fusillade, pour être moins vive, continua cependant jusqu'à ce que tous les fédérés fussent rentrés dans les maisons, que les gendarmes n'osèrent pas aborder de front immédiatement. Ils commencèrent par nous canonner, n'avançant qu'avec la plus extrême prudence.

Dombrowski nous avait quittés, notre retraite accomplie, pour se porter au sud et à l'ouest du village, très vivement attaqués. Le bruit se répandit bientôt parmi nous que les Versaillais s'étaient emparés des premières maisons, qu'ils cheminaient à travers les parcs et les jardins, tandis que le château de Bécon appuyait leur tentative par des décharges répétées. Ce bruit grossissait d'instant en instant, la fâcheuse nouvelle était bientôt confirmée, d'où une panique générale. On n'entendait que ces mots :

— Il faut repasser la Seine !

C'était en effet, selon moi, le plus sage parti à prendre. Asnières n'avait d'autre valeur, militairement parlant, que la valeur d'une tête de pont. C'eut été beaucoup pour une armée régulière. Cette position lui eut permis de déboucher dans la plaine, de tenter des sorties continuelles. Mais l'armée fédérée était incapable de prendre l'offensive, et, en admettant le contraire, il eut fallu alors reconquérir le château de Bécon, qui commandait Asnières et toute la rive gauche de la Seine, ce qui était impossible.

Et voilà tout le monde abandonnant les maisons qui regardaient la plaine de Gennevilliers, pour remonter vers le centre du village, afin de regagner le pont. Aussitôt, comme s'ils eussent été avertis de notre départ, les Versaillais entraient dans les bicoques, quittées par nous trop rapidement, et nous criblaient de balles. Quand nous traversions un carrefour, nous étions ainsi pris entre deux feux, de front et en écharpe. Une bousculade se produisit. Les fédérés qui avaient tenu jusque-là du côté de Colombes et de Nanterre, se rabattaient sur nous, augmentant le désordre. Les fuyards couraient pêle-mêle dans la direction de la Seine, semant la route de leurs cadavres. La cavalerie versaillaise chargeait, tandis que les fantassins accentuaient leur mouvement enveloppant.

Rien ne pouvait arrêter cette fuite. Nous étions perdus. Avec le plus grand calme, tout en allongeant le pas et en m'abritant derrière les murs je regardais à tout instant derrière moi pour voir s'il n'était pas nécessaire de prendre ma course. J'arrivai ainsi au bord du fleuve. Je restai atterré.

Le pont de bateaux n'existait plus. Il venait d'être coupé par ordre du chef de légion Landowski. Cet officier avait repassé la Seine un des premiers, non par lâcheté, car il se battait assez bien, mais par crainte de voir les Versaillais, qui étaient sur ses talons, franchir le fleuve avec lui et s'emparer de la rive droite. Il avait donc détruit le pont, laissant dans Asnières de douze à quinze cents hommes, au moins.

Le désordre ne fit que croître et je vis là des scènes lamentables. Les hommes se rabattaient sur le quai, et, devant l'impossibilité de passer la rivière, tournoyaient affolés, en poussant des cris de terreur et de colère. Quelques barques se détachaient de la rive opposée ; mais ces légers canots ne pouvaient transporter que peu de monde ; l'opération aurait pris deux jours. Des paquets de mitraille faisaient des vides affreux dans cette foule, que canardaient à coup sûr les fantassins ennemis, tandis que leurs cavaliers sabraient les traînards. Quelques fédérés plus courageux ou de plus de sang-froid, s'étaient jetés dans les maisons du bord de l'eau, pour résister encore. Mais ils ne pouvaient tenir longtemps.

Je descendis sur la berge, en contre-bas. Là on était à l'abri des balles, et beaucoup de gens avaient fait comme moi ; mais nous finirions infailliblement par être pris. Une angoisse mortelle était peinte sur tous les visages ; quant à moi je trépignais sur place, ne voyant pas de parti à prendre. Avant un quart d'heure, mon sort allait se décider. Je serais arrêté, fusillé sur le champ ou emmené à Versailles à coups de crosse et de plat de sabre. Une petite sueur moite me mouillait les tempes. Des malheureux tentaient de passer sur le pont du chemin de fer qui n'avait plus que son tablier et qui était pour ainsi dire à claire-voie. Je les voyais marcher sur les poutrelles, les bras en croix, comme des équilibristes. Quelques-uns arrivaient au bout, mais le plus grand nombre échouait. Les Versaillais tiraient sur eux, et ceux qui ne tombaient pas atteints de vertige, dégringolaient frappés par les projectiles. Une cantinière fut ainsi blessée, mais soutenue par un homme dévoué, elle parvint à achever la redoutable traversée. Des fédérés s'étaient jetés à la nage, de l'autre côté de l'eau, pour venir au secours des gens qui se noyaient, et il y en eut de sauvés ainsi. Par malheur, plus l'encombrement devenait grand sur les ruines du pont, plus le danger grandissait pour ceux qui s'y entassaient ; ils se faisaient mutuellement tomber, dans leur précipitation à passer. C'était navrant.

En voyant quelques hommes nager, j'eus comme un trait de lumière. Excellent dans l'art de la natation, il m'était facile de me sauver par ce moyen, et je me traitai d'idiot pour n'y avoir pas songé tout de suite. Seulement, si je ne courais pas le risque de me noyer, je courais celui de me faire tuer par une balle. Sur une longue étendue de la rivière, l'eau était criblée de mitraille et giclait comme quand il pleut dru, ou mieux comme sous une averse de grêlons. Des gardes, s'étant aventurés, disparurent sous mes yeux, et ils avaient dû être touchés par quelque biscaïen, car je les avais vus, en partant, très habilement faire la coupe.

Il fallait se décider, pourtant. Le contact immédiat avec les Versaillais était proche. Je n'avais pas le choix et j'allais piquer une tête, au petit bonheur, mais l'estomac serré par la crainte, quand il me vint une inspiration que, modestement, je qualifierai de géniale. Plus loin, le danger devait, sinon ne plus exister, du moins être bien diminué. La zône du feu ennemi ne s'étendait guère qu'à une centaine de mètres en amont et en aval. Je n'avais qu'à traverser la Seine au-dessus ou au-dessous de ces deux points. A cause du courant moins rapide, j'optai pour aval, et je descendis toujours en suivant la berge, me baissant aux endroits découverts, jusqu'à deux ou trois cents pas du pont.

Arrivé au bord d'une toute petite baie, qui semblait avoir été faite exprès pour la baignade, ayant remarqué que là il n'y avait ni herbes ni tourbillons, je passai mon fusil en bandouillère, la baïonnette au canon, car j'abandonnai ma cartouchière et mon ceinturon ; je retirai mes chaussures, que je nouai autour de mon cou, et je me glissai dans l'eau. Elle était encore légèrement froide, et j'eus un saisissement tel que je pensai être paralysé et tout près de couler à pic. Je fis appel à toute mon énergie et, la première sensation passée, je nageai si vigoureusement que je mettais pied à terre au bout de deux ou trois minutes à peine, sans avoir dévié de plus de cinq ou six mètres, et pourtant j'étais tout habillé, et ma capote pesait lourd. Mais si la peur donne des jambes pour courir, elle donne aussi des bras pour nager.

Je ne m'attardai pas à imiter la femme de Loth. Au contraire, je me mis à marcher avec la plus grande rapidité, afin de me réchauffer, redoutant, après avoir échappé aux Versaillais, à la noyade et aux balles, d'attraper une bonne fluxion de poitrine qui m'aurait tout aussi bien « nettoyé ». Dans une des rues de Clichy, je ne sais plus au juste où c'était, j'entrai chez un marchand de vins-restaurateur. Le fourneau de la cuisine rougeoyait. On me prêta une chemise et un pantalon, je me déshabillai pendant que des bonnes gens étalaient les pièces de mon costume devant ledit fourneau, au fur et à mesure que je m'en débarrassais. Un saladier de vin chaud me réconforta. Deux heures après, aussi sec que si je n'avais jamais été mouillé, je prenais le chemin d'Asnières, mû par le « démon de la curiosité ». Les Versaillais tenaient la rive gauche et avaient fait prisonniers tous les malheureux qui étaient restés de ce côté. Ils avaient maintenant une batterie à la gare même. Les fédérés, pour la contrebattre, en avaient élevé une autre, juste en face, sur la rive droite, sous le feu de l'ennemi. On se canonnait ainsi à tout au plus deux cents mètres. Des locomotives blindées s'avançaient jusqu'au milieu du pont du chemin de fer, envoyaient un boulet soit sur la gare, soit dans la direction de Bécon, et faisaient machine en arrière, pour revenir ensuite tirer de nouveau.

J'en avais assez vu, et trop heureux de l'avoir plusieurs fois échappé belle, dans cette affreuse journée, je regagnai Montmartre.

CHAPITRE V

Les derniers jours. — Le désordre. — Soirées montmartroises. — La Cécilia. — Trahison.

Les jours se traînaient péniblement, toujours les mêmes. De l'aube nouvelle à l'aube suivante, une canonnade terrible, le cercle de fer et de feu se rétrécissant autour de Paris. Des enterrements de fédérés, tués aux avant-postes, les corbillards à la file, décorés de drapeaux rouges, précédés de tambours voilés et battant aux champs. Spectacle lugubre ! Le découragement de plus en plus profond, né de la certitude de la défaite inévitable. La Commune toujours en lutte avec elle-même, avec le Comité central et un Comité d'artillerie où ce qui manquait le plus c'était les artilleurs. La misère grandissant, et l'espionnage versaillais prenant des proportions énormes, d'où une méfiance gé érale.

Je ne sortais plus guère de mon quartier, excepté, toutefois, pour aller rendre visite à mes amis de la rue Saint-Honoré. A huit heures du matin j'étais à la mairie et je n'en sortais qu'à six ou sept heures du soir, très fatigué.

Quand je ne descendais pas dans Paris, j'allais retrouver mon camarade Alcide, qui fréquentait chez un pharmacien établi rue Durantin. Le patron n'était presque jamais là, et nous étions les maîtres dans la boutique, tenue par un seul garçon, jeune homme de seize à dix-huit ans, fraîchement débarqué de Normandie, qui nous prenait par cela même pour des êtres supérieurs. Dans l'arrière-magasin, ce garçon, Alcide et moi, parfois quelque autre des nôtres, nous restions à bavarder, en grillant des cigarettes et en culotant des pipes.

Quand les maîtresses des camarades étaient-là, on chantait des romances sentimentales, des chansons de Béranger, de Dupont, même de Darcier, particulièrement de Nadaud, et Alcide faisait l'orchestre avec sa guitare.

Comme nous n'avions pas le sou ni les uns ni les autres, le bon potard faisait les frais de la soirée, mettant à contribution toute la droguerie du patron. Nous faisions du thé, du tilleul, des quatre-fleurs que l'on sucrait avec du miel; on prenait des sirops, on suçait des pâtes contre la toux: guimauve, jujube, réglisse; les bocaux de pastilles de menthe et de pastilles de Vichy étaient en permanence sur la table. Mais le fin du fin, la grande, la suprême délectation, c'était le petit verre d'élixir de Garus.

Alcide nous enseignait aussi le dessin, en sa qualité d'élève de l'École des Beaux-Arts. Nous faisions le bonhomme d'après nature et, un soir, une cliente entrant dans l'arrière-boutique, par mégarde, s'enfuit épouvantée en voyant l'un de nous, nu comme un ver, tout debout sur une table, pendant que les autres, un carton sur les genoux, fusinaient avec gravité.

Le maitre de la pharmacie, qui ne demeurait pas dans la maison même, s'en allait après le diner. C'est alors que nous arrivions. Mais il nous connaissait et plusieurs fois je fus, avec Alcide, invité à diner. C'est ainsi qu'un jour je vis là un des personnages de la Commune, le général La Cécilia, lequel était l'ami du pharmacien. Il était accompagné de sa femme. Je crois qu'il habitait le quartier, car il venait souvent dans la boutique, mais à des heures où je n'y étais pas.

La Cécilia avait la figure triste et sérieuse, sans grand caractère dans la physionomie; il avait l'air froid et correct, méticuleux même. Je n'attachai pas une grande attention à sa personne, car je n'avais que très peu entendu parler de lui. On le disait Italien et ancien officier. Il fut très réservé pendant le repas, et ne parla que très peu, pour des choses insignifiantes. C'est au point que je crus, bien qu'il n'eut aucun accent, qu'il avait de la peine à s'exprimer en français. Néanmoins, des quelques mots qu'il prononça sur la situation, je jugeai qu'elle était désespérée. La Cécilia était depuis quelque jours commandant de la place de Paris, nommé à cette fonction par Cluseret.

A cette époque, j'avais un domicile particulier. Un ami de mon père, en quittant Paris, m'avait laissé sa chambre, rue des Acacias, à présent rue d'Orsel. La maison était située un peu plus bas que le théâtre Montmartre, devant un poste de police. Cette chambre était proprement meublée, et je m'y carrais avec complaisance. De son unique fenêtre, on apercevait tout le sud de Paris, et, dans les claires soirées de mai, c'était un spectacle étrange et magnifique, celui de cette vaste ligne d'horizon toute enflammée par la canonnade. Avec Alcide et sa maîtresse, nous y allions le soir, et nous passions des heures à regarder le lointain.

Les évènements se précipitaient. Le fort d'Issy avait été pris et repris, puis finalement abandonné; le fort de Vanves ne pouvait plus tenir. Du côté de Neuilly, les Versaillais allaient ouvrir des tranchées et, vers le Bois de Boulogne, ils étaient presque sous les murs. Pour rassurer les combattants, la Commune faisait apposer de mensongères affiches où il était dit que des sorties à la baïonnette étaient opérées avec fréquence, et que, chaque fois, l'ennemi avait été bousculé. Mais on ne croyait pas à ces racontars invraisemblables. La lutte avait été menée avec trop d'énergie par Versailles, pour qu'on pût s'arrêter un seul instant à tenir pour vraies les fantaisies de la Commune. Depuis le début, les hostilités avaient toujours été crescendo. Seul l'armistice de 24 heures, à Neuilly, les avaient suspendues pour donner aux habitants, cachés dans leurs caves, victimes d'un bombardement terrible, le temps de s'échapper. Il y avait eu aussi la ridicule protestation de la Franc-Maçonnerie. Les « Enfants d'Osiris », chamarrés de rubans et de plaques, bannières au vent, étaient allés faire un tour sur les bastions du Point-du-Jour, avec le fol espoir que leur solennelle manifestation donnerait à réfléchir à l'Assemblée Nationale. Les Versaillais, très étonnés de cette mascarade, avaient cessé le feu, mais pour le recommencer bientôt avec plus de fureur. Tous les efforts de la fameuse *Ligue* créée par les neutres dans le but d'intervenir utilement entre Paris et Versailles, avaient échoué. On sentait qu'il n'y avait pas à attendre de quartier, et que c'était une guerre de sauvages, une guerre inexorable.

Un jour, dans l'après-midi, comme j'étais à mon bureau en train de délivrer des bons de pain, au moment juste où je me trouvais en discussion avec une pauvre petite femme, — type de la Parisienne des faubourgs, d'une grâce délicate, mais brisée, flétrie déjà par la misère, — laquelle avait un mioche sur les bras et deux autres accrochés à sa jupe, une effrayante commotion fit sursauter tout le monde. Chacun se précipita dehors ; en un clin d'œil la salle était vide. De la place, nous vîmes quelque chose d'étrange : une épaisse colonne de fumée noire, droite, et formant panache au sommet, montait vers le ciel à une hauteur colossale. Puis elle s'écrasait, s'étendait comme une masse obscure, embrumant tout l'espace, pendant que de sourdes crépitations, semblables à celles d'un feu d'artifice qu'on entend de très loin, roulaient incessamment.

Qu'était-ce ? Les commentaires allaient leur train. On disait que c'était une mine qui venait d'éclater sous les ouvrages versaillais ; telle était la version générale. Mais beaucoup de gens, les yeux équarquillés par la frayeur, regardaient stupides, sans prononcer une parole.

On sut bientôt que c'était la poudrière de l'avenue Rapp qui venait de sauter. Les uns affirmaient que la catastrophe était due à des agents versaillais ; d'autres qu'elle était le résultat d'un simple accident. Je crois qu'on a toujours ignoré la vérité.

Je fus, peu de jours après, témoin d'une scène tragique.

Un bataillon, dit des « Turcos de la Commune », campait depuis une heure à peine sur la place de la Mairie. Sales, déguenillés dans leur veste bleue et leur large pantalon bouffant, les hommes se vautraient sur les trottoirs, quand ils n'avaient pas trouvé de refuge sur les bancs ou chez les marchands de vins avoisinants, qui regorgeaient de buveurs. Par qui étaient composés ces « Turcos » ? Je ne sais. Mais, quoique j'eusse vu bien des soldats en campagne et que je susse parfaitement qu'au bout de peu de temps les individus les plus débonnaires en arrivent à avoir un aspect nullement sympathique ; pour moi, ces turcos avaient, sans exagération aucune, des figures atroces. On les regardait avec d'autant plus d'inquiétude. Par crainte de je ne sais quelle tentative, des gardes nationaux sédentaires faisaient la haie le long de la place, jusqu'à la porte même de la Mairie. Ils regardaient d'un œil inquiet ces pittoresques mais effrayants défenseurs de la Commune.

Le chef des turcos, un type d'homme du Midi, aux traits accentués, vêtu d'une capote bleue fortement galonnée, pénétra dans la Mairie, pour demander dans un langage difficile à comprendre, mi-français et mi-italien, une écurie pour son cheval. Comme on saisissait mal ses paroles, il s'emporta et, furieux, se mit lui-même à la recherche de ce qu'il désirait. Nous le vîmes entrer dans une espèce d'atelier de plein-pied et en ressortir, traînant un cheval par la bride. Ce cheval était celui d'un artilleur de la Commune qui servait d'estafette. Le chef de bataillon, avec le plus parfait sans gêne, délogeait le cheval de l'artilleur pour mettre le sien à la place, en cet atelier qui était devenu une écurie provisoire. L'estafette, prévenue de ce qui se passait, accourut et fit observer à l'Italien que le logis lui appartenait, le priant d'y réintégrer le locataire. Une courte querelle s'ensuivit et, au moment où nous nous disposions à intervenir, un coup de feu retentissait, l'artilleur roulait à terre, en poussant des cris de douleur. L'Italien venait de lui envoyer, pour clore la discussion, une balle de revolver.

Aussitôt, grande colère parmi les gardes nationaux, qui menacent le chef de bataillon des turcos de le fusiller sur-le-champ. Mais les compagnons de l'irascible personnage, lequel ne manifestait pas la moindre émotion et avait l'air d'avoir commis un acte tout naturel, s'interposent, et les gardes nationaux ne bronchent plus. Ainsi se termine l'incident.

Le soir même, l'artilleur était amputé — il avait été blessé à la jambe — et, trois jours après, il succombait.

Rien n'était plus affligeant que le désordre qui régnait alors. Une batterie avait été dressée au Moulin de la Galette. Les canons, dont quelques-uns sans affût et couchés simplement sur le sol, étaient braqués sur la plaine Saint-Ouen. La première fois que ces pièces servirent, ce fut un brouhaha formidable dans le quartier. On s'empressa de coller des bandes de papier sur les vitres et les glaces, afin d'éviter que les commotions ne les fissent se briser. Mais il n'y avait pas une heure que la batterie tonnait, quand arriva, au triple galop, une ordonnance d'officier général, laquelle, entre parenthèse, était costumée en matelot, ce qui faisait un effet assez singulier et rappelait vaguement la chanson « des Plongeurs à cheval ». L'ordre était donné de cesser le feu, les obus tombant au pied des fortifications et tuant non des Versaillais, mais des fédérés.

Une de ces soirées si lugubres m'est fidèlement restée dans la mémoire.

Il était à peu près minuit et je sortais de chez mon père, pour me rendre à mon domicile de la rue des Acacias, où Alcide se trouvait déjà en compagnie de sa maîtresse. Nous avions touché notre solde le matin et nous avions combiné une petite fête. J'avais pris la rue Durantin, lorsque, en atteignant l'angle que forme cette rue avec la rue de Ravignan, alors rue du Vieux-Chemin, je vis un cavalier monté sur le trottoir, causant avec un officier accoudé à une fenêtre au premier étage du café Sergent.

J'entendis distinctement ces paroles, prononcées par le cavalier :

— Je ne sais ce que cela veut dire, mais ce soir il y a deux mots d'ordre.

Et m'étant arrêté un instant pour examiner le cavalier, je reconnus La Cécilia.

Je racontai à mon ami Alcide ce fragment de conversation, qui nous rendit très anxieux. Mais la jeunesse aidant, l'espoir revint vite. Nous chantâmes, nous bûmes à la Commune et à son triomphe. Dans cette heure de griserie, il nous était impossible de douter de l'écrasement des Versaillais, s'ils osaient pénétrer dans Paris. Leur défaite était certaine. De tous côtés s'élèveraient des barricades, défendues par des milliers de combattants.....

La nuit était calme. A la canonnade qui avait fait tapage pendant toute la première partie de la soirée, avait succédé un profond silence. Vers quatre heures du matin, nous entendîmes des appels de clairons et le cri de : « Aux armes ! » Mais nous n'y fîmes guère attention, habitués que nous étions à toutes ces fausses alertes. Et quand je partis, pour regagner la demeure paternelle, laissant ma chambre à la disposition de mon ami qui, moins heureux que moi, n'avait pas de domicile particulier, je constatai que tous les citoyens avaient pensé comme nous. Personne ne s'était dérangé, places et rues étaient désertes.

. . . .

Au matin, le lendemain, en arrivant sur la place de la Mairie, et comme j'allais me rendre au bureau, je vis une foule de gardes nationaux, des femmes, qui discutaient avec véhémence et dont le visage marquait une profonde consternation. Dans un groupe, j'aperçus un lieutenant de la 2e compagnie de marche de mon bataillon, qui devait, plus tard, devenir mon parent. Je m'approchai, et le premier mot qu'il me dit fut :

— Les Versaillais sont entrés !

Pendant dix minutes, j'eus de tels frissons que mes jambes se dérobaient sous moi et que je claquais des dents comme un fiévreux, sans pouvoir dire autre chose que ces paroles fatidiques, répétées machinalement :

— Les Versaillais sont entrés !

CHAPITRE VI

La guerre des rues. — Les amazones de la Commune. — Sur la barricade. — « Gardes-nationaux, rendez-vous!» — Devant la mort. — Une horrible nuit.

Toute cette matinée fut pénible. Il y avait dans ce proche voisinage des Versaillais quelque chose de redoutable, faisant présager les malheurs qui allaient suivre. Les gens allaient effarés et discrets, avec un malaise évident. Point de tumulte ni de cris. Peu de conversations même. Et rien, nuls préparatifs au point de vue de la défense. Il semblait que la population s'abandonnât.

Un grand désespoir m'avait saisi. Je n'avais plus aucune confiance. J'avais cru à une explosion de fureur et je pensais retrouver la prodigieuse animation du 18 mars. Au lieu de cela, un calme sinistre. Les Versaillais occupaient le Trocadéro; ils avaient balayé le Champ de Mars des gardes nationaux qui s'y trouvaient cantonnés dans des baraquements. On ne savait pas au juste quels points ils occupaient. La Commune, en tant que direction, se désintéressait du combat. Par voie d'affiches, elle faisait appel à la bonne volonté de tous, « aux combattants aux bras nus ». Plus de cohésion, d'ensemble, de stratégie ; rien que l'énergie individuelle. C'était dire que la résistance était considérée comme impossible. Le Comité central, lui aussi, faisait appel au Paris révolutionnaire, à la défense par quartiers. C'était jeter le découragement, et mieux eut valu conseiller tout de suite la cessation de tous efforts.

Enfin, la batterie du Moulin de la Galette ouvre le feu sur le Trocadéro. L'animation renait un peu sur les buttes. Vers l'ouest de Paris, le canon gronde, on se bat déjà dans les rues. Quelques obus tombent dans le quartier.

Mon père, pour mettre sa famille à l'abri, quitte la rue Tholozé et va se réfugier rue de Clignancourt, espérant être à l'abri des projectiles, derrière le versant oriental de la butte. Après l'avoir embrassé, je me rends à la mairie, avec mon fusil, et je m'installe à mon bureau où je délivre encore quantité de bons de pain et de viande. On bat la générale et le rappel. Mais peu de gardes nationaux se rendent à l'invitation. Le tocsin sonne à toute volée. Vers deux heures, je pars, n'y tenant plus, rongé d'inquiétude, et vais faire un tour, pour voir les mesures qui ont été prises.

Rue Lepic, à son débouché sur la place Blanche, une barricade a été élevée ; une autre, toute petite et défendue par un canon, se dresse au sommet de cette rue, presque au bas de la rue Tholozé. Mais les rues voisines, qui aboutissent au boulevard, ne sont point gardées. Le passage de l'Elysée des Beaux-Arts, les rues Houdon et Germain-Pilon n'ont pas de barricades. L'assaillant peut arriver par là.

La nuit vint, nuit affreuse, pleine de cauchemars épouvantables. Où ai-je dormi, où suis-je allé, qu'ai-je fait ? Je ne me souviens plus. Je me revois le lendemain matin, 23 mai, derrière une barricade, dans une longue et étroite rue des Batignolles, tiraillant contre des chasseurs à pied qui s'avançaient par file, sur chaque trottoir, en longeant les maisons. Cette barricade est abandonnée, et tous ses défenseurs se replient vers le boulevard. La défense, dans ces parages, est dirigée par le colonel Jaclard, homme énergique et habile, et par le dévoué Malon, membre de la Commune. J'arrive place Clichy où se trouve une forte barricade, construite selon les règles du temps de la première guerre. Les Versaillais sont de l'autre côté du boulevard, et tirent sur nous. La barricade riposte à coups de mitrailleuse. Elle est gardée par une trentaine d'hommes, au plus, alors qu'elle pourrait en abriter une centaine au moins. Il doit être environ huit ou neuf heures. La résistance me paraissant devoir être peu sérieuse sur ce point, je retourne à Montmartre.

Hélas ! à Montmartre comme ailleurs, il ne

me semble pas qu'on se défendra ferme. Je vois errer comme moi des individus dont quelques-uns ont quitté l'uniforme pour le costume civil. Ils vont, le fusil en bandoulière, décontenancés, anxieux. La barricade du bas de la rue Lepic est gardée par une douzaine d'hommes. Celle du haut n'a que cinq ou six défenseurs. Je remarque ceci : que ce sont ou des vieillards ou de très jeunes gens, presque des enfants. Rue de l'Abbaye, au coin du café Sergent, je vois passer une bande de femmes, le fusil sur l'épaule, la cartouchière aux flancs, la jupe relevée. Elles crient : « Vive la Commune ! » Une d'elles tient un drapeau rouge qu'elle brandit fébrilement. Ces femmes, au nombre d'une vingtaine, sont commandées par une fort belle fille, brune, aux cheveux bouclés. Elle est grande, svelte, bien tournée, et porte gaillardement, sur le coin de l'oreille, un feutre tyrolien orné d'une longue plume de coq et d'une cocarde écarlate. La troupe se dirige vers la rue Lepic.

Je monte jusqu'au Moulin. La batterie est muette. Le jardin est plein de fédérés qui me paraissent avoir plus fêté Bacchus que le belliqueux Mars. Au loin, la canonnade roule toujours comme un tonnerre. Et près du Moulin je croise un groupe de fédérés. A leur tête est un cavalier qui les entraîne en les excitant du geste et de la parole. Je n'ai pu voir son visage, mais je crois que c'est Dombrowski. Je redescends la rue Tholozé. J'entends une vive fusillade. On se bat en bas de la rue Lepic. M'y voici. Sept ou huit gardes nationaux, dont le lieutenant de ma compagnie, sont là. Les femmes que j'ai rencontrées tout à l'heure sont là aussi. Trois compagnies de ligne attaquent la barricade. L'une se tient dans le haut de la rue Fontaine, l'autre rue Blanche, et la troisième dans la rue de Bruxelles. Elles font des feux de salve convergents. La barricade est solide et nous sommes en nombre. Pendant une demi-heure on se bat avec acharnement. A genoux, tirant entre les embrasures que forment les pavés, nous sommes à couvert des balles, tandis que les lignards, moins abrités, font de nombreuses pertes. Soudain, une volée de balles s'éparpille dans l'intérieur même de la barricade. Des soldats sont montés dans les maisons de la place, notamment dans celle de Ruggieri, et nous fusillent à coup sûr. En quelques instants, trois ou quatre gardes nationaux et cinq ou six femmes sont hors de combat. La position n'est plus tenable, il faut l'évacuer. Beaucoup se retirent. Seules, quelques enragées restent, décidées à se faire tuer. La grande belle jeune fille qui commande la troupe féminine se tient debout sur la plate-forme de la redoute, le drapeau rouge d'une main, le revolver de l'autre. Mais c'est folie que de rester là ! Avant dix minutes, il n'y aura plus personne debout. Comme je suis de sang-froid, je comprends tout le danger et, frôlant les maisons, marchant à quatre pattes, me garant dans toutes les encoignures, je grimpe la rude montée et je parviens à la rue Véron, dans laquelle je me jette. Par la rue Ménessier et la rue de l'Abbaye, je rejoins la petite barricade du haut de la rue Lepic. Les cinq ou six hommes que j'y ai vus sont encore là. C'est trop peu. On a un canon, mais, ô ironie ! pas de munitions !

Alors, je prends le parti de me rabattre sur la Chapelle où les combattants doivent être nombreux. J'enfile la rue de l'Abbaye. Une pièce de canon vient d'être mise en batterie devant le café Sergent, qui est voisin d'une maison où se trouve une poudrière. Je poursuis mon chemin et j'arrive place Saint-Pierre. Les obus éclatent çà et là ; les morceaux de fonte sifflent de tous les côtés : le passage est très dangereux. Les Versaillais canonnent la butte et la place, sans doute parce qu'ils supposent que des bataillons y sont concentrés. Mais il n'y a âme qui vive. Je prends mon élan et j'arrive tout courant à la rue Saint-André. Là je vois quelques fédérés qui se précipitent en sens inverse, de toute la vitesse de leurs jambes.

— Où allez-vous ? me demande l'un d'eux, en passant près de moi.

— A la Chapelle.

— Retournez, vous ne pourrez point passer ! Les Versaillais sont au boulevard Ornano ! Le Château-Rouge est cerné. On s'y bat.

Je reviens sur mes pas, ne sachant plus que faire. A tout hasard, j'entre chez mon ami, le pharmacien de la rue Durantin. Il est absent, mais mon camarade, son commis, me reçoit. Les volets sont mis à la boutique.

— Que veux-tu ? me dit-il d'un air inquiet.

— Rien, me reposer quelques instants.

— Ah ! bien, fait-il — le malheureux était vert comme ses bocaux — Alcide est déjà ici. Tu ferais bien de l'emmener.

— Je viens pour cela.

Et je pénètre dans l'arrière-boutique.

Alcide est étendu tout de son long sur trois tabourets, dans une attitude d'extrême accablement. C'est à peine si j'en puis tirer un mot. Il me raconte cependant ce qu'il a vu depuis le matin.

Son bataillon était de garde à la porte Saint-Ouen. De ce côté, il n'y avait rien à craindre, à cause de la proximité des Prussiens. A un moment donné, l'on voit venir, le long de la route militaire qui longe les fortifications, un gros de troupes. Sont-ce des amis ou des ennemis ? Les fédérés se gardaient si mal qu'aucune sentinelle sur les bastions n'avait signalé ce mouvement. Des hommes croient reconnaître des soldats...

Un artilleur de la Commune s'offre d'aller en reconnaissance. Il saute sur un cheval et part. Il revient quelques minutes après. Ce sont des lignards qui s'avancent. Comment, par quelle porte sont-ils entrés ? Le poste prend les armes.

Avec l'artilleur, on met une pièce en batterie sur le chemin, pièce empruntée à celles qui sont restées sur le rempart depuis la guerre. Le coup part. Les Versaillais ouvrent le feu. Les fédérés, qui ne sont qu'au nombre d'une trentaine, ripostent faiblement et battent en retraite par les rues adjacentes, suivis des tirailleurs ennemis. Et je suis revenu ici, ajoute Alcide.

— La butte est donc tournée ? lui dis-je.

— Oui.

— Mais, malheureux ! tu as encore ton pantalon de soldat. Il faudrait que tu le changeasses pour un autre !

Le potard a son affaire ; il s'éclipse et réapparaît de suite avec un pantalon bleu de garde national. Alcide est dans un tel état d'apathie que nous sommes forcés de lui enfiler ce pantalon, après l'avoir débarrassé de l'autre. Son ancienne blessure le fait souffrir et il est horriblement fatigué.

— Voyons, partez-vous ? me dit l'élève pharmacien.

— Moi, je pars. Viens-tu, Alcide ?

Il me répond que non et s'étend plus que jamais sur ses trois tabourets.

Je le quitte en l'informant que je vais voir où en sont les choses et que je reviendrai le tenir au courant de ce qui se passe. Je sors. Arrivé au coin de la rue Tholozé, je rencontre un camarade.

— Où vas-tu ?

— Je rentre, et vite, me répond-il. La lutte est finie. Tiens, regarde !

Et il me montre le Moulin de la Galette, et je vois, à travers les arbres, aller et venir des culottes rouges.

Je ne fais qu'un bond et je suis à l'établissement du pharmacien.

— Sauvez-vous ! sauvez-vous ! me disent quelques personnes qui ferment précipitamment leurs portes.

J'entre dans la boutique, je raconte à Alcide ce que j'ai vu, je lui fais part du danger. Il reste inerte. Et le potard nous conjure de nous en aller ! Je prends Alcide par un bras, je le mets de force sur ses pieds, et je l'entraîne dehors, le suppliant de marcher aussi vite que possible. A l'intersection de la rue Durantin prolongée et de la rue Tholozé, quatre ou cinq gardes nationaux essaient de former une barricade ; c'est à peine si elle s'élève à la hauteur des genoux.

— Citoyens, nous disent-ils, il faut vaincre ou mourir !

— Nous ne vaincrons pas et nous mourrons. Rentrez donc chez vous !

Mais, à cette bonne raison, ils répondent par des injures : « Lâches ! Versaillais ! »

— Voyons, mes amis, fais-je avec douceur, vous n'êtes pas gardés à l'extrémité de la rue, vous serez pris à dos, puisque les lignards sont au Moulin.

— Vive la Commune ! me jette en pleine figure un vieillard à barbe blanche. Vous allez rester avec nous.

Je vois qu'Alcide va se rendre à cette invitation. Le temps presse. Il faut agir.

— En voilà assez, mon vieux, dis-je au bonhomme ; nous nous sommes battus depuis le matin, mon camarade et moi, et nous rentrons. Et comme il fait mine de me barrer le passage, je menace.

Ils nous laissent aller, tout en redoublant de sarcasmes, et nous entrons dans la vaste cité Leclerc, qui fait presque le coin de la rue, où demeurent les parents d'Alcide. Je resterai avec lui, car il m'est impossible de rejoindre mes parents et je ne sais pas, au juste, du reste, où ils se sont réfugiés.

La famille de mon ami n'habite plus le même bâtiment. Tous ses membres sont allés s'établir provisoirement dans le corps de logis situé en face, car plusieurs balles sont entrées chez eux et leur domicile est, depuis la veille, devenu inhabitable. Le nouveau local qu'ils occupent était vide. Ils y ont transporté quelques matelas, une table et des chaises. C'est un campement.

Aussitôt, je m'empare d'une brosse et je nettoie vigoureusement mes vêtements. Je cire mes chaussures, je me lave le visage et les mains, je me coiffe avec soin. Au préalable, j'ai pris mon fusil et celui d'Alcide et je les ai lancés par la fenêtre, dans une petite cour obscure qui appartient à une maison voisine. Je n'ai plus l'air du combattant de la matinée. Je suis propre comme un sou et j'ai l'aspect d'un jeune homme bien sage, bien paisible, qui n'a pas quitté le *home*.

Un certain temps s'écoule. Le père de mon ami, un brave homme un peu toqué, ne fait que monter et descendre. Il va aux nouvelles. Il entre dans la pièce du fond où nous nous tenons, gesticulant, criant de tous ses poumons :

— Nous sommes vainqueurs ! Les fédérés regagnent le terrain perdu, il sont dans les jardins de la rue de Norvins !

Quelques instants après, une courte fusillade éclate autour de la maison. Puis plus rien. Nous nous trouvons en ce moment dans la pièce de devant, regardant à travers les vitres la vaste cour de la cité qui est déserte. Soudain la porte du corps de bâtiment qui fait face à la rue Lépic — cette cité a trois grandes cours qui communiquent par des escaliers munis de rampes, et elle contient près de trois cents locataires — s'ouvre avec fracas. Des hommes s'avancent sur le perron dominant la cour où est situé le petit appartement occupé par nous. Ce perron est à la hauteur de nos fenêtres, c'est-à-dire élevé d'un étage. Nous voyons donc très bien les nouveaux arrivants, qui se tiennent là indécis, inspectant tout du regard.

— Mais ce sont des fédérés ! dit quelqu'un.

En effet, ces gens ont le costume de la garde nationale. Seulement ils ont une bande bleue à leur képi.

— Tant pis ! fais-je observer. Ils vont nous maltraiter parce que nous sommes rentrés trop tôt.

— Qu'importe ! s'écrie Alcide ; pourvu que la Commune triomphe !

Je ne suis pas tout à fait de cette opinion. Certes, je voudrais bien que la Commune fut victorieuse, ce dont je doute ; mais que les fédérés nous fassent un mauvais parti, simplement parce que nous avons cru devoir abandonner le combat qui n'était plus tenable, c'est autre chose !

Une demi-minute ne s'est pas écoulée que les nouveaux arrivants se mettent à crier de toute leur force :

— Gardes nationaux ! rendez vous !

D'autres crient :

— Fermez les fenêtres ! fermez les fenêtres !

Ce sont des Versaillais. Ils descendent le perron, le doigt sur la détente du fusil. Un officier les précède, le revolver à la main.

Quelques fenêtres se ferment, mais la plupart restent ouvertes, nombre de locataires s'étant enfuis, car cette cité avait été habitée par des sergents de ville à qui, au 18 mars, on avait fait bien des misères.

Les Versaillais renouvellent l'ordre qu'ils viennent de donner. Faire fermer les fenêtres est une précaution en usage dans la guerre des rues. Ces ouvertures closes, le danger est moindre d'être canardé, ce que les arrivants redoutent évidemment. Quelques femmes sont descendues dans cette première cour et elles se tiennent sur le pas de la porte du corps de bâtiment où nous sommes. J'entends l'officier demander :

— Y a-t-il ici des gardes nationaux ?

Les femmes se roulent à ses pieds, sans répondre autrement que par des cris et des sanglots. L'une songe à son mari, l'autre à son fils.

La situation est critique. Dans la maison où nous sommes, il y a onze gardes nationaux, un marin de la Commune, un soldat déserteur, plus Alcide qui appartient au 42ᵉ de ligne et qu'un rien peut trahir, et moi qui suis réfractaire. Excepté nous deux, tous les autres se sont réfugiés dans les caves.

Il faut prendre une résolution.

— Ecoute, dis-je à Alcide, il vaut mieux nous rendre. Avec du courage et de la présence d'esprit, nous pouvons nous sauver. En tous cas, j'aime mieux être tué en plein air que d'être massacré dans une cave, derrière un tonneau, comme un rat. Descendons.

Alcide ne me répond pas. Il est pâle comme un mort. Je ne dois pas avoir une goutte de sang sous la peau. Mais nous sommes fermes tous deux. Nous nous embrassons et nous descendons l'étage.

A peine sommes-nous dans la baie de la porte, que dix bras nous saisissent et nous enveloppent. Ce sont les femmes qui veulent nous faire un rempart de leur corps. Mais dix autres bras se tendent vers nous, des mains rudes nous empoignent, nous arrachent de l'étreinte des malheureuses qui poussaient des hurlements de terreur...

— En voilà deux ! dit un Versaillais.

On nous fait pivoter sur les talons, et nous voilà adossés contre le mur du perron, dans une niche où est placée une fontaine, entre le double escalier qui communique avec le bâtiment donnant sur la rue Lepic. Dix ou douze fusils s'abattent d'un seul mouvement, menaçant notre tête et notre poitrine...

La scène est si rapide que toute réflexion m'est ôtée. La sensation est nulle. Je ne me dis même pas que je vais mourir. Mais plus rapide encore, l'officier versaillais, d'un seul geste, relève les canons de fusil. Il se place devant moi, le revolver tout armé, prêt à faire feu. Trois ou quatre hommes restent avec lui ; les autres se répandent dans la cité pour pratiquer des arrestations.

— Avez-vous servi la Commune ?
— Non, mon lieutenant.
— Pourquoi êtes-vous en uniforme ?
— C'est que, ce matin même, il était impossible de passer dans une rue sans avoir le costume. On courait le risque d'être arrêté.

— Pourquoi n'êtes-vous pas venu à Versailles?

— Mais, mon lieutenant, j'ai dix-neuf ans, je suis chez mes parents. On ne pouvait pas sortir de Paris.

— J'y suis bien allé, moi, à Versailles!

— Comment aurai-je fait pour vivre, là-bas!

— On vous aurait payé, vous auriez été enrôlé comme nous. Je ne suis pas soldat, j'ai rengagé pour combattre la Commune. Nous sommes des volontaires.

— J'ignorais cela, mon lieutenant.

J'ai toute ma présence d'esprit et je réponds à toutes ces questions sans bredouiller, clairement, sans accent faubourien, en bon français. L'officier m'examine des pieds à la tête. Je vois qu'il regarde mes mains. Ce court moment de répit me permet de penser à tous les arguments que je pourrais encore lui opposer. Je remarque, avec émoi, un fait auquel je n'avais prêté aucune attention : de temps à autre, de brèves détonations retentissent, tout près, dans la rue Lepic. Et comme je tourne légèrement la tête de ce côté, instinctivement, l'officier me dit :

— Ce sont vos camarades que l'on fusille.

Puis il ajoute :

— Quel grade occupiez-vous?

— Aucun.

Pendant quelques secondes, ses yeux restent rivés aux miens. Je ne baisse pas le regard.

— Et vous? dit-il à Alcide.

— Sergent.

Et mon ami montre sa manche, où brillent deux galons d'or.

— C'est bien. Allez me chercher vos armes.

Heureux d'échapper un instant à ce mortel interrogatoire, nous nous précipitons dans le logement qu'habitaient encore la veille les parents de mon ami. Pendant la guerre et la Commune, ce n'était pas les fusils qui manquaient, et chez Alcide il y en avait une demi-douzaine, avec des munitions en conséquence. Nous prenons chacun une cartouchière pleine et une « tabatière ». Je dis à Alcide :

— En cas d'événement inattendu, fais comme moi, absolument.

Et, à tout hasard, j'ouvre prestement mon couteau à virole ; je le glisse dans la poche de mon pantalon. Nous descendons. L'officier, avec ses hommes, est en bas de l'escalier. Il prend nos fusils, les examine, les flaire. Ils sont vierges.

— Pourquoi, nous dit-il, vos armes étaient-elles dans ce corps de bâtiment, alors que vous êtes sortis de là ? (Il désigne celui où nous nous trouvions quand il est entré dans la cour). Qu'est-ce que ça signifie ?

— Nous demeurons bien dans cette maison, mais nous sommes allés en face, à cause des balles et des obus, quand on tirait du Trocadéro.

— Eh bien, nous dit-il, je vous crois. Vous ne devez pas me mentir. Rentrez chez vous, déshabillez-vous vite et apportez-moi vos uniformes.

— Nous n'avons plus d'autres vêtements.

— Comment ça !

Et le visage de l'officier exprime un si vif étonnement où perce une telle méfiance, que je sens bien que nous jouons notre va-tout. Il faut répondre, n'importe quoi, promptement. Le canon du revolver est à la hauteur de ma tête, je vois le petit trou rond et noir qui décrit un cercle presque insensible devant mon œil. La main tremble un peu. Va-t-il m'abattre là, comme un chien ? Ses hommes, sur un signe de lui, n'ont qu'à épauler pour faire feu. Je ne perds pas un de ses gestes. Si je vois luire dans ses regards la moindre menace, je baisse la tête, je tire mon couteau que mes doigts tourmentent dans ma poche, et je le lui enfonce dans le ventre. Je ramasse ma cartouchière et mon fusil, qui sont à mes pieds, contre le mur, et je saute dans l'escalier où je me défends jusqu'à la mort.

Ces réflexions n'ont pas eu la durée d'un éclair, et je réponds au lieutenant :

— Nous ne sommes pas très riches. Nos habits, nous les avons vendus pendant le siège, sans penser que nous ne porterions pas toujours l'uniforme de garde national.

L'officier nous examina de nouveau pendant une minute qui me parut, selon la locution fameuse, longue comme un siècle. Pour souligner son silence, comme une musique d'orchestre, le canon roulait au loin et, tout près, des coups de fusil, qu'on devinait être tirés par trois ou quatre à la fois, éclataient à tout moment. C'était des fédérés qu'on exécutait, au pied même de la batterie du Moulin. Il était évident que l'officier pensait ceci : « Voilà deux jeunes gens qui m'ont l'air de bons garçons très convenables ; ils disent peut-être la vérité. En ce moment, on ne fait pas de prisonniers : tout homme pris en uniforme est passé par les armes. Si je les arrête, c'est la mort pour eux. »

Je le guettais, anxieux, et si je me rendais un compte exact de ce qui se passait chez cet homme et des pensées contradictoires en lutte dans son cerveau, je crois qu'il ne devinait pas du tout ce que je méditais. Un mot, un geste, et je le tuais net. Sa vie répondait de la mienne.

Enfin, abaissant son revolver, il nous dit :

— Tenez, j'ai longtemps habité ce quartier, je n'y suis pas venu pour faire du mal. Rentrez chez vous, ne vous montrez pas. Enlevez de vos vêtements tout ce qui rappelle l'uniforme : boutons, galons, liserés. La ligne est derrière nous et elle ne sera pas aussi « coulante ».

Nous ne le fîmes pas répéter l'avis. L'officier, à qui je garde une profonde reconnaissance pour sa modération, s'en alla suivi de ses soldats, sans se douter que sa générosité lui avait sauvé la vie.

Aussitôt, nous retirâmes nos vareuses. Les

femmes nous aidaient à enlever les passe-poils et les galons. Des jeunes filles, bravement, oubliant dans l'imminence du danger toute réserve naturelle, fourraient la main dans notre pantalon pour en arracher la bande rouge qu'on avait coupée au ciseau, mais qui, cousue intérieurement dans l'étoffe même, laissait à l'extérieur un liseré compromettant. Les boutons étaient décousus. Mon portefeuille, plein d'autographes précieux, entre autres une lettre de Delescluze, de cartes civiques, de documents nombreux pouvant me servir à faire plus tard l'histoire de cette époque, fut jeté dans les lieux, avec mon képi. Mes guêtres, auxquelles je tenais beaucoup, furent cachées entre deux matelas qui servaient de couche au grand-père d'Alcide, un vieux médaillé de Sainte-Hélène, atteint de paralysie. C'était une folie. Alors, j'étais sous le coup d'une réaction violente. Mon émotion allait jusqu'à me faire trembler comme un fiévreux. Tous les hommes de la maison étaient sortis de la cave et nous remerciaient avec effusion de notre présence d'esprit qui les avait sauvés. Bientôt, il n'y eut plus un seul garde national. Une transformation complète s'était produite. Tout le monde avait des vêtements civils sur le dos.

Notre chance avait été extraordinaire, car dans les autres cours de la cité, des arrestations avaient été opérées. Un homme avait été enlevé parce qu'il avait des souliers godillots ; un autre parce qu'il portait un képi ; un autre encore parce que ses mains étaient noires — or c'était un serrurier.

Un fait, d'un comique tragique, et qui prouve bien avec quel mépris, avec quelle insouciance agissaient les Versaillais, s'était passé tout près de moi, dans la maison où nous étions réfugiés. Le voici tel qu'il me fut raconté par vingt témoins.

Les volontaires de Versailles frappent à une porte du rez-de-chaussée. Une femme ouvre.

— Que voulez-vous ?
— Vous êtes mariée ?
— Oui.
— Où est votre mari ?
— Il est ici. Mais que lui voulez-vous ? Il vient de rentrer ; il a passé toute la nuit et la matinée aux barricades.

Les volontaires repoussent la femme, qui leur barrait le passage, s'élancent dans la chambre, empoignent l'homme qui s'était étendu sur son lit, et l'emmènent, malgré les supplications de la malheureuse qui n'a rien compris aux signes que lui faisaient voisins et voisines. Et quand on lui reproche sa sottise et qu'elle comprend tout, elle s'écrie, en tombant à la renverse, évanouie :

— C'était donc des Versaillais !....

Elle avait pris les « bandes bleues » pour des fédérés, ainsi que cela nous était arrivé de prime-abord.

Quelques femmes, poussées par la curiosité, sont allées dans la rue Lepic, devant la grande entrée de la cité. Elles ont compté trente-sept cadavres, étendus sanglants sur le trottoir. On est tellement oppressé qu'on ne peut échanger que quelques rapides paroles. On a peur de s'entendre parler. Chacun rentre chez soi et s'enferme à triple tour. Cette énorme cité, si animée, si bruyante d'ordinaire, est silencieuse comme une nécropole.

Dans ce petit logement occupé par la famille de mon ami, nous sommes dix personnes : son père, sa mère, son grand-père, ses deux sœurs; un vieux bonhomme qui est leur pensionnaire; une voisine, si terrifiée qu'elle n'ose rester seule chez elle; le marin de la Commune, que nul d'entre nous ne connaît et qui est entré dans la maison pour se cacher, à tout hasard; Alcide et moi. Tous ces gens vont et viennent d'une pièce à une autre, incapables de tenir en place. Je reste dans une chambre du fond, avec Alcide qui m'agace en me parlant, par phrases brèves et espacées, des chances qui restent à la Commune. J'ai beau lui dire que, Montmartre pris, la défaite n'est plus qu'une question d'heures, il persiste à espérer. Je fume avec fureur, pour tuer le temps. Une cigarette n'est pas éteinte que j'en roule et allume une autre.

— Voilà les lignards!

Cette exclamation nous trouble extraordinairement. Nous nous souvenons de ce que nous a prédit l'officier de volontaires. Je jette un coup d'œil dans les cours. Elles sont pleines de soldats qui paraissent exténués, abrutis par la fatigue. Les perquisitions commencent. Dans chaque corps de bâtiment pénètrent des escouades, officiers et sous-officiers en tête. Quand une escouade a passé, une autre arrive, car aucun ordre ne préside à ces mesures vexatoires. Les soldats qui entrent chez nous n'ont pas l'air très féroce. Ils se contentent de visiter chaque chambre, de regarder sous les meubles, d'ouvrir les placards. Les officiers ont l'air mécontent de la besogne qu'ils font.

— N'ayez pas peur, nous dit l'un d'eux. Nous sommes venus pour vous délivrer.

Un petit pioupiou, haut comme une botte, qu'on reconnaît à son accent pour un Pantinois, me glisse ces mots dans l'oreille, en passant près de moi :

— Nous sommes forcés de marcher.

— En v'la, des corvées! murmure un autre.

Mais les soldats qu'on reconnaît à leur mine pour des gens de la campagne, nous regardent de travers et se montrent rudes et brusques dans l'accomplissement de leur consigne.

Je parle à tous, et j'offre du tabac. Les uns bourrent une pipe, les autres acceptent une cigarette en me remerciant. Au fond, si je pouvais les anéantir d'un seul coup!...

Le clairon sonne au ralliement. C'est une alerte sérieuse. Il paraît que quelques fédérés ont fait un retour offensif et qu'ils résistent dans les jardins d'alentour, notamment dans le haut de la rue du Mont-Cenis.

Tous les lignards disparaissent. Nous voilà tranquilles.

Une heure ne s'est pas écoulée que de nouveaux soldats de ligne entrent dans la cité. Leurs officiers sont groupés sur le perron central. Ils envoient prévenir qu'on ait à rendre toutes les armes qui se trouvent encore dans les maisons. Les femmes s'empressent d'exécuter l'ordre. Les fusils, les cartouchières, les sabres s'amoncellent en tas dans les cours. Les soldats, saisissant chaque fusil par le canon, en brisent la crosse sur le pavé.

Nous qui tenions tant à nos armes! La honte et la colère nous envahissent. Nous sommes bien des vaincus. Et je sens des larmes de douleur et de rage me monter aux yeux.

Les fenêtres de l'appartement n'ont pas de rideaux. Le père D., Alcide, le vieux bonhomme, se tiennent le front collé contre les vitres, regardent.

Un capitaine les aperçoit, et il dit, propos qui nous est rapporté immédiatement :

— Il y a beaucoup d'hommes dans cette maison. Qu'on les fasse venir.

Le père D. se dévoue. Il descend dans la cour et parle à ce farouche capitaine. Je les vois monter tous deux dans l'appartement d'en face.

Quand le père D. revient, il est tout à fait

enthousiaste. Avec sa « platine » de peintre tant soit peu bohême, il a parlé peinture au capitaine, qui fait de l'aquarelle à ses moments perdus ; il lui a montré ses tableaux, et le reste a été oublié.

Ces soldats s'en vont. D'autres leur succèdent. Ceux-ci paraissent plus intraitables que les précédents. Leurs chefs font demander s'il y a encore des armes et, si oui, qu'on ait à les rendre. Quand cette opération sera terminée, il sera procédé à une perquisition, et les gens détenteurs de fusils et de munitions seront fusillés.

Chacun de rechercher alors, dans les coins et recoins, tout ce qui peut ressembler à une arme. Mme D. se souvient que, dans sa chambre à coucher, il y a une carabine-revolver qui lui a été confiée, chose curieuse, par le duc de la R., lequel était en relations avec son mari, afin que ladite carabine ne tombât pas entre les mains des « communards », au cas où ceux-ci perquisitionneraient chez lui. Mme D., toute tremblante, monte chez elle, prend la carabine et va l'enterrer dans la cave.

Les soldats grimpent dans toutes les maisons, à chaque étage, et font ce que n'ont pas fait ceux qui les ont précédés. Ils enfoncent les portes des appartements dont les locataires sont absents. Ils brisent les meubles à coups de crosse, et ne se gênent pas pour prendre ce qui est à leur convenance. Ainsi j'en remarque un qui porte, jetée sur l'épaule, une paire de draps de lit, et il dit à un de ses camarades :

— Ça sera pour faire des chemises.

Au dessus de chez nous, j'entends un grand vacarme. C'est une armoire à glace qu'ils ont réduite en miettes, toujours à coups de crosse de fusil. A côté, c'est une machine à coudre qu'ils mettent en morceaux. Une de ces brutes brandit comme un trophée, au bout de sa baïonnette, une lithographie encadrée représentant Garibaldi.

Puis une clameur furieuse s'élève. Par la fenêtre du cinquième étage, des vêtements sont jetés ; ils s'étalent sur le pavé de la cour. C'est un uniforme de lignard.

— Il y a un soldat dans la maison !

Il y avait en effet un soldat, sans compter mon ami. Mais, par bonheur pour cet homme, il avait abandonné son logis et s'était réfugié chez un voisin. On a dû enfoncer la porte pour entrer chez lui. La troupe n'a pas le temps de se livrer à une enquête en pareil moment. Bientôt le clairon sonne et les Versaillais disparaissent tous.

Au milieu de ces angoisses, nous n'avons pas remarqué combien l'heure passe vite. La nuit est venue. Torturés par la faim, la question se pose de savoir comment on mangera. Nous sommes une dizaine de personnes, et pas un morceau de pain ! Bien mieux, le père D. n'a pas d'argent. Seul, ayant touché ma solde la veille, j'ai quelque monnaie sur moi : une trentaine de francs. J'en donne dix à la plus jeune des filles et elle s'en va quérir un peu de nourriture. Charcutiers et marchands de vins ont rouvert leurs boutiques, par ordre, et aussi les boulangers. M{^lle} D. revient avec deux pains de quatre livres, un jambonneau, deux litres de vin. Hâtivement, comme si nous étions pressés, nous engloutissons ces maigres victuailles, à la lueur d'une chandelle qui fume et remplit l'étroite pièce d'une âcre odeur.

La canonnade est terrible. Paris brûle, nous dit-on. Nous montons au cinquième étage de la maison, d'où l'on découvre tout le sud de la ville. Le ciel est pourpre. Des gros nuages couleur brique déroulent leurs volutes. On pourrait lire un journal aux reflets de l'incendie. C'est effrayant. Nous redescendons, le cœur serré, n'osant pas nous communiquer nos impressions. Je vois sur le visage de mes compagnons l'épouvante et l'horreur.

— C'est la fin de tout, dit quelqu'un.

Et moi aussi, je crois à cette destruction de Paris, et je pleure silencieusement dans un coin, honteux de vivre et regrettant de ne point disparaître dans cette suprême catastrophe.

— Si on préparait les lits ? demande M{^me} D.

Les préparatifs sont simples. Nous allons chercher des matelas et des couvertures, qu'on étend sur le parquet. Comme nous allons nous laisser tomber sur ces couchettes improvisées, un grand tumulte monte des cours. Ce sont encore des soldats. Ils forment leurs fusils en faisceaux, mettent sac à terre, et les uns s'assoient dessus, les autres s'en servent en guise d'oreiller; d'autres encore mangent un morceau sur le pouce. C'est un bivouac. Nous les observons à travers les carreaux. Ils sont ivres à ne pas se tenir debout, et il en est qui arrivent avec des bouteilles à la main et sous le bras. Ils boivent au goulot et, le litre vide, ils le brisent sur le pavé. Les officiers se tiennent à l'écart. Ils restent sobres, eux! mais on voit qu'ils sont sous le coup d'une redoutable ivresse — l'ivresse du sang. Leur démarche est saccadée, nerveuse, ils s'expriment avec violence. On entend des cris de terreur, des cris de femmes. Sans doute, on vient d'arrêter, en les brutalisant, quelques malheureux.

— Je vous en prie, dis-je au pensionnaire de la famille D., un grotesque bonhomme d'une soixantaine d'années qui possède un nez énorme, tout violacé, et qui parle comme s'il avait une mouche dans le nez ; je vous en prie, restez tranquille. Ne sortez pas incessamment comme vous le faites. Vous finirez par attirer l'attention sur nous.

Mais le vieux ne m'écoute pas. Il va toujours bourdonnant, jabotant à pleine voix, de son ton nazillard qui m'exaspère.

— Nous ferions bien de nous coucher, dis-je à Mme D.

C'est aussi son avis et nous nous étendons sur les matelas, côte à côte. Je suis placé entre Mᵐᵉ D. et Alcide. Mais impossible de fermer l'œil. Les soldats font un bruit d'enfer. Ils chantent à tue-tête. C'est une orgie. Les Versaillais célèbrent leur victoire. Peu à peu, un calme relatif s'établit. Vaincus par l'alcool et la fatigue, les soldats se sont endormis, ou bien les officiers sont parvenus à les faire taire. Le silence, à présent, serait profond, si le canon ne grondait pas terriblement.

J'étais parvenu à m'assoupir et je rêvais qu'on allait me fusiller, quand un vacarme horrible me réveilla en sursaut. Tout le monde fut sur pied à l'instant et on ralluma la chandelle. On frappa à la porte et une vieille femme, qui demeurait au rez-de-chaussée, entra toute échevelée, les yeux hagards, en criant :

— Cachez-moi !

— Qu'est-ce qu'il y a ?

— Les soldats !... Ils vont tuer tout le monde. On a tiré sur eux !

Et j'entendais, au milieu d'un grand remuement d'armes, des voix avinées qui hurlaient, avec des jurons de caserne :

— On a tiré un coup de fusil sur nous !

Je regardai par les carreaux, et je vis les soldats qui, baïonnette au canon, pénétraient dans chaque maison de la cité.

— Mon Dieu ! nous sommes perdus ! criaient Mᵐᵉ D. et ses filles.

— Alcide, dis-je à mon ami, nous ne pouvons pas nous laisser tuer comme ça. Nous allons enlever les pieds de la table ; ils sont très lourds, et c'est autant de massues ; la table elle-même, les chaises, les matelas, nous allons tout pousser contre la porte pour faire une barricade...

— Ils auront bientôt enfoncé tout à coups de crosse, me répondit-il. A quoi bon ?

Et l'on entendait les pas titubants des soldats qui gravissaient l'escalier, le choc de leurs sabres contre la rampe de fer, les crosses battant les murs, ébranlant les portes.....

Nous comprenons, aux supplications qui parviennent jusqu'à nous, que la troupe arrête encore des gens. Et nous entendons aussi nos pauvres voisins qui se débattent en vain et qu'on entraîne. Par une chance exceptionnelle, les soldats passent devant notre porte sans s'y arrêter.

Naturellement, personne n'avait tiré sur les soldats. C'était là une sinistre farce de quelque pochard versaillais. Nous sûmes le lendemain que, sur cinq ou six arrestations opérées dans la nuit, trois avaient été maintenues.

Puis, de nouveau, un grand silence. J'avais fait éteindre la chandelle, en invitant mes compagnons à se tenir cois. Nous devons laisser ignorer aux Versaillais qu'il y a du monde ici, disais-je. Faisons les morts, évitons tout prétexte à une nouvelle perquisition.

Mais, quand on traverse de semblables crises,

la moindre chose, qui passerait inaperçue en toute autre circonstance, prend des proportions énormes, fantastiques. Par quelles transes affreuses j'ai passé, cette nuit-là !

Le père D. avait un chien. C'était un méchant roquet, genre carlin, hideux à voir tant il était déformé par la graisse. L'odieux animal qui, jusque-là, s'était tenu caché je ne sais où, tremblant de tous ses membres, se mit à japper et à grogner sans qu'on sut pourquoi :

— Faites donc taire votre chien, père D.

— Est-ce que je peux ! Quel mal fait-il ?

— Mais il y a des soldats couchés dans le vestibule, au pied de l'escalier, ça va les agacer d'entendre le « cabot » faire une vie pareille !

C'était un fier original que le père de mon ami ; il n'avait qu'une médiocre tendresse pour les gens, mais il chérissait son chien. Il se contenta de flatter le carlin, qui continua son énervante mélopée. Alcide se fâcha. Une dispute s'engagea entre le père et le fils. J'étais sur des charbons ardents. J'offris un morceau de sucre à la bête, qui le dédaigna.

— Allons ! recouchons-nous, conseilla Mme D. ; et elle ajouta, en me regardant : ça fera taire tout le monde.

On se recoucha, dans le même ordre qu'auparavant. M. D. était étendu à côté de sa femme, et je me trouvais près d'elle. Pendant quelques minutes, tout alla bien, sauf que le voisin nazillait toujours d'incohérents propos. Ma tête travaillait ferme. J'échafaudai un plan de sauvetage. Il était d'un égoïsme féroce. Le voici:

L'arrière-pièce du logement où nous nous trouvions donnait sur une petite cour. J'avais remarqué qu'au dessous de la fenêtre se trouvait une légère saillie du mur, simple bordure en plâtre, et je me disais : « Si les soldats reviennent, dès que je les entends, je file dans cette petite pièce du fond ; j'ouvre la croisée, je passe par la fenêtre que je referme derrière moi tant bien que mal, et je reste suspendu par les poignets à l'entablement de la croisée, la pointe des pieds reposant sur la saillie, jusqu'à ce que les Versaillais s'en aillent après avoir tout tué dans l'autre chambre ou tout emmené prisonnier. Je suis assez solide et j'ai assez de sang-froid pour exécuter ce tour de force. Chacun pour soi, puisque en restant avec mes compagnons je ne puis rien faire pour eux et que je cours le risque d'être égorgé stupidement, sans aucune chance de pouvoir me défendre ni m'échapper. Quand les soldats auront accompli leur œuvre, je rentrerai et j'attendrai les évènements. »

Je prêtai donc l'oreille au moindre bruit et ce fut avec satisfaction que je constatai la prolongation du calme, quand le maudit chien, qui était couché entre son maître et sa maîtresse, et qu'une douce chaleur avait tenu engourdi pendant quelque temps, se remit à japper frénétiquement, à intervalles très rapprochés. Je n'y tins plus. Le père D. ronflait, les autres dormaient ou s'esseyaient à dormir, le moment était venu de mettre à exécution une pensée pleine de noirceur qui me tourmentait depuis peu et qui prenait de plus en plus consistance. Doucement, avec des précautions infinies, je glissai mon bras derrière la tête de Mme D., tâtonnant avec la main. Je sentis bientôt quelque chose de doux au toucher, presque soyeux. C'était le chien, roulé en pelote, qui jappait toujours sur un ton aigu, déchirant. Ma main chercha le crâne de l'animal, que je caressai lentement, du bout des doigts. Puis, subitement, quand la bête, sans défiance, leva un peu le nez en l'air, je la saisis par le cou, serrant de toute ma vigueur. C'était un assassinat, mais bast! qui veut la fin veut les moyens. Je ne sacrifiais qu'un carlin pour le salut commun.

Mais le chien avait le cou si gros, si tapissé de graisse, que mes doigts ne purent former un collier complet. Il poussa un hurlement étranglé, se débattit, échappa à mon étreinte, et remplit la chambre d'abois désespérés.

— Qu'est-ce qu'on a fait à mon chien? gronda le père D. en se mettant sur son séant, tandis que le burlesque pensionnaire frottait une allumette.

Je ne soufflai mot. Alcide, qui était violent, se dressa tout debout, déclarant qu'il en avait assez et que si l'on ne faisait pas taire le chien, il allait le prendre par les pattes et lui casser la tête contre le mur ou à coups de talon de soulier. Le père D. riposte en affirmant que c'est lui qui cassera les reins à quiconque touchera « Toto ». Et d'en bas, une voix colère de voyou parisien, voix gouailleuse et perçante, glapit ces mots redoutables :

— Nom de Dieu ! là haut ! avez vous fini votre chabannais, ou voulez-vous qu'jaille vous casser la gueule ! crever votr' « cabot » !

Il n'y avait pas à balancer. M⁽ᵐᵉ⁾ D. s'élança sur son mari, le suppliant, les bras autour du cou, de ne plus rien dire, tandis que ses filles, saisissant le chien, le roulaient dans une couverture.

— Mais il va étouffer, il est asthmatique ! disait le père D., tandis que ses demoiselles lui répétaient à l'envi que le chien avait le museau hors la couverture, qu'il pouvait respirer, ce qui était un gros mensonge, et qu'elles avaient ainsi entortillé « Toto » pour qu'il n'eut pas froid, parce que le froid le faisait souffrir et hurler.

Nous n'eûmes plus d'autre alerte, en cette terrible nuit.

CHAPITRE VII

Métarmophose. — Dans la gueule du loup. — En état de siège. — Exécutions sommaires. — Arrestations. — Visites domiciliaires. — Dernière colère. — Délivrance

Le matin se leva terne, blafard. La fumée des incendies qui planaient sur Paris obscurcissait le ciel et voilait le soleil. On eut dit un jour d'hiver. Les secousses que les évènements passés avaient imprimées à mes nerfs me laissaient épuisé, sans courage pour prendre un parti, et, cependant, je ne pouvais rester ainsi prisonnier. Mes hôtes, qui vivaient de leur travail et de toutes petites rentes, étaient incapables de pourvoir à mes besoins et ils ne possédaient pas, pour le quart d'heure, un sou vaillant. Puis le logis n'était pas sûr. Une indiscrétion pouvait à la longue se produire et me mettre dans la nécessité d'expliquer ma présence ailleurs que chez mes parents. Enfin se dressait devant moi la difficile question de la vie quotidienne: « Que faire? « A quel travail me livrer pour gagner mon pain ? J'étais bourrelé d'inquiétudes.

Vers huit heures, après avoir réfléchi sur ce

qui devait être pour moi le plus pressant : me débarrasser de tout ce qui pouvait rappeler l'ancien « Trente sous », je priai l'une des demoiselles D. de me faire une petite commission. Il me restait vingt francs. Je lui en remis dix afin qu'elle allât m'acheter un chapeau, puis des boutons pour mon ex-veste de garde national. Je lui donnai le tour de ma tête, et elle partit, munie d'un panier pour y cacher le couvre-chef, car je me méfiais des questions qu'on pouvait poser à ma commissionnaire. En effet, les rues n'étaient pas sûres. Elle était sortie déjà pour aller chercher du lait et elle avait été traité de « communarde » parce qu'elle portait un canezou rouge; on lui avait même demandé si ce n'était pas du pétrole que contenait sa boîte. On en était là. Des femmes furent arrêtées parce qu'elles avaient acheté de l'huile minérale. Les gens qui sortaient n'étaient pas assurés de rentrer chez eux. Les dénonciations s'élevaient à un chiffre effrayant. Des commères, qui avaient été, depuis le 18 mars, de véritables furies, se tenaient sur le pas de leur porte et signalaient aux soldats ou aux sergents de ville, qu'on voyait sabre au côté et revolver à la ceinture, les jeunes gens qu'elles pouvaient connaître. « Tenez ! disaient-elles, en voilà encore un qui a servi la Commune ! » On racontait d'affreuses choses : « Des hommes, des femmes, des enfants avaient été égorgés ». Les cadavres des fédérés fusillés gisaient encore sur les trottoirs, dans des mares de sang. Il y en avait partout. On affirmait qu'une foule de monuments publics n'étaient plus que des décombres, qu'ils avaient été brûlés ou détruits à coups de canon; que les casernes étaient bondées de prisonniers qu'on fusillait dix par dix. Au parc Monceaux, c'était mieux : on les exécutait par fournées, à coups de mitrailleuses. Rue de Clichy, on avait vu passer un convoi de ces prisonniers parmi lesquels il se trouvait des femmes ayant des enfants à la mamelle. Les malheureux qui ne pouvaient marcher assez vite, soit que ce fussent des vieillards, des blessés ou des malades, étaient frappés à coup de plat de sabre ou piqués avec la pointe. Plusieurs, que leurs camarades avaient été impuissants à traîner, s'étaient laissé tomber sur le pavé. Une balle de revolver avait mis fin à leur souffrance; la colonne se débarrassait ainsi des *impedimenta.* Pour mieux humilier les vaincus, tous les fédérés pris en uniforme avaient la capote retournée. Une foule ignoble et stupide, massée sur les trottoirs, les accablait d'outrages et leur lançait des pierres. On les emmenait à Versailles.

La bataille se poursuivait toujours avec acharnement. Mais le bruit de la lutte s'éloignait vers l'est. Aucun doute n'était plus possible : la Commune était à l'agonie.

Mᵐᵉ D. revint avec un petit chapeau melon, qu'elle avait payé huit francs. Elle cousit les boutons à ma jaquette, j'avais des bottines à élastiques et non des « godillots », aucun filet rouge ne restait attaché à mes vêtements : la métamorphose était absolue. Pantalon et jaquette étant de drap bleu foncé — j'avais vu ma capote jetée dans la cour avec les armes et les sacs, en tas — j'étais vêtu comme un civil : il ne restait plus rien du garde national.

A midi, nous fîmes un repas léger, bien que, pour ma part, j'eusse une faim canine, les émotions, de quelque nature qu'elles fussent, ne m'ayant jamais ôté l'appétit.

Vers deux heures, un petit garçon d'une dizaine d'années, que je ne connaissais nullement, vint avec mystère me remettre un bout de papier plié en quatre, qui contenait ces mots, écrits au crayon :

« Mon cher enfant, il est plus dangereux de se cacher que de se montrer au grand jour. Je suis à la mairie où j'ai repris mon emploi. Viens. — Ton père. »

Je me sentis rougir de honte. Au milieu de toutes ces périlleuses aventures, je n'avais pas songé un seul instant à mes parents.

Le gamin, que je questionnai, me dit que mon père, dont je reconnaissais bien l'écriture, du reste, lui avait remis ce papier en cachette pour qu'il me l'apportât chez M. D.; où il me trouverait, peut-être. La sollicitude paternelle est toujours en éveil.

En effet, mon père devait avoir raison, il était plus habile de se faire voir que de se cacher, j'en avais déjà fait l'expérience. Je me donnai un dernier coup de brosse et, le cœur battant fort, je partis.

Jamais spectacle plus lamentable, du temps de la guerre prussienne, n'avait affligé mes yeux. Quoique le combat eût été très court, partout on en trouvait des traces. Là, le bitume du trottoir était défoncé par un obus ; plus loin, c'était un candélabre décapité de sa lanterne et tordu sous on ne sait quel bizarre choc. Des persiennes pendaient aux fenêtres, arrachées de leurs gonds par un paquet de mitraille ; des devantures de boutique étaient défoncées ; les murs étaient troués de balles. Sur la chaussée, çà et là, des amas de choses qui n'avaient plus de formes et auxquelles on ne pouvait plus donner un nom, tant elles étaient lacérées, cassées, brisées, souillées ; des fusils avec la crosse d'un côté et le canon de l'autre ; des baïonnettes sans fourreau et des fourreaux sans baïonnette ; des sabres, des sacs d'ordonnance, des gibernes, des cartouches, des pantalons, des capotes, des vareuses, des képis, des souliers, des guêtres, des débris de meubles qu'on avait jetés par les fenêtres. Au milieu de ce désordre inouï d'une ville prise d'assaut et qu'on aurait livrée au pillage, des soldats de ligne campaient, dévisageant les passants d'un œil soupçonneux, les brutalisant à la moindre occasion. Parfois, on voyait sortir d'une maison un malheureux qui s'en allait, peut-être à la prison et peut-être à la mort, escorté entre deux argousins ou deux gardes nationaux de « l'Ordre », portant le brassard tricolore au bras droit. Au bout de la rue de l'Abbaye, une barricade avait été esquissée, à la dernière minute de la résistance, par quelques désespérés. Les soldats contraignaient les passants à enlever un ou deux pavés. Pour n'avoir ni à obéir ni à me rebeller, je préférai prendre un détour, revenir sur mes pas et gagner la mairie par les petites rues.

J'entrai dans la mairie. Elle était gardée militairement et l'aspect qu'elle offrait était celui d'un inexprimable désordre. On me laissa passer sans me demander où j'allais. J'entrai dans mon bureau et je m'assis à la longue table devant laquelle se tenaient de nombreux employés, des anciens et aussi des nouveaux qui m'étaient inconnus. La misère ne chôme jamais : en dépit des événements, la vaste salle était encombrée de femmes et d'enfants qui venaient demander un morceau de pain. Quelques-unes de ces suppliantes me reconnurent et vinrent à moi. Je pris une pile de bons et je commençai à distribuer. Quand les soldats s'étaient emparés de la mairie, ils avaient tout bousculé, les dossiers, les fiches, les notes ; il ne restait plus rien : le service était à réorganiser. Aussi donnions-nous sans compter, ne pouvant contrôler les demandes de chacun. Les femmes défilaient devant nous très rapidement, mais la queue formée par elles sur la place, et même dans les rues voisines, ne diminuait pas. Il arrivait incessamment de ces malheureuses qui attendaient des heures, comme sous le siège, un misérable secours, d'autant plus impérieusement espéré que l'homme ne rapportait plus ses trente sous à la maison.

Mon père, qui guettait la porte d'entrée, m'avait aperçu et nous avions échangé un hâtif signe d'intelligence. Dans un moment de répit, j'allai à lui pour lui serrer furtivement la main. Tout en écrivant, sans lever les yeux de dessus le livre où il inscrivait le nom des femmes, il me dit tout bas :

— Tu as bien fait de venir.

J'allai me rasseoir à ma place. Parfois, des hommes s'approchaient de la table. Ils se penchaient vers nous et paraissaient nous regarder avec attention. Je n'y prenais point garde, pensant que ces gens étaient des timides qui n'osaient s'exprimer tout haut. Mais ils avaient, pour la plupart, de bien mauvaises figures. Mon voisin me donna la clé du mystère. « Ce sont, me dit-il, des mouchards. Ils cherchent des individus qui leur sont signalés et ils regardent si nous n'avons pas au cou, à la figure ou aux mains, des érosions qui pourraient indiquer que nous avons pris part à la bataille. »

Le soir arriva sans que je m'en doutasse, tant j'étais occupé. Il allait être huit heures et nous ne recevions plus que quelques retardataires. Le chef de service, redoutable bureaucrate qui serait resté assis quinze heures sans désemparer devant son écritoire, peut-être parce qu'il était boiteux, déclara que la séance était levée.

Nous prenons nos chapeaux et nous nous engageons dans le corridor au bout duquel est la porte de sortie... et un factionnaire.

— On ne passe pas, nous dit celui-ci.
— Pourquoi ?
— Je ne sais pas. C'est ma consigne.

Notre chef fait demi-tour, nous le suivons.
— Partons par la rue de la Vieuville, dit l'un de nous.

Mais la porte est également gardée de ce côté. En vain nous nous présentons à toutes les issues, les factionnaires nous empêchent de passer. Très inquiets, nous rentrons dans notre bureau, et nous devisons pour savoir ce que nous allons faire. A cet instant, un garçon entre dans la pièce et annonce que M. le colonel Périer demande M. J., le chef de service. Nous voilà rassurés. Il s'agit évidemment d'une affaire relative à l'administration. Et l'on cause de choses et d'autres, mais surtout des événements. Mon père me raconte ce que lui est arrivé la veille, quand les soldats se sont emparés du Château-Rouge :

« Nous étions chez un marchand de vin qui tient hôtel garni, rue Clignancourt, un peu plus bas que le Château-Rouge. A quelques mètres de là une barricade avait été élevée. Le combat ut très violent et dura deux ou trois heures. Les gardes nationaux, grimpés dans les maisons voisines, tiraient par les fenêtres et notamment d'un balcon où ils étaient cinq, qui furent tous tués. Ta mère, les enfants et moi, nous nous étions réfugiés dans une cave, car ta mère, quand j'avais voulu aller à la barricade, s'était, désespérée, folle de peur, accrochée à moi. Les soldats triomphent. Ils entrent partout et fusillent quelques malheureux qui n'avaient pas pris part à l'action. Tout homme revêtu d'un uniforme fédéré est collé au mur. Quelqu'un me fait passer l'avis de me débarrasser du mien. Et voilà ta mère décousant et recousant, avec une aiguille trop fine et un fil trop gros, mon pantalon, afin d'en retirer les bandes, et ce à la lueur du soupirail. Et pendant ce temps, le chien aboie; ton frère pleure; seule, ta sœur reste impassible. Si les soldats qui étaient chez le marchand de vin, étaient descendus dans la cave, j'eusse été perdu, car je ne sais pas comment j'aurais expliqué que je m'y trouvais en caleçon. Le danger était d'autant plus grand qu'il y avait trois gardes nationaux avec nous, dont un blessé, caché dans un tonneau ».

« Le cabaretier nous envoie dire qu'il faut absolument que nous quittions sa cave, car ça ferait une affaire terrible si l'on nous y prenait. Le blessé, avec une énergie extraordinaire, s'élance à la hauteur de l'un des soupiraux, à la force du poignet, s'y glisse. Je me hisse à mon tour jusqu'à cette ouverture. J'aperçois le malheureux; il est dans une petite cour; il escalade un mur et disparaît. Il s'est sauvé, m'a-t-on dit. Un autre, à qui on a prêté un paletot et une cotte, se sauve aussi. Le troisième, qui est avec sa femme, veut partir par l'escalier de la cave qui donne dans le couloir de la maison. Il est pris par les soldats et emmené on ne sait où, sa femme aussi. Ta mère et les enfants me quittent, sur mon ordre, pour retourner dans leur chambre. J'attends. Enfin, une bonne du marchand de vin vient à la cave. Sans entrer en explications avec elle, car elle devine du premier coup ma pensée, je lui prends sa chandelle, les bouteilles qu'elle est venue chercher, et je monte. J'arrive dans le couloir, plein de soldats; j'entre dans la salle du marchand de vin, qui est occupée par des officiers de ligne mangeant et buvant. Je souffle ma chandelle au nez d'un tourlourou, en m'excusant; je pose mes bouteilles sur une table, je les débouche l'une après l'autre, très regardé par un jeune sous-lieutenant à qui ma figure ne plaît pas, sans doute. Puis, avec le même flegme, comme si j'appartenais au personnel du commerçant.— j'étais en bras de chemise, avec un simple gilet, ayant caché ma vareuse dans la cave, sous des gravats — je prends un escalier qui va de la boutique aux chambres de l'hôtel. Sur le palier, un troupier m'examine de la tête aux pieds et, se penchant à mon oreille, il me dit tout bas : « Vous avez l'air d'un brave homme, monsieur; ôtez donc vos guêtres et vos godillots. » J'avais en effet oublié ce détail qui pouvait me perdre. Un voisin me prêta des pantoufles. Le soir, maman allait me chercher mes habits rue Tholozé et nous rentrions chez nous. Je suis venu ce matin ici, travailler, car je crois qu'on est plus en sûreté..... »

Mon père en était là de son récit, quand le chef de service rentra tout claudicant dans la pièce. Il était pâle, effaré, et se laissa tomber sur une chaise en s'écriant :

— Ils veulent nous fusiller tous, comme à Batignolles !

Le bruit courait, en effet, que tous les employés de la mairie de ce quartier avaient été passés par les armes.

Je n'ose pas regarder mon père de crainte qu'il ne croie voir un reproche dans mes yeux. Il me dit :

— Mon pauvre garçon, je t'ai jeté dans la gueule du loup.

Je l'embrasse tendrement. Mais je songe tout de suite à un moyen d'évasion. Un garçon de bureau vient par instants nous tenir au courant de ce qui se passe là-haut, dans la grande salle du Conseil où sont réunis les vainqueurs. Ils discutent toujours et c'est toujours de nous qu'il est question. Les militaires, chose singulière, ne veulent pas agir de rigueur; ils disent, pour la plupart, qu'il sera suffisant de nous faire surveiller, que nous pouvons être utiles à l'administration, connaissant bien le service. Mais un délégué civil du gouvernement de Versailles demande absolument notre mort.

Enfin, le garçon revient une trois ou quatrième fois. Le parti de la clémence et du bon sens l'a emporté. Notre chef est de nouveau appelé, et on lui dit que nous pouvons nous retirer; que l'on compte sur notre zèle pour venir chaque jour au bureau, à sept heures du matin; que tous ceux qui n'ont pas d'actes repréhensibles à se reprocher n'ont rien à redouter, mais qu'une minutieuse enquête sera faite.

Nous partons, mais chacun de nous est escorté, tant pour le protéger contre une arrestation éventuelle que pour l'empêcher de fuir, par un soldat armé. Et il en fut ainsi pendant huit jours.

Rien ne peut traduire l'impression de terreur éprouvée par tous ceux qui, de près ou de loin, avaient servi la Commune. Par crainte, on en était réduit à serrer la main à des gens, encore revêtus de l'uniforme du garde national, qui, le brassard tricolore au coude, se faisaient les complaisants des vainqueurs, alors que la veille ils étaient parmi les violents qui conseillaient la plus furieuse résistance. Je me souviens particulièrement d'un capitaine, qui avait en partie dirigé l'enlèvement des canons du parc de l'avenue de Wagram. Ce personnage opérait la nuit des perquisitions chez les citoyens suspects. Il vint le lendemain chez nous, à deux heures du matin, sabre au côté et revolver à la ceinture. Je dormais; quand on m'éveilla je refusai de me lever pour répondre aux questions de ce drôle qui, du reste, ne crut pas devoir pénétrer dans ma chambre. Et ils étaient beaucoup, comme ça! Les uns, s'étaient ralliés tardivement aux Versaillais, par peur ; les autres, pendant toute la durée de la Commune, avaient servi d'espions, d'agents provocateurs, en même temps qu'ils avaient tout fait pour nuire à la résistance.

Les dénonciations étaient si nombreuses que les Versaillais furent contraints d'établir un contrôle. Du reste, le colonel Périer fit preuve de justice et d'humanité. Au bout de trois jours, les exécutions sommaires avaient cessé à Montmartre, et le colonel faisait arrêter dénoncés et dénonciateurs, les confrontaient; quand ceux-ci avaient menti, il les retenait prisonniers et renvoyait ceux-là.

L'homme qui fit le plus de mal à Montmartre est ce délégué civil venu à la suite de l'armée soi-disant pour administrer, mais en réalité pour se créer une position sous couleur de servir la cause de l'« Ordre ». On affirmait qu'il avait sur la conscience plus de trois cents exécutions. Une anecdote en dira plus que bien des explications sur le compte de ce misérable dont j'ai à mon grand regret oublié le nom, car je l'imprimerais tout vif pour le livrer au mépris des honnêtes gens. Ce chacal, accouru à la curée, la bataille finie, reçoit un jour la visite d'un ouvrier, qui vient lui demander un secours, je crois. L'ouvrier, entraîné par une habitude déjà ancienne, appelle le délégué « citoyen », en lui mettant familièrement la main sur le bras.

Et l'autre de s'épousseter la manche, comme s'il venait de subir un contact immonde, en rugissant :

— Il m'a appelé citoyen... citoyen! Qu'on arrête cette canaille!

L'ouvrier fut arrêté et conduit sur les pontons.

Le colonel Périer, qui était un homme loyal et brave, supportait impatiemment les observations de cet aventurier. Un jour, celui-ci voulant faire procéder à quelque basse vengeance, à quelque ignominie nouvelle, le colonel s'y opposa formellement, d'où une vive discussion. Le drôle arguait de ses pouvoirs.

— Est-ce vous qui avez pris Montmartre? lui demanda le colonel.

— Non, mais.....

— Eh bien! je suis le seul maître, ici, et foutez moi le camp, où je vous fous ma botte dans le c...!

M. le délégué civil ne se le fit pas dire deux fois. Il s'enfuit dans son cabinet. Quelque temps après, Montmartre fut débarrassé de ce personnage dont l'incapacité, en fait d'administration, égalait la lâcheté.

Vers cette époque se place un incident qui aurait pu me coûter cher.

Dans la chambrette de la rue des Acacias, où je n'étais pas retourné depuis la veille de l'entrée des Versaillais, j'avais laissé un stock considérable de cartouches et quelques papiers compromettants. Désirant m'en défaire, j'allai une après-midi dans ce domicile que j'avais si peu habité, et je commençai à détruire tout ce qui aurait pu m'être nuisible. Par un grand hasard, les perquisiteurs n'avaient pas passé par là. Je brûlai tous les papiers, ce qui était facile. Mais quand vint le tour des cartouches, je fus très embarrassé. J'avais entendu dire qu'il était dangereux d'en jeter dans les cabinets. J'employai pourtant ce moyen. Hélas! il était insuffisant!

Les cartouches s'arrêtèrent en route. Que faire? Prendre un bâton, pour les enfoncer? Mais je courais le risque d'une explosion. Et il me restait encore une centaine de ces engins de meurtre!

Je m'avisai alors d'un expédient singulier. Avec une tenaille, j'enlevai les balles des cartouches et j'en brûlai la poudre, au fur et à mesure, dans le foyer de la cheminée. Ça marchait bien, mais ça marchait lentement. L'impatience me prit, et ayant réuni la poudre d'une vingtaine de cartouches, j'y mis le feu, comptant répéter cinq fois l'expérience et en finir ainsi plus rapidement.

Je fus aussitôt enveloppé de flammes, puis une fumée noire emplit la pièce au point que je n'en voyais plus les quatre murs. La peur me saisit, car mon opération devait être menée secrètement, je craignais la concierge et, juste en face de la maison, il y avait un poste de police ! La fumée ne s'en allait pas, j'étais à moitié asphyxié : j'ouvris la porte de ma chambre. La fumée se répandit alors dans l'escalier.

Perdant la tête, je referme la porte et j'ouvre la fenêtre. Une colonne de fumée s'élance par cette ouverture. On va croire qu'il y a le feu. Je laisse les battants de la croisée à peine entr'ouverts, et la fumée s'en va ainsi tout doucement. Mais que faire des autres cartouches? Les noyer? C'est cela! J'entre dans la petite cuisine, je soulève le couvercle de la fontaine. O bonheur ! elle est pleine d'eau ! Je retire toutes les balles des cartouches restantes et je verse la poudre dans le récipient, puis je jette les douilles pardessus. Plus d'explosion à craindre et, en cas de perquisition, personne n'ira chercher dans la fontaine. Je suis sauvé !

Mais l'odeur âcre de la poudre brûlée empuantait la chambre. Je descendis quatre à quatre et j'allai tout droit à la mairie. Jamais je ne retournai dans cette maison, et je sus plus tard que, mon ami n'ayant pas payé son terme, les meubles avaient été saisis et vendus.

Qu'a dû penser l'acheteur à qui échut la fontaine, en y trouvant tant de douilles de cartouches et tant de balles de fusil, croupissant dans une eau noirâtre ?

J'eus encore bien de la chance ce jour-là !

Comment n'étais-je pas déjà arrêté ? Je l'appris bientôt. Il y avait à la mairie un employé, ancien militaire, qui remplissait l'office de capitaine d'habillement. Il y était du temps du siège et il y était resté pendant l'insurrection. Il passait, à bon droit, pour être bonapartiste, et on ne l'avait jamais inquiété. On disait même qu'il pouvait bien être un agent de Versailles. En tout cas, comme il était connu pour son esprit réactionnaire, il fut appelé à donner des renseignements sur ses collègues, et il les donna bons, car c'était au fond un brave homme. J'étais très compromis, puisque j'avais combattu aux avancées et dans les rues ; des portières, auxquelles j'avais joué de méchants tours dans mon adolescence, avaient fait courir le bruit que j'avais contribué à fusiller le curé de Notre-Dame-de-Lorette. Mais j'étais au mieux avec le capitaine d'habillement, que j'avais aidé, le 18 mars, à sauver quelques gendarmes. Il donna sur moi des notes excellentes, et je ne fus pas inquiété. Cependant, c'était bon pour les premiers jours ; mais quand une enquête sérieuse serait faite, je pouvais penser que mon affaire serait tôt réglée. Les arrestations à domicile avaient lieu le matin, à l'aube ; à six heures, je m'éveillais en sursaut, sous le coup de l'idée fixe qu'un jour ou l'autre j'allais voir apparaître des agents.

La bataille dans Paris avait pris fin. C'était un énorme soulagement de ne plus entendre la canonnade de la batterie des Buttes qui foudroyait les batteries fédérées des Buttes-Chaumont et du Père-Lachaise; c'en était un aussi de ne plus voir la troupe camper dans les rues, comme dans une ville prise d'assaut, et de ne plus rencontrer de tapissières recouvertes de bâches, d'où s'échappaient des filets de sang, car elles étaient bondées de morts qu'on allait enterrer pêle-mêle dans les cimetières. Mais les cours martiales fonctionnaient toujours; les journaux excitaient les autorités à la chasse aux vaincus, et des hommes de grand talent, des écrivains aimés ne craignaient pas de jouer le rôle de dénonciateurs, trouvant qu'on n'avait pas assez fusillé, exterminé. C'était un affolement de réaction. Les ruines accumulées dans Paris l'expliquaient sans l'excuser. On rendait les communeux responsables de tous les incendies, alors que le feu avait été mis, en maint endroit, par les obus de l'armée régulière.

Ce qui me peinait le plus et me causait des angoisses terribles, c'était, quand je me rendais le matin à mon bureau, en traversant la cour de la mairie, d'y voir, les poings liés et gardés par des factionnaires, baïonnette au canon, des amis, des camarades, des gens du quartier qui me connaissaient. « Que doivent-ils penser de moi? me disais-je. Je suis libre, toujours employé à la mairie, comme sous la Commune; eux sont prisonniers. Ne peuvent-ils pas supposer que j'étais un traitre, un affilié à Versailles! » C'était en hésitant, le cœur gros et les yeux pleins de larmes, que j'allais leur parler, au risque de me compromettre. Je dois dire que tous m'accueillaient bien et que je m'ingéniais à leur être agréable en me chargeant de leurs commissions.

Ma plus forte douleur fut quand je vis, dans cette cour, le père de mon meilleur ami, puis Alcide lui-même. Dénoncé, on l'avait poursuivi, mais il s'était caché. Alors on arrêta son père, et on lui fit savoir que, quand il se rendrait, son père serait relâché. Alcide alla se constituer prisonnier. On les garda tous les deux.

Alcide fut envoyé à Saint-Cyr, dans la prison réservée aux militaires, car il était considéré comme déserteur du 42ᵉ de ligne. Le père D... fut embarqué sur un ponton, à Brest, et il y mourut. J'allai voir deux fois mon ami à Saint-Cyr. Il s'attendait à mourir. Chaque matin, on fusillait une dizaine de soldats. Traduit devant un conseil de guerre, il se défendit habilement lui-même, et la blessure qu'il avait reçue en combattant les Prussiens, à Châtillon, le sauva. On l'expédia en Afrique, dans un bataillon de discipline. Je ne le revis que quelques années plus tard.

J'allai aussi deux fois à Satory pour rendre visite au père de ma petite amie, qui n'avait jamais servi la Commune et qui fut cependant retenu prisonnier durant six mois. Ces caves de l'Orangerie, où tant de malheureux étaient entassés, malmenés, menacés de mort, m'ont laissé un pénible et ineffaçable souvenir.

Pendant tout le mois de juin, je fis le service d'enquêteur au service des secours. C'est un des plus tristes emplois que j'ai eus dans ma vie. Je fus témoin de bien des misères, de bien des souffrances. On me raconta de bien terribles drames, pères de famille, femmes, enfants fusillés dans la sauvage ivresse du triomphe. Je ne dirai rien de tout cela, car il me faudrait écrire plusieurs volumes; puis je sens se réveiller dans mon cœur les vieilles haines, endormies depuis des années, haines absurdes, puisque la férocité est inhérente à l'homme et que, partout et toujours, les vainqueurs ont été les bourreaux des vaincus.

Une dernière anecdote, pour clore, qui peindra à merveille le régime atroce sous lequel on vivait en ce temps-là.

Un soir, en traversant la place Pigalle, j'aperçois un gigantesque soldat de ligne, un sapeur, qui tenait par le bras un malheureux « pékin ». Il le conduisait au poste, car l'autre criait à tue-tête qu'il n'avait rien fait. Mais le soldat le faisait valser, comme une marionnette, à grands coups de pied et de poing. Un rassemblement se forme. Quelques passants indignés font entendre des protestations. Je m'approche et je crie :

— C'est ignoble de voir des choses comme ça !

— Qu'est-ce qui est ignoble, monsieur ? entends-je dire derrière moi.

Je me retourne et je me trouve en présence d'un jeune sous-lieutenant, qui avait tout au plus vingt ans. Insolemment campé le poing sur la hanche, le képi sur l'oreille, il cinglait de sa cravache le bout de ses bottes vernies, et me regardait avec un air de défi qui me fit bouillonner le sang dans les veines. Néanmoins, sous ce regard insultant, je ne bronchai pas, sachant trop ce qui m'en aurait coûté. Les autres assistants se taisaient aussi, tandis que le sapeur emmenait son prisonnier, toujours en le bourrant de gifles.

— Ah, ah ! messieurs les Parisiens, fit enfin le jeune matamore, vous n'avez pas voulu de la police ! Eh bien, nous vous la ferons, et raide, soyez tranquilles.

Et faisant siffler sa cravache avec un geste de suprême impertinence, il ajouta sur un ton bref, cassant :

— Dispersez-vous.

Une envie furieuse, un désir fou de tuer ce tranche-montagne me saisit. Il s'en était allé, sa petite parade terminée. Je le suivis. Dix heures venaient de sonner, et, à cette époque, c'était tard. Le jeune sous-lieutenant s'engagea dans l'étroite, montueuse et obscure rue Germain-Pilon. Il avait son sabre, j'avais mon couteau : la partie était égale, car même frappé à l'improviste, il pouvait se défendre avec avantage, s'il ne tombait pas au premier choc. Du reste, peu m'importait qu'elle le fut. Moi qui, pendant toute la durée de la Commune, n'avais éprouvé aucun ressentiment, aucune colère contre les soldats de Versailles, je les haïssais depuis la prise de Paris. Avant, ma foi, ils obéissaient à la discpline et je n'avais jamais cru beaucoup à toutes les fusillades sommaires dont on les accusait aux avant-postes. Mais après, ils s'étaient comportés avec trop de barbarie, au point que des Prussiens n'auraient pu faire davantage, et l'on ne pouvait que les voir avec horreur, à la pensée des abominables massacres qu'ils avaient commis. Le sous-lieutenant était arrivé aux deux tiers de la rue et j'allais m'élancer sur lui, quand le pas régulier d'une patrouille résonna non loin...

Un hasard avait sauvé cet homme, et j'en suis heureux aujourd'hui, J'ai un remords en moins. Mon sous-lieutenant a peut-être été un des vaillants de la Tunisie et du Tonkin; il sera peut-être un des héros de la future guerre. Dans les temps exceptionnels, on pense et on agit d'une manière exceptionnelle. Ce jeune officier, à qui l'on avait tant dit que les Parisiens n'étaient que des brigands, avait sans doute fini par le croire, comme nous, aveuglés par la colère de la défaite et du massacre, nous ne voyions qu'un assassin dans chaque soldat.

. . . .

Un jour, vers le commencement de juillet, après tout un mois d'alarmes perpétuelles, l'ex-capitaine d'habillement de la mairie me prit à part. Vous feriez bien de quitter Paris, me dit-il. L'air n'y est pas très sain pour vous. Réfractaire, et même déserteur, ayant fait le coup de feu contre l'armée régulière, sans compter que vous avez signé quelques affiches des comités, il pourrait vous arriver quelques désagréments. C'est en ami que je vous dis cela. Si vous voulez, j'ai quelques camarades dans la marine, à Cherbourg, je vous donnerai une lettre de recommandation pour eux. Une fois là-bas, on vous oubliera. Allez de ma part au bureau des engagements, au ministère; adressez-vous, avec ma carte, à M. X. sans raconter, bien entendu, tout ce que vous avez fait dans les deux mois qui viennent de s'écouler, et tout sera terminé avant peu.

La proposition était sérieuse. Je l'acceptai, et mon protecteur devait jouir d'une certaine influence, car, trois jours après, j'étais en route pour Cherbourg. Au bout de trois semaines, tout au plus, j'étais embarqué à bord d'un ponton où je gardais, autre tristesse, mes anciens frères d'armes. Mais trois autres semaines ne s'étaient pas écoulées que je prenais la mer, heureux de fuir la France et de n'être plus témoin de l'odieuse répression qui suivit.

Jamais je ne fus inquiété pour le passé,

jamais on ne m'en parla. Mais, pendant des années, j'ai gardé la vision des horribles choses auxquelles j'avais assisté et dont le souvenir me poursuit encore, parfois, dans d'épouvantables cauchemars.

FIN

TABLE DES MATIÈRES

	Pages
Avant-récit	7

AVANT LE BLOCUS

Chapitre premier. — Le printemps de 1870. — Une soirée au Pecq « La Marseillaise »............ 11
Chap. II. — Paris et les premières nouvelles des défaites. — Les faux bruits sur les boulevards. — Vive la République ! — Tirage au sort, mauvais numéro................................. 23
Chap. III. — La nuit du 3 Septembre. — Sur le pont de la Concorde : « L'empereur est prisonnier ! » — Le 4 Septembre. — Au Palais-Bourbon. La République est proclamée.................. 35

PENDANT LE SIÈGE

Chapitre premier. — Départ du Pecq. — La campagne désertée. — Les premiers jours du blocus. — Combat de Châtillon. — Un blessé. — La récolte des pommes de terre. — Un pont coupé.. 49
Chap. II. — Appel des conscrits. — La caserne de La Tour-Maubourg. — Au 29ᵉ de ligne. — Adieu, caserne ! — 32ᵉ bataillon de garde nationale. — Sur les remparts. — Les patrouilles en ville. — Les clubs. — Irritation des Parisiens. — Le 31 octobre. — La disette. — Formation des bataillons de marche. — 32ᵉ, en avant !............... 67
Chap. III. — Première sortie. — Route de Neuilly-sur-Marne. — « Retirez les bouchons de fusil ! » — Baptême du feu. — En soutien. — A la viande ! — En déroute................................. 89
Chap. IV. — Une tête de cheval. — Réhabilitation. — Notre deuxième sortie. — Cantonnés à Neuilly-

Plaisance. — Au plateau d'Avron. — Attaque de postes prussiens. — Le bombardement. — Sentinelle perdue. — L'évacuation du plateau......... 132

Chap. V. — En face du Bourget. — Les tranchées. — Saint-Denis en feu. — Famine. — Journée du 19 janvier. — Fin du siège..................... 173

Chap. VI. — Pendant l'armistice. — Le premier pain blanc et les premières pommes de terre. — Une promenade à Meudon. — Deux Prussiens. — La capitulation de Paris........................ 201

SOUS LA COMMUNE

Chapitre premier. — Les inquiétudes. — Clubs et clubistes. — Le Comité central. — Les canons et le désarmement............................ 219

Chap. II. — Le 18 mars. — Une après-midi à Versailles. — La proclamation de la Commune...... 224

Chap. III. — La sortie du 2 avril. — Combat de Clamart. — Le drapeau rouge. — Sous le fort de Vanves. — Pluie de fleurs. — La rentrée........ 243

Chap. IV. — A la mairie de Montmartre. — La vie à Paris. — Escarmouches. — Dans Asnières. — Le pont de bateaux. — A la nage............. 274

Chap. V. — Les derniers jours. — Le désordre. — Soirées montmartroises. — La Cécilia. — Trahison.. 290

Chap. VI. — La guerre des rues. — Les amazones de la Commune. — Sur la barricade. — « Gardes nationaux, rendez-vous! » — Devant la mort. — Une horrible nuit.............................. 301

Chap. VII. — Métamorphose. — Dans la gueule du loup. — En état de siège. — Exécutions sommaires. — Arrestations. — Visites domiciliaires. — Dernière colère. — Délivrance 334

Imp. du Progrès. — CH. LÉPICE, 7, rue du Bois, Asnières.

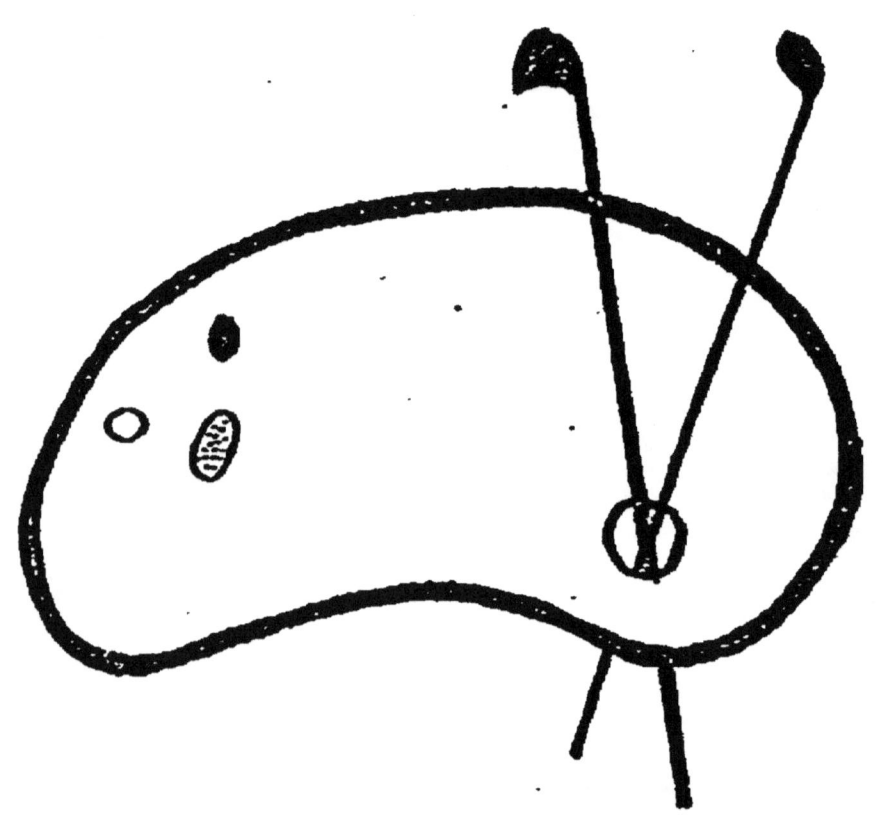

ORIGINAL EN COULEUR
NF Z 43-120-8

www.ingramcontent.com/pod-product-compliance
Lightning Source LLC
Chambersburg PA
CBHW050257170426
43202CB00011B/1717